Future-oriented Construction of New Engineering Disciplines

——New Ideas New Modes New Breakthroughs

面向未来的新工科建设

——新理念 新模式 新突破

林健　著

高等教育出版社·北京

内容简介

本书是作者近年来针对新工科建设中必须面对且普遍存在的核心和重大问题所开展的系统性研究成果。新工科建设作为“卓越工程师教育培养计划”2.0，本书既是作者在“卓越工程师教育培养计划”方面研究的继续和深化，也是作者在工程教育发展与改革方面的第三部专著。全书以面向未来需求的工程教育改革为导向，以建设工程教育强国为目标，着力突出新工科建设中的新理念、新模式和新突破，力求为各种类型高校和众多工科专业的新工科建设提供系统性、专题性、前沿性和可操作性的参考和指导。

本书内容由六部分组成。第一部分既从总体层面讨论新工科的内涵特征，建设目标、原则、思路，分类建设和建设重点，又分析新工科建设对“卓越计划”内涵丰富和加强的8个方面。第二部分从7个方面讨论和分析如何组织和有效实施新工科建设所依托的新工科项目。第三部分集中探讨新工科教育质量标准体系的构建以及具有纲领性作用的新工科教育质量通用标准的研制。第四部分系统深入地研讨新工科建设中两大主体专业的建设，即新型工科专业建设和新生工科专业建设。第五部分针对新工科专业人才培养中最核心的两个环节即课程和教学，重点讨论课程体系改革与课程建设以及挑战性学习。第六部分全方位研讨新工科专业人才必须面对的复杂工程问题的理解、解决及能力培养。

作者简介

林健，清华大学教育研究院教授、公共管理学博士生导师；清华大学工程教育研究中心副主任，国家工程教育多学科交叉创新引智基地执行主任；英国兰卡斯特大学（Lancaster University）管理学博士、博士后，第十届全国人民代表大会代表。曾任五邑大学校长，中国高等教育学会薪酬管理研究分会首任副理事长，中国企业管理研究会常务副理事长，中国工业经济学会副理事长。

主要研究领域：高等工程教育、高等学校管理、薪酬与绩效管理、组织战略管理、领导科学与艺术等。

发表中英文学术论文370余篇，论文被引次数达11500余次，其中近10年发表在工程教育方面的论文被引次数达7200余次，是该领域论文被引次数最多的作者，研究成果受到国际工程教育界同行的关注和重视，近年来多次应邀在欧美工程教育大会上做报告。

先后出版《战略视角下的大学管理》《大学薪酬管理——从实践到理论》《卓越工程师培养——工程教育系统性改革研究》和《卓越工程师培养质量保障——基于工程教育认证的视角》等5部具有重要影响力的学术专著。

前言

新工科建设是主动应对以新技术、新产业、新业态和新模式为特征的新经济的挑战，从服务国家一系列重大战略、满足产业转型升级和新旧动能转换需求、面向经济社会未来发展和主动布局未来战略必争领域人才培养的高度，在“卓越工程师教育培养计划”（简称“卓越计划”）的基础上，提出的一项持续深化工程教育改革的重大行动计划。新工科建设具有反映时代特征、内涵新且丰富、多学科交融、多主体参与、涉及面广等特点。

本书以面向未来需求的工程教育改革为导向，以促进工程教育强国建设为目标，着眼未来、改革当前，舍近求远、未雨绸缪，依据未来世界对卓越工程人才的需求来研究当前新工科建设，着力突出新工科建设中的新理念、新模式和新突破，力求为各种类型高校和众多工科专业的新工科建设提供系统性、专题性、前沿性和可操作性的参考和指导。

强调面向未来需求是对新经济发展特征的积极回应。新技术、新产业、新业态、新模式的更新和迭代周期将越来越短，产业和行业对工程人才要求的变化频率也将加快，如果只瞄准当前人才市场的需要，那么，不可缩短的学科专业建设和人才培养周期将使得工程专业毕业生严重滞后于产业和行业的需要。因此，面向长远发展需要、面向未来产业需求，才能使新工科专业培养的卓越工程人才超前于市场需求并能够引领未来产业发展。

落实面向未来的新工科建设涉及专业建设和人才培养的各个方面。重点在传统工科专业转型升级、新兴工科专业建设、新生工科专业建设、人才培养目标定位、教育质量标准制定、课程体系改革和课程建设、教育方式和教学方法改革、多方合作协同育人、卓越工程人才核心能力培养等诸多方面，需要按照未来经济社会和行业产业发展对工程教育和卓越工程人才的需求开展相应的工作。

新工科建设主要有四个新理念引导新工科建设的行动。（1）主动服务国家战略。这一理念改变了以往被动接受国家及政府要求和指令的现象，凸显了工程教育在国家经济社会发展中的主体地位，是新工科建设的出发点。（2）直接对接行业产业。这一理念打破了高校与社会的隔离，使其培养的新工科人才更加“适销对路”，是新工科建设的落脚点。（3）引领未来产业发展。这一理念改变了工程教育被动地满足行业产业需求的状况，彰显了工程教育对经济社会发展的引领作用，是新工科建设的新起点。（4）切实以学生为中心。“以学生为中心”理念提出多年，但现实情况是：从培养目标定位、培养标准制定、专业建设，到培养方案制定、课堂教学、教学评价等仍然是教师主导，难以真正做到“以学生为中心”，因此要将这一理念切实落实到专业建设和人才培养全过程中。

新工科建设注重模式创新，主要体现在以下六个方面。第一，多主体协同育人模式：在合作主体和内涵上都进行拓展和丰富。第二，学科专业组织新模式：实体院系与虚体架构并存。第三，校企合作组织模式创新：建设高校与行业企业共建共管的产业或未来技术学院和协同育人实践平台。第四，跨学科交叉融合模式：跨学科教学团队、跨学科课程建设和跨学科合作学习。第五，新型人才培养模式：本研分段连续培养模式、个性化培养模式等。第六，课堂教学模式：线下与线上结合、信息技术与工程教育融合等。

新工科建设的新突破主要表现在以下十点。第一，对工科内涵的突破，超越了传统工科的界定；第二，教育教学理念的突破，冲破了高校与外部的隔离，树立高校的主体地位；第三，建设思路的突破，从学科导向转向产业和未来需求导向，从单一学科转向跨学科交叉融合，从满足服务转向支撑引领；第四，实施方式的突破，从单纯实践到研究与实践相结合；第五，培养质量观的突破，从追求知识和能力到以能力为主和以未来为目标；第六，培养方案的突破，追求柔性化和大类专业培养方案；第七，课程体系突破，追求多学科交融、综合化和模块化的课程体系；第八，对课程的突破，强调应用性和实践性、创新性和挑战性；第九，对教学内容的突破，重视知识的有效性和稳定性；第十，对教学方式的突破，注重学生学习兴趣、参与度和学业挑战度。

本书内容由六部分组成。第一部分由第1、2章构成，在分析新工科提出的时代背景的基础上，界定并诠释新工科的内涵和特征，提出并解释新工科建设目标，阐述各类高校新工科建设需要遵循的原则和总体思路，给出了分类开展新工科建设的具体建议并讨论新工科的建设重点，接着从“卓越计划”升级版的角度分析新工科建设对“卓越计划”内涵丰富和加强的8个方面，为“卓越计划”试点高校及关注“卓越计划”的相关院校更好地以“卓越计划”为基础和新起点开展新工科建设提供参考和借鉴。

第二部分为第3章，从7个方面讨论与分析如何组织和有效实施新工科建设所依托的新工科项目。包括对新工科项目的几点认识，逐项解读《新工科研究与实践项目指南》，讨论新工科项目的组织和实施，对推进新工科项目提出建议，介绍教育部的相关支持措施，讨论项目的评价与验收等。

第三部分为第4章，集中探讨新工科教育质量标准体系的构建以及具有纲领性作用的新工科教育质量通用标准的研制。首先在分析国家高等教育质量标准体系的基础上分析新工科教育质量标准体系的构成要素及体系构建，其次提出新工科教育通用标准制定的原则和基本思路，接着分析国内外具有影响的几种工程人才标准，最后制定并诠释了新工科教育质量通用标准。

第四部分为第5、6章，系统深入地研讨新工科建设中两大主体专业的建设，即新型工科专业建设和新生工科专业建设。第四次工业革命的浪潮迫使传统工科专业必须进行转型升级成为新型工科专业，需要讨论转型升级原则、制定培养方案、重构课程体系、升级实践实训条件和工程伦理问题等。多学科交叉融合的新生工科专业建设主要包括专业设置、专业培养方案制定、课程体系建设和教学内容形成、实践教育教学体系构建、创新创业教育体系构建等方面。

第五部分为第7、8章，针对新工科专业人才培养中最核心的两个方面即课程和教学，重点讨论课程体系改革与课程建设以及在核心能力培养上具有重要功用的挑战性学习。新工科的内涵及特征使得其课程体系改革和课程建设较其他专业而言难度更大、挑战度更高，是一项关键性、全局性、系统性和复杂性的工作。挑战性学习在改革课程内容、提升课程挑战度、改革教学方式、增强生师互动方面具有显著的作用，是培养和提升卓越拔尖人才核心能力和素质的一种有效课程教学模式。

第六部分为第9、10章，深入研讨新工科专业人才必须面对的复杂工程问题的理解、解决及能力培养。一方面基于华盛顿协议的界定和要求，分析复杂工程问题的特征和复杂工程问题解决能力，讨论如何培养复杂工程问题解决能力和评价培养效果；另一方面聚焦如何运用研究性学习培养复杂工程问题解决能力，包括复杂工程问题设计、问题复杂性递增的研究性学习模式、解决复杂工程问题需要的教学设计、培养复杂工程问题解决能力的学习方式等。

本书的特点主要体现在以下五个方面：

（1）系统性。以新工科建设为主线，内容涵盖了新工科建设的各个重要方面，由此构成了对新工科建设的较为完整而系统的研究。

（2）专题性。本书由相互关联的10个专题组成，每章对一个专题进行全面深入的研究，这些专题均是在新工科建设过程中不可回避且必须解决的关键问题。

（3）前沿性。本书以面向未来需求的工程教育发展和改革为导向，以建设工程教育强国为目标，力求内容的前沿性、国际性和先进性。

（4）指导性。本书在对各专题进行分析研究的基础上，尽可能地为新工科建设的实践提出行动方案、实施细则或措施建议，具有较强的指导性。

（5）普适性。工程教育是高等教育的主体，新工科建设引领高等教育改革，本书对高等教育其他学科专业领域的改革提供了一定的普适性参考和借鉴。

新工科建设具有典型性、示范性和普适性。作为与经济社会发展关系密切，以面向行业产业培养卓越工程人才为主要目标的新工科建设，不论是其强调的面向未来导向，还是上述新工科建设的新理念、新模式和新突破，应该均适用于那些直面经济社会发展，具有广泛应用前景的学科专业建设和人才培养，基于此，新工科建设应该成为新医科、新农科、新文科建设的示范，为卓越医生教育培养计划2.0、卓越农林人才教育培养计划2.0、卓越教师教育培养计划2.0、卓越法治人才教育培养计划2.0和卓越新闻传媒人才教育培养计划2.0的实施提供参考和借鉴。

新工科建设应该引领高等教育改革和发展。我国本科院校的92%开设有工科专业；我国本科92个专业类中工科专业类占33.7%；全国5.8万多个本科专业点中工科专业点占33%；全国本科在校生中工科生占33.3%。这些数据不仅说明了工程教育在高等教育中的比重和地位，而且证实了选择工程教育作为国家高等教育改革行动计划主要载体的必然性。事实上，作为新工科建设的基础，“卓越计划”不仅对我国工程教育教学改革产生前所未有的重大影响，而且从国家、省市、行业和高校层面为我国高等教育教学改革和发展起到重要的引领、示范和推动作用，因此，有理由希望和期待新工科建设在我国高等教育改革和发展中发挥同样甚至更大的作用。

新工科建设应该为高等教育强国建设和国际高等教育界提供中国理念、中国经验、中国模式和中国标准。中国经济社会的持续、健康和快速发展令全球瞩目，中华民族的伟大复兴需要加快高等教育强国建设，中华民族屹立于世界民族之林并在世界高等教育舞台上发挥应有的作用需要提供中国理念、中国经验、中国模式和中国标准，这方面的使命责无旁贷地落在新工科建设上。相信有“卓越计划”多年的积累为基础，通过新工科建设的持续深入，这一使命能够实现。

总体而言，通过系统性研究可以对新工科建设得出如下几点认识。

◎ 新工科建设是建设工程教育强国的重大行动；

◎ 新工科建设是“卓越计划”的继续、拓展和深入；

◎ 新工科建设的核心是对工程教育的创新和突破；

◎ 高校开展新工科建设需要系统性的研究与实践；

◎ 卓越工程人才培养要面向产业、面向世界、面向未来；

◎ 工程人才培养模式改革要发挥优势和形成特色；

◎ 高校新工科建设应为其他学科专业提供示范和借鉴；

◎ 新工科建设将引领我国高等教育改革与发展。

新工科建设正在持续深入地进行，本书是目前国内第一本关于新工科建设的专著，作者期待本书的出版能够为以培养包括卓越工程人才在内的各种应用型创新人才为目标的高等学校的领导、教育教学管理人员、广大教师和学生，以及工程教育的研究者提供有价值的参考和借鉴，同时能够为政府教育行政管理部门、行业机构、企业组织及其他利益相关者提供有价值的建议和参考。然而，限于作者的能力和水平，本书疏漏和不足在所难免，期待能够得到兄弟院校的同仁和社会各界专家的批评指正。希望本书的出版不仅能够在新工科建设的研究与实践上起到抛砖引玉的作用，而且能够引导和聚集更多的同仁重视和深入参与新工科建设，在促进满足未来需求的卓越工程人才培养上尽绵薄之力。

高等学校学科创新引智计划资助（Supported by the 111 Project），项目编号：B20073。

林健

清华大学教育研究院教授

清华大学公共管理学博士生导师

清华大学工程教育研究中心副主任

国家工程教育多学科交叉创新引智基地执行主任

目录

第1章 新工科建设总论 1

1.1 新工科提出的时代背景 4

1.1.1 核心背景：新经济的发展 4

1.1.2 国家需要：国家重大战略的实施 6

1.1.3 产业发展：产业转型升级和新产业发展 7

1.1.4 未来竞争：构筑国际竞争新优势 8

1.2 新工科的内涵与特征 9

1.2.1 新工科的内涵 9

1.2.2 新工科的特征 11

1.2.3 新工科不总是“新” 12

1.2.4 新工科不是“纯”工科 13

1.3 新工科的建设目标 14

1.3.1 新工科的建设目标及其内涵分析 15

1.3.2 新工科建设要坚持“扎根中国” 17

1.3.3 新工科培养的人才要“德才兼备” 18

1.4 新工科的建设原则 19

1.4.1 针对服务面向 19

1.4.2 面向未来需要 19

1.4.3 发挥整体优势 20

1.4.4 突出培养特色 20

1.5 新工科建设的总体思路 21

1.5.1 新工科建设路径“有悖常理” 21

1.5.2 新工科建设的总体思路 21

1.6 不同类型高校的新工科建设 25

1.6.1 新工科建设强调“分类开展” 25

1.6.2 工科优势高校 26

1.6.3 综合性高校 27

1.6.4 行业性高校 27

1.6.5 一般地方高校 28
1.6.6 新工科的建设应该成为高校的自觉行动和自主行为 29
1.7 新工科专业建设的重点 30
1.7.1 新工科建设需要“研行合一” 30
1.7.2 新工科建设注重“模式创新” 31
1.7.3 新工科平台的构建 32
1.7.4 新工科人才培养模式 33
1.7.5 新工科人才创新创业教育 34
1.7.6 新工科产学研合作教育 35
1.7.7 新工科教育教学质量评价 35
参考文献 37

第2章 新工科建设：强势打造“卓越计划”升级版 39
2.1 教育教学理念 44
2.1.1 “服务国家战略”理念 44
2.1.2 “对接产业行业”理念 44
2.1.3 “引领未来发展”理念 44
2.1.4 “以学生为中心”理念 45
2.2 学科专业结构 45
2.2.1 新型学科专业 45
2.2.2 新生学科专业 46
2.2.3 新兴学科专业 46
2.3 学科专业建设 46
2.3.1 学科专业建设目标 47
2.3.2 学科专业建设平台 47
2.3.3 学科专业动态调整机制 48
2.4 人才培养模式 48
2.4.1 制定多学科交融、柔性化的专业培养方案 49

2.4.2 本研贯通培养人才 49
2.4.3 改革课程体系和教学内容 50
2.4.4 创新教育教学方法 50
2.5 多方合作教育 51
2.5.1 跨学科专业合作教育 51
2.5.2 政产学研合作教育 52
2.5.3 国际合作教育 53
2.6 实践创新平台 53
2.6.1 创新创业教育平台 53
2.6.2 工程实践教育体系 54
2.7 教师队伍建设 55
2.7.1 新工科对教师的要求 55
2.7.2 教师队伍建设路径 56
2.7.3 教师的评价和激励 57
2.8 人才培养质量 57
2.8.1 重塑人才培养质量观 58
2.8.2 人才培养质量标准 58
2.8.3 人才培养质量评价 59
参考文献 60

第3章 深入扎实推进新工科建设——新工科研究与实践项目的组织和实施 61
3.1 对新工科项目的几点认识 64
3.2 《指南》解读 66
3.2.1 新理念选题 67
3.2.2 新结构选题 69
3.2.3 新模式选题 71
3.2.4 新质量选题 73
3.2.5 新体系选题 76

3.3 项目组织 78

3.3.1 项目选题 78

3.3.2 项目成员 79

3.3.3 项目内容 80

3.3.4 改革思路 83

3.4 项目实施 84

3.4.1 实施平台 84

3.4.2 进度计划 85

3.4.3 支持措施 86

3.4.4 交流平台 88

3.4.5 项目成果 88

3.4.6 总体时间安排 89

3.5 项目推荐 90

3.5.1 省市教育行政主管部门 90

3.5.2 教学指导委员会和行业协（学）会 91

3.5.3 中央部门高校 91

3.6 教育部支持措施 92

3.7 项目评价与验收 92

3.7.1 评价阶段 92

3.7.2 评价形式 93

3.7.3 评价主体 93

参考文献 95

第 4 章 新工科教育质量标准体系构建和通用标准研制 97

4.1 新工科教育质量标准体系及其构建 101

4.1.1 国家高等教育质量标准体系 102

4.1.2 国家工程教育质量标准体系 103

4.1.3 新工科教育质量标准体系 104

4.1.4 新工科教育质量标准体系的构建 106
4.2 新工科通用标准制定原则和基本思路 108
4.2.1 新工科通用标准的制定原则 108
4.2.2 新工科通用标准制定的基本思路 109
4.3 未来工程发展趋势及特征分析 110
4.4 国内外具有影响的几种工程人才培养标准分析 113
4.4.1 《华盛顿协议》规定的毕业生素质要求 113
4.4.2 欧洲国家工程协会联合会规定的工程师专业胜任力要求 115
4.4.3 美国工程技术认证委员会标准 116
4.4.4 中国工程教育认证通用标准 117
4.4.5 各种工程人才培养标准的比较 118
4.5 新工科教育质量通用标准制定和诠释 119
4.5.1 “学科专业知识”方面 119
4.5.2 “职业素质”方面 121
4.5.3 “复杂工程问题分析”方面 123
4.5.4 “复杂工程问题研究”方面 123
4.5.5 “复杂工程问题解决方案”方面 124
4.5.6 “工程师责任和伦理”方面 125
4.5.7 “沟通与团队工作”方面 127
4.5.8 “工程领导力”方面 129
4.5.9 “终身学习和创新发展”方面 130
4.5.10 新工科教育质量通用标准汇总 132
参考文献 134
附件：卓越工程师教育培养计划通用标准 136
一、本科工程型人才培养通用标准 136
二、工程硕士人才培养通用标准 136
三、工程博士人才培养通用标准 137

第 5 章　第四次工业革命浪潮下的传统工科专业转型升级　139
5.1　引言　143
5.2　新工业革命浪潮下传统产业面临的新挑战　144
5.2.1　新工业革命浪潮下的全球工业发展趋势　144
5.2.2　信息技术对传统产业的影响　145
5.2.3　人工智能推动传统产业变革　146
5.3　新工业革命对传统工程学科和专业的影响　147
5.3.1　新工业革命对传统工程学科的影响　147
5.3.2　新工业革命对工科专业人才的新要求　148
5.3.3　新工业革命对传统工科专业的影响　149
5.4　影响新型工科专业建设的信息技术和人工智能　149
5.4.1　相关信息和数据技术　150
5.4.2　人工智能的应用领域　151
5.5　传统工科专业转型升级的原则　152
5.6　传统工科专业转型升级的基础　154
5.6.1　研究和预测相关产业未来人才需求和发展趋势　154
5.6.2　调整传统工科专业人才培养目标和培养标准　154
5.6.3　新型工程学科教师队伍建设　155
5.6.4　传统工程学科信息化、智能化和一体化研究　156
5.7　培养方案的制定和课程体系的构建　156
5.7.1　制定新型工科专业培养方案　157
5.7.2　构建新型工科专业课程体系　158
5.8　实践实训条件的升级改造　159
5.8.1　资源重组，整合相关学科专业的基础实践教育教学资源　159
5.8.2　升级改造，建设数字化、智能化和综合性实验室　160
5.8.3　校企合作，建立稳定持久的校外实习实践基地　160
5.8.4　学研合作，充分利用研究院所先进的实验条件　161

5.9 新型工科专业建设中的工程伦理问题 162
参考文献 163

第6章 多学科交叉融合的新生工科专业建设 165
6.1 引言 167
6.2 面向未来的新生工科专业设置 168
6.3 新生工科专业培养方案的制定 170
6.3.1 制定柔性化的专业培养方案 170
6.3.2 制定适合大类专业的培养方案 171
6.3.3 形成多方协同育人的培养方案 172
6.4 新生工科专业课程体系建设和教学内容形成 173
6.4.1 新生专业课程体系设计 173
6.4.2 新生专业课程体系建设 175
6.4.3 新生专业教学内容形成 178
6.5 新生工科专业实践教育教学体系的构建 180
6.5.1 实践教育教学与多学科交叉融合 180
6.5.2 新生专业实践教育教学模块 181
6.5.3 新生专业实践教育教学平台的构建 182
6.6 新生工科专业创新创业教育体系的构建 183
6.6.1 新生专业人才培养与创新创业教育 183
6.6.2 新生专业创新创业教育课程体系 184
6.6.3 新生专业创新创业实践教育活动 185
6.6.4 新生专业创新创业实践教育平台 187
6.7 科学研究支撑新生工科专业建设和人才培养 188
6.7.1 科研对新生专业建设和人才培养的重要作用 188
6.7.2 充分发挥科研作用的建议 191
参考文献 193

第 7 章　新工科专业课程体系改革和课程建设　195

7.1　新工科专业课程体系的设计　199

7.1.1　课程体系的价值取向　199

7.1.2　课程体系的构成要素　200

7.1.3　模块化的课程体系　202

7.1.4　培养标准的分解落实　202

7.1.5　新工科专业课程体系的形成　204

7.2　新工科专业课程体系的建设　206

7.2.1　通识教育课程与专业教育课程的联系　206

7.2.2　理论课程与实践课程的结合　207

7.2.3　将创新能力的培养贯穿于整个课程体系　208

7.2.4　合作共建课程模块　209

7.2.5　课程体系改革成功的关键要素　210

7.3　新工科专业课程建设的重点　210

7.3.1　课程的交融性　211

7.3.2　课程的综合化　212

7.3.3　课程的项目化　214

7.3.4　课程的挑战性　215

7.3.5　课程的应用性和实践性　216

7.4　新工科专业课程建设的其他重要方面　217

7.4.1　虚拟仿真实验课程　218

7.4.2　毕业设计的要求　219

7.4.3　课程的创新性　219

7.4.4　课程建设与科研　221

7.5　新工科专业课程教学内容的改革与更新　222

7.5.1　课程教学内容改革的要求　222

7.5.2　课程教学内容改革的步骤　223

7.5.3　课程教学内容的更新　224

参考文献 225

第8章 面向“六卓越一拔尖”人才培养的挑战性学习 227
8.1 引言 230
8.2 当前中国大学普遍存在的教学问题 231
8.2.1 课程与教学内容挑战度不够，影响培养目标实现 231
8.2.2 教学过程学生参与度不高，影响学生学习成效 232
8.2.3 教学评价作用发挥有限，不利教学质量提升 233
8.3 挑战性学习的内涵及意义 234
8.3.1 挑战性学习的内涵 234
8.3.2 挑战性学习的意义 235
8.4 挑战性学习的理论基础 236
8.4.1 杜威的“做中学（learning by doing）”理论 237
8.4.2 维果茨基的“最近发展区”理论 238
8.5 挑战性学习课程目标及其制定 239
8.5.1 挑战性学习课程目标 239
8.5.2 挑战性学习课程目标的制定 241
8.6 挑战性问题或任务的设计 242
8.7 挑战性学习的基本特征 245
8.8 挑战性学习的学习模式 246
8.9 挑战性学习的评价 250
8.10 挑战性学习对师生的要求 251
8.10.1 挑战性学习对教师的要求 251
8.10.2 挑战性学习对学生的要求 252
8.11 开展挑战性学习需要解决的问题 252
8.12 挑战性学习 vs 研究性学习 253
8.12.1 挑战性学习与研究性学习的关系 254
8.12.2 挑战性学习与研究性学习的区别 254

参考文献 255

第9章 如何理解和解决复杂工程问题 257
9.1 复杂性是现代工程问题的本质 259
9.2 复杂工程问题的特征分析 261
9.2.1 关于“复杂工程问题”的界定 261
9.2.2 复杂工程问题的特征分析 263
9.3 解决复杂工程问题的能力要求分析 266
9.3.1 《华盛顿协议》规定的毕业生素质 266
9.3.2 解决复杂工程问题的能力要求分析 268
9.4 解决复杂工程问题能力的培养 270
9.4.1 从学生能力培养的视角 271
9.4.2 从人才培养过程的视角 273
9.4.3 从人才培养模式的视角 274
9.5 解决复杂工程问题能力的考核评价 277
参考文献 279

第10章 运用研究性学习培养复杂工程问题解决能力 281
10.1 研究性学习与复杂工程问题 283
10.1.1 研究性学习的本质与复杂工程问题 283
10.1.2 研究性学习的学习原理与复杂工程问题 284
10.2 复杂工程问题的设计 285
10.2.1 复杂工程问题的性质和特征 286
10.2.2 复杂工程问题的类型 286
10.2.3 复杂工程问题的真实性 287
10.2.4 复杂工程问题的复杂性梯度 288
10.2.5 工程问题的复杂性与课程目标 289
10.2.6 工程问题的复杂性与学生状况 289

10.3 问题复杂性渐进式递增的研究性学习模式 290
10.3.1 研究性学习模式的要素分析 291
10.3.2 工程问题复杂性渐进式递增的研究性学习模式 292
10.4 解决复杂工程问题需要的教学设计 294
10.4.1 复杂工程问题的情境 295
10.4.2 解决复杂工程问题的教学活动 296
10.4.3 解决复杂工程问题的学习环境 298
10.5 培养复杂工程问题解决能力的学习方式 300
10.5.1 自主学习方式 300
10.5.2 合作学习方式 301
10.5.3 生师互动方式 302
10.5.4 课外活动方式 304
参考文献 305

Contents

章	章名	页码
Chapter 1	The Pandect of New Engineering Disciplines Construction	2
Chapter 2	New Engineering Disciplines Construction: an Updated Version of "the Plan for Educating and Training Outstanding Engineers" with a Strong Effort	41
Chapter 3	Further Solid Promoting the Construction of New Engineering Disciplines: Some Thinking of the Organization and Implementation of the "Research and Practice Projects of New Engineering Disciplines"	62
Chapter 4	Construction of New Engineering Education Quality Standard System and Development of General Standards	99
Chapter 5	The Transformation and Upgrading of Traditional Engineering Programmes under the Wave of the Fourth Industrial Revolution	141
Chapter 6	New Produced Engineering Specialty Construction with Multidisciplinary Cross and Fusion	166
Chapter 7	The Curriculum System Reform and Courses Construction of New Engineering Majors	197
Chapter 8	Challenging Based Learning for "Six Excellence and One Top-notch" Talent Training	228
Chapter 9	How to Understand and Solve Complex Engineering Problems	258
Chapter 10	Cultivating the Competence of Solving Complex Engineering Problems by Using PBL	282

第 1 章 新工科建设总论

【本章导读】

新工科建设是应对新经济的挑战，从服务国家战略、满足产业需求和面向未来发展的高度，在“卓越工程师教育培养计划”的基础上，提出的一项持续深化工程教育改革的重大行动计划。新工科建设是一项反映时代特征、内涵新且丰富、多学科交融、多主体参与、涉及面广、影响面宽、具有中国特色的复杂的系统工程，对中国高等教育的改革和发展具有示范和引领作用。对新工科建设核心概念、内涵和要求的准确把握、本质问题的深刻理解、科学的顶层设计和合理的建设规划是新工科建设得以顺利开展的关键。

本章首先分析新工科提出的时代背景，其次清晰地界定并诠释新工科的内涵与特征这一核心概念，第三基于新工科的内涵提出并详细解释新工科的建设目标，第四阐述各种类型高校新工科建设均必须遵循的四项原则，第五针对新工科的特征给出新工科建设的总体思路，第六根据不同类型高校的特点分别给出各自开展新工科建设的具体建议，最后从与传统学科建设不同的角度讨论新工科建设的重点，以期为各类高校开展新工科建设提供参考和借鉴。

Chapter 1 The Pandect of New Engineering Disciplines Construction

【Introduction of this Chapter】Based on "the Plan for Educating and Training Outstanding Engineers"(PETOE), new engineering disciplines construction is a major action plan to continuously deepen the reform of engineering education, and is put forward to meet the challenges of the new economy, from the height of serving the national strategy, meeting the needs of industry and facing the future development. The construction of new engineering disciplines is a complex system project with Chinese characteristics, which reflects the characteristics of the times, contains new and rich connotation, integrates multiple disciplines, involves multiple subjects, covers a wide range of areas, has a broad influence, and plays a demonstration and leading role in the reform and development of China's higher education. The key to the smooth development of new engineering disciplines construction is the accurate grasp of the core concepts, connotation and requirements, the deep understanding of the essential problems, the scientific top-level design and the reasonable construction planning.

This chapter firstly analyzes the historical background in which new engineering disciplines was put forward, second clearly defines and interprets the connotation and characteristics of the core concepts of new engineering disciplines, the third presents and explains in detail the construction targets of new engineering disciplines, the fourth expounds the four principles which all kinds of universities and colleges must follow in the process of new engineering disciplines construction, the fifth according to the characteristics of the new engineering disciplines, the general idea of new engineering disciplines construction is given, the sixth according to the characteristics of different types of universities and colleges, the concrete suggestions of developing new engineering disciplines construction are given respectively, finally the focus of new engineering disciplines construction is discussed from the perspective of different from traditional disciplines construction, so as to provide references and suggests for all kinds of universities and colleges to carry out the new engineering disciplines construction.

世界范围内新一轮的科技革命和产业变革以及席卷全球的新经济的蓬勃发展对工程教育的改革和发展提出了新的挑战，新工科建设的提出正是对这一挑战做出的积极回应。新工科建设是从服务国家战略、满足产业需求和面向未来发展的高度，在“卓越工程师教育培养计划”（简称“卓越计划”）的基础上，提出的一项持续深化工程教育改革的重大行动计划。新工科建设从充分酝酿到开始实施经历了所谓的“新工科三部曲”，即“复旦共识”“天大行动”和“北京指南”。新工科建设具有反映时代特征、内涵新且丰富、多学科交融、多主体参与、涉及面广等特点。对新工科系统深入的研究是新工科建设得以顺利开展并取得预期成果的关键，基于此，本章从新工科提出的时代背景、新工科的内涵与特征、新工科的建设目标、新工科建设的指导意见、新工科建设的总体思路、不同类型高校新工科的建设以及新工科专业建设的重点等七个方面进行分析和研究，试图清晰地回答新工科建设中必须理清的概念、内涵、目标、要求、思路、分类、重点等方面的重要问题，并提出相应的措施建议，以期为各类高校开展新工科建设提供参考和借鉴。

1.1 新工科提出的时代背景

1.1.1 核心背景：新经济的发展

以新技术、新业态、新产业、新模式为特点的新经济的蓬勃发展是新工科建设的核心背景。

“新经济”一词最早出现于美国《商业周刊》1996年12月30日发表的一组文章中。对新经济的定义和内涵的诠释各种各样，代表性的有：

◎ 新经济是相对于传统经济而言的，主要指在经济全球化背景下，由信息技术革命带动的、以高新技术产业为龙头的经济，包括“互联网+”、先进制造业、新能源、新材料、新业态等重要内容。

◎ 新经济是指在经济全球化背景下，信息技术（IT）革命以及由信息技术革命带动的、以高新科技产业为龙头的经济。

◎ 新经济是信息化带来的经济文化成果。新经济具有低失业、低通货膨胀、低财政赤字、高增长的特点。

◎ 新经济是建立在信息技术革命和制度创新基础上的经济持续增长与低通货膨胀率、低失业率并存，经济周期的阶段性特征明显淡化的一种新的经济现象。

◎ 诺贝尔经济学奖获得者、美国宾夕法尼亚大学克莱因教授曾指出，美国经济可以划分为三个部分，即传统经济，知识经济和“新经济”。传统经济指制造业；知识经济指教育、文化、科学技术研究与开发等产业；“新经济”指以网络、信息和通信技术为主体的新兴产业。

◎ 新经济是以现代科学技术为核心，建立在知识和信息的生产、分配和使用之上的经济。新经济的基本特征是高技术化和全球化。

新经济和传统经济有5个明显不同的特征：

① 经济主体交往不同，新经济趋向全球一体化；

② 交换方式不同，它以电子商务为主要交换手段；

③ 生产方式不同，它以集约型为主；

④ 增长动力不同，它以高科技、信息为增长原动力；

⑤ 资源是共享的，它对人类供给是无限的。

从技术角度看，新经济往往具有较高的技术水平或者较为先进的商业模式。从经济动能转换和供给侧改革的角度来看，新经济事实上代表的是未来的需求发展方向和经济发展方向。我国提出的新经济的覆盖面和内涵是很广泛的。

中国新经济具有自身独特的内涵。2016年3月16日十二届全国人大四次会议答记者问时，李克强说，要发展“新经济”是要培育新动能，促进中国经济转型升级。“新经济”的覆盖面和内涵是很广泛的，它涉及一、二、三产业，不仅仅是指三产中的“互联网+”、物联网、云计算、电子商务等新兴产业和业态，也包括工业制造当中的智能制造、大规模的定制化生产等，还涉及第一产业当中有利于推进适度规模经营的家庭农场、股份合作制，农村一、二、三产融合发展等。

我国新经济的发展趋势为：

一是互联网深刻改变各行各业 。互联网对实体经济的革新不仅是技术层面，更重要的是思维和模式的变革。以BAT（百度、阿里巴巴、腾讯）为代表的一批企业，创新思维活跃，技术和模式不断变革创新，“互联网+”新商业模式对传统行业产生了颠覆性的影响。

二是新技术催生壮大新产业。在世界范围内，以新能源、新材料、生物技术为代表的新技术的涌现和不断升级，造就一批新产业，如光伏、锂离子电池、新制药等。

三是制造业智能化的趋势方兴未艾。装备的智能化升级、智能工厂的兴起已经成为制造业升级的重要趋势。智能装备、高档数控机床、机器人产业等，不仅节约了人工成本，更重要的是提升了生产效率和产品质量。[1]

保持我国经济中高速增长、迈向中高端水平需要培育经济社会发展的新动力，新经济是发展新动能的源泉，人才是发展壮大新经济的首要资源。新经济的发展必须健全与其相适应的各类人才支撑体系，这就不仅需要转型、改造和升级现有的学科专业，而且要求设置、形成和建设新经济需要的新的学科专业。因此，加快发展新经济必须建设发展新工科，新经济成为新工科建设的核心背景。

1.1.2　国家需要：国家重大战略的实施

国家近年来提出的一系列重大战略，分别对各类型高素质工程科技人才的培养提出新要求：

（1）“创新驱动发展”：需要为各行各业培养大批创新创业能力强的工程科技人才，以专注于本行业领域产品、技术和运营模式的创新，进而促进产业、经济的发展。

（2）“一带一路”：需要为“一带一路”建设及其沿线国家培养大批不同类型不同层次的工程技术人才。由于沿线国家工程教育实力和水平参差不齐、禀赋各异，对各类工程技术人才有着巨大的、差异化的潜在需求，这对我国工程教育不仅是机遇，更是挑战。

（3）“中国制造2025”：要求精准对接智能制造主攻方向和新一代信息技术、高端装备、新材料、生物医药等重点领域，以高层次、急需紧缺专业技术人才和创新型人才为重点，培养一批具有社会责任感、创新精神、创业意识和创新创业能力、国际视野的高素质工程技术人才，进一步扩大制造业专业技术人才队伍规模，建立分层次、多元化的制造业工程技术人才队伍。

（4）“互联网＋”：要求一方面培养互联网信息技术领域创新人才，以产生更多的互联网创新成果用于传统产业以及经济社会各领域之中；另一方面培养与互联网深度融合后的各领域传统产业人才，以优化生产要素、更新业务体系、重构商业模式，充分发挥互联网在资源配置中的优化和集成作用，提升全社会的创新力和生产力，形成更广泛的以互联网为基础设施和实现工具的经济发展新形态。

1.1.3 产业发展：产业转型升级和新产业发展

我国经济增长方式的转变和经济结构的调整，需要对传统产业进行转型、改造和升级。传统产业是相对于信息、生物、新材料等新产业而言的产业，包括冶炼、煤炭、电力、建筑、汽车、机械、造船、纺织、化工、轻工等，需要用信息技术、人工智能等高新技术对其进行改造升级，以大幅度提高传统产业的经济效益。为了适应和满足传统产业转型升级后的变化和需要，需要对传统的工程学科专业进行转型、改造和升级，培养出一大批新型的工程科技人才。

新经济的发展需要大力发展新产业。新产业大致有三类：

一是通过新技术产业化形成的产业。新技术一开始，属于一种知识形态，在发展过程中其成果逐步产业化，最后形成一种产业。比如说生物工程技术原本只是一项技术，经过多年的发展，现在产业化后成为生物工程产业。同样，数字技术的不断发展到广泛运用，就形成了IT产业。

二是通过多学科交叉融合形成新产业。主要是通过跨界、跨领域、跨行业的多学科交叉渗透而形成的新产业。如智能技术和制造工程的交叉融合就形成了智能制造产业；再如各种清洁能源技术的推广应用就形成了新能源产业；还有如应用互联网技术改造传统的商业模式形成了物流产业等。

三是对社会公益事业的行业进行产业化运作。按照事业去运作，如传媒、养老等社会公益事业，既不能满足人民群众日益增长的物质文化的需求，又需要财政不断拨款，消耗社会财富，因此，需要形成新产业。

对上述新产业，尤其是第一类新产业发展的支持，就需要设立与之对应的新兴工程学科和专业，对其进行建设和发展，从而培养出所需的工程技术人才。

1.1.4　未来竞争：构筑国际竞争新优势

即使不同国家的新经济有不同的内涵，但改变不了国际竞争日趋激烈的趋势，竞争的核心在于谁引领科技发展、谁拥有关键技术、谁掌握未来产业发展的主动权，竞争的关键在于引领发展的科技创新体系、主动适应的高等教育体系和培养各类工程创新人才。

人类社会当前面临的挑战要素有：

① 全球化对人类生活所有方面的冲击；

② 技术和全球市场的发展及对柔性和敏捷的需要正在呈指数增长；

③ 巨大量和加速增长的工程领域；

④ 循环经济和可持续发展。

互联网技术引发的重大发展趋势包括：

① 物联网（主要基于移动和无线技术）；

② 网络物理系统（cyber-physical system, or digital twins）；

③ 网络安全；

④ 云计算。

在科技创新体系方面，除了激励导向的政策、体制和机制外，科技创新体系的主体和创新驱动战略实施的主体均是具有创新能力的科技人才，他们要有战略高度、全球视野、未来眼光，能够在如机器人、大数据分析、移动和云计算、网络空间、新能源、智慧城市、虚拟现实和增强现实、合成生物等新兴科技前沿领域掌握基本原理、关键技术和未来产业发展的主动权。

在高等教育体系方面，根据预测：新的技术信息的量每两年要翻倍，这意味着对四年制本科生而言，他们第一年所学习东西的一半到第三年将过时。同时人们预见：

① 当前市场上最热门的工作10年前不存在；

② 今天65%的学生将拥有目前不存在的工作；

③ 今天的学生到40岁时将有10～14个工作。

因此，高等教育要为学生胜任目前不存在的工作做准备，包括运用目前还没有被开发的技术去解决人们还不知道的问题。

高等教育体系在国家未来竞争优势形成上的主要作用在两方面：一是提前布局、建设和发展未来产业发展需要的新的学科专业；二是及时培养能够引领未来和产业发展的卓越工程科技人才。

新经济的迅速发展使得学科交叉融合加速、新兴学科不断涌现、颠覆性技术层出不穷，这些都是需要高等学校主动去实现的。与此同时，高等学校要主动研究和预测未来国家和产业发展的方向，调整学科专业结构，提前或及时培养开发新技术、催生新产业和引领产业发展的各类高素质工程创新人才。

培养各类工程创新人才是构筑国际竞争优势的基础，是我国从制造大国迈向制造强国的必须。目前的状况是：关键技术领域创新人才缺乏，跨界工程创新人才匮乏，技能型、技术型工程应用人才不足。

从工程创新人才培养角度，应该注重三类人才的培养：一是工程技术创新人才，即具备对工程技术的研究、开发和创新能力，以改造、更新或产生新的工程技术；二是工程应用创新人才，即能够应用工程科技成果创造性地解决行业产业面临的各种工程问题；三是复合型工程创新人才，即具备工程技术创新人才和工程应用创新人才的基本特征，但以其中一方面为主。与传统的人才培养模式不同，新经济发展环境下各类工程创新人才的培养需要注重几方面工作的探索：多学科交叉融合的人才培养模式，个性化人才培养模式，创新创业实践教育平台构建。这些工作的完成均需要对工程教育改革。

总之，构筑未来国际竞争优势需要工程教育主动开展前瞻性的改革，积极进行学科专业的调整，改造和升级以及新兴学科的建设，超前培养未来产业需要的、创新能力强的卓越工程科技人才。

1.2 新工科的内涵与特征

1.2.1 新工科的内涵

在“新工科”中，“工科”是指工程学科及其专业，“新”包含三方面涵义，即

“新型”“新生”和“新兴”。

对新工科的理解首先要突破传统的对学科的思维定式。学科是人类根据自身对客观世界的认识而对科学的知识体系根据其共性特征而进行的学术划分，因此，学科分类具有人类认识上的局限性和主观性以及人类社会发展的历史烙印。但是，新经济的发展及其产业变革不会因为人类对学科的界定而局限在某门学科内，也必然突破原有的学科界限和产业划分。在分析新工科的内涵与特征时，首先要突破人们原有对“工科”的界定，超越传统工科专业的设置；要根据科技革命和产业变革的需要以及新经济发展的趋势来理解和认识新的工程学科及其范畴，赋予其跨越现有学科界限和产业边界的新的内涵。

（1）新型工科：“新型”指的是对传统的、现有的（旧）学科进行转型、改造和升级，包括对内涵的拓展、培养目标和标准的转变或提高、培养模式的改革和创新等，而形成的新学科专业。转型前的学科虽然可能是工程学科中的重要学科专业，具有发展历史悠久、在国民经济建设中不可或缺等特点，如机械、土木、化工等，但面临着我国产业的转型升级，尤其是互联网和人工智能对传统产业产生的颠覆性影响而引发的对这些产业的改造以及运用及其他高新技术对传统产业的改造，这些学科专业需要针对当前和未来产业发展的急需进行转型改造成为新型工科专业。

当前传统工科面临的新的任务有：在线工程（online engineering），远程工程（remote engineering），虚拟工程（virtual engineering）和再造工程（reverse engineering）。

（2）新生工科：“新生”指的是由不同学科交叉，包括现有不同工程学科的交叉复合、工程学科与其他学科的交叉融合等而产生出来的新学科专业。不同工科的交叉复合可以是两个以上的工科的交叉，如将机械、计算机和控制交叉，这些都是现代产业发展的趋势。工科与其他学科的交叉融合可以是工科与理科、管理、经济、人文、医学、新闻、法律等其他学科的交融，这些是现代产业发展的需要，其中工科与理科的结合强化了工科的基础内涵，赋予了新的发展空间和潜力；工科与管理/经济等人文学科的结合彰显了工科的管理、服务和人文的特色。

新生工科的例子还有：智能制造、工程管理、神经工程（neuro engineering）等。

（3）新兴工科：“新兴”指的是全新出现、前所未有的新学科专业，主要指从其他非工科的学科门类，如应用理科等一些基础学科，孕育、延伸和拓展出来的面向未来新技术和新产业发展所兴起的新学科专业。这些学科专业不仅孕育了一批以新能源、新材料、生物科学为代表的新技术，而且催生了一批如光伏、锂离子电池和基因工程为代表的新产业。简而言之，由基础学科孕育的新技术一开始属于一种知识形态，在发展过程中其成果逐步产业化，最后形成一种新产业。值得注意的是，虽然这些学科专业可能以某一现有学科为背景，但在发展初期仍存在着内涵不确定和特征不清楚的特点，需要在形成和发展过程中不断明确和清晰。

新兴工科的例子还有：数据工程（data engineering），需求工程（requirements engineering），气候工程（climate engineering）和社会需求工程（social requirement engineering）等。

总而言之，新工科代表的是最新的产业或行业发展方向，指的是正在形成的或将要形成的新的工程学科及其专业。从新经济的发展模式看，新经济强调以产业链的整合替代传统学科专业化的分工，互联网的超强跨界渗透能力形成了“互联网＋”的产业创新模式，因此，在新工科建设时要注重一批具有跨行业界限、跨学科界限的跨界特征的新学科。

1.2.2　新工科的特征

新工科大体上有引领性、交融性、创新性、跨界性和发展性等几个特征。

（1）引领性是新工科的前沿特征，表现在高等教育系统内外两方面。在高等教育内部，新工科的建设和发展将为其他学科和专业的建设以及其他专业人才培养各个环节的改革和发展起到引领和示范作用；在高等教育外部，新工科的超前布局和建设将孕育出新技术，进而通过新技术的产业化支撑引领新产业的形成。由此可见，新工科的建设具有超越自身的重要意义。

（2）交融性是新工科的学科特征，表现在新工科往往是由多个学科的交叉、融合、渗透或拓展而形成的，以落实新经济强调的绿色、智能、泛在等理念。这一特征使得新工科较传统的（旧）工科而言，内涵更复杂、建设难度更大、需要投入的资源更多。因此，政府和高校对新工科的建设需要予以更多的政策支持和资源投入。

（3）创新性是新工科的属性特征，是新工科的价值所在，是国家经济社会发展对新工科本质属性提出的要求。新工科的建设是服务以新技术、新产业、新业态和新模式为特点的新经济发展，寻求我国在核心关键技术上的突破，在未来全球创新生态系统中占据战略制高点，因此，在技术、产业和模式上的创新以及创新人才培养模式是新工科的主要任务。

（4）跨界性是新工科的产业特征，是新工科围绕产业链整合需要而在自身构成中必须具有的跨越原有产业和行业界限的特征。这一特征反映了产业当前和未来发展对新工科的要求，将影响着新工科建设的内涵、构成及其专业建设重点。

（5）发展性是新工科的动态特征，表现为新工科在建设过程中需要不断完善和在发展过程中需要不断调整，这些是由新工科的性质所决定的。新工科在建设初期，存在着对其内涵、性质和边界不确定或不清晰的情况，需要日后继续完善；新工科在发展中需要根据产业发展变化和趋势对学科内涵、要素等进行及时和超前的调整。

1.2.3　新工科不总是“新”

新工科的“新”是一个广义的概念，大致可以从“存量更新”和“增量补充”两方面来看待。在前面所述的新工科的三类学科专业中，新型工科专业属于“存量更新”，新生和新兴工科专业属于“增量补充”。新型工科专业是针对传统的、现有的工科专业这些“存量”，面向产业未来发展需要，通过信息化、智能化或其他学科的渗透而转型、改造和升级即“更新”成的。新型学科专业的“新”可以体现在人才培养全过程中的主要环节的改革、变化和发展，如：满足或引领产业未来发展需要的培养标准、课程体系整合重组和教学内容的更新、人才培养模式的创新或教育教学方式的改革等。作为新工科的“增量补充”，新生和新兴工科专业的设置是为了提前布局培养引领未来技术和产业发展的人才，需要在对国家及产业未来需求和发展方向的准确把握基础上，通过科学缜密的可行性分析论证后慎重做出。因此，在新工科建设过程中，应该同时做好“存量更新”和“增量补充”两方面工作，而不能片面地追求建设全新的工程学科和专业，忽视了对本校传统优势工科专业的转型升级。

新工科的“新”还是一个动态的概念，即对工程学科和专业设置要进行动态调整，对工程学科和专业的建设工作要求持续改进，对卓越工程科技人才培养的内涵要求不断更新，以使得工程学科、专业和人才培养始终处于“新”的状态。事实上，“新”是一个相对的概念，现在的“新”，一段时间后就“旧”了，新工科建设和发展是一项持续不断的工作，而不是一件一劳永逸的事情。为了贯彻落实新工科的教育教学理念，新工科专业必须及时地调整培养目标、修订培养标准和培养方案、创新培养模式、改革课程体系、更新教学内容、调整专业设置和方向，使这些工作成为常态。只有这样，才能使得新工科专业培养的人才始终满足当前和未来产业发展的需要，甚至引领产业未来的发展。

根据人才市场的需求变化，及时地更新学科专业内涵、增设新专业，持续不断地改进人才培养工作，保持学科和专业始终处于“新”的状态，等等这些应该落实到高等教育中所有学科专业建设和人才培养工作中。

1.2.4 新工科不是“纯”工科

面向未来的新工科所担负的责任远远超越了传统工程领域的范畴。

首先，新工科要解决复杂工程问题。这些问题边界不清、具有较高的综合性、涉及相互冲突的多种因素、超越现有工程标准和规范、传统的方法难以解决，需要协调相关各方利益、运用多学科知识、具备创新能力。

其次，新工科要面对经济社会问题。工程师在解决各种工程问题的同时要面对错综复杂的经济社会问题，需要系统地协调经济、社会、政治、环境、伦理等多方面因素，需要有“大工程观”，才能成为称职的工程师。

第三，新工科要迎接未来发展问题。面向未来是新工科建设的主要目标，未来发展问题的难以预测性、不确定性和动态复杂性对新工科建设的理念、思路、模式和路径有突破性影响，要求新工科培养出超越现实、面向未来、动态适应的卓越工程科技人才。

以上分析可见，新工科所担负的责任使得其不是“纯”工科。

从学科专业构成角度，新工科必须突破现有工科门类和专业的划分，重视不同工程学科专业之间的交叉和融合，使之能够胜任各种复杂工程问题的解决。

从学科专业内涵角度，新工科必须突破现有工科的界定，重视理科、管理、经济、法律、新闻、医学等其他非工科门类学科对工科的介入渗透，使之能够在处理工程问题的同时解决好各种经济社会问题。

从学科专业发展角度，新工科要立足于长远和未来，突破各种思维定式，在更大的学科空间、专业空间、问题空间、社会空间和思路空间中去建设和发展新工科，使之能够应对各种未来问题。

事实上，人类社会当前和未来面临的问题均不会局限于人类自身划分的学科和专业中，高等教育领域的其他学科和专业应该与新工科一样，以开放、客观、实际的眼光，以未来需要和问题为导向开展学科改革、建设和发展工作。

1.3　新工科的建设目标

对一所高校而言，不论其属于何种类型，新工科建设最核心的任务可以分为三方面：学科人才的队伍建设、学科领域的学术研究和学科专业的人才培养。前两个任务属于学科和专业建设。队伍建设是学科建设的根本，是开展学科领域学术研究和学科专业人才培养的前提和保障，需要通过对相关学科专业教师的队伍组建、在职培养、人才引进等多种方式进行。学术研究是学科建设的基础，涉及学科理论、方法和知识体系的构建，学科当前、前沿和未来问题的研究，以及学科专业课程体系的建设等，并为日后参与产业改造升级、新产业生成、校企合作和社会服务等打下基础。人才培养是新工科建设满足行业和产业的当前和未来发展需要最重要、最核心的任务，与学科领域的学术研究相辅相成，既需要后者的研究成果用于教育教学，又对后者起到促进和推动作用。

1.3.1 新工科的建设目标及其内涵分析

高等教育在中华民族伟大复兴中具有不可忽视的地位和作用，就行业和产业发展对工程学科的高度期待和工程学科对国家经济社会发展应当承担的重大使命而言，新工科的建设和发展应该重点落脚在新工科专业建设及其人才培养上。从这个意义上，新工科建设的主要目标可以表述为："主动布局、设置和建设服务国家战略、满足产业需求、面向未来发展的工程学科与专业，培养造就一批具有创新创业能力、动态适应能力、跨界整合能力、高素质的各类交叉复合型卓越工程科技人才"。

"服务国家战略"指的是新工科要主动服务国家提出的一系列重大战略，包括创新驱动发展、"一带一路""中国制造2025""互联网＋"等。这些国家战略以实现中国梦为总目标，强调建设创新型国家、实现中国经济整体快速发展、实现制造强国、推动产业转型升级等。新工科建设就是要根据实现上述国家战略目标和任务的需要，主动布局、设置、建设和发展相关新工科专业。

"满足产业需求"指的是新工科要在我国经济发展方式转变、新旧动能转换、产业结构转型升级，新技术、新产业、新业态和新模式蓬勃发展的环境下，培养出当前和未来产业和行业急需的各种层次和类型的卓越工程科技人才。

需要着重强调的是，《"十二五"国家战略性新兴产业发展规划》提出的节能环保、新一代信息技术、生物、高端装备制造、新能源、新材料和新能源汽车等七大战略性新兴产业，是以重大技术突破和重大发展需求为基础，对经济社会全局和长远发展具有重大引领带动作用，知识技术密集、物质资源消耗少、成长潜力大、综合效益好的产业，在"十二五"期间得到快速发展，这些产业当前所需的人才仍然是需要新工科专业去培养的。

"面向未来发展"指的是高等学校要把握行业产业未来发展方向，预测未来对各种类型工程科技人才的需求，提前布局、建设和发展产业未来发展需要的新的学科专业，及时培养引领未来和产业发展的卓越工程科技人才。

同样需要强调的是，为了以全球视野前瞻布局前沿技术研发，不断催生新产业，在若干战略必争领域形成独特优势，掌握未来产业发展主动权，为经济社会持续发展提供战略储备、拓展战略空间，《“十三五”国家战略性新兴产业发展规划》提出超前布局四个战略性产业：空天海洋领域、信息网络领域、生物技术领域和核技术领域等，以培育我国未来发展新优势。这些面向未来发展的产业正是新工科需要提前布局和建设的。

事实上，不论一个国家的经济社会发展到什么水平和阶段，工程教育始终要以服务国家战略、满足产业需求和面向未来发展为自身的历史使命和社会责任以及改革发展的方向和原动力。

必须指出两点：（1）服务国家战略、满足产业需求和面向未来发展这三方面均蕴含着面向世界培养卓越工程科技人才这一要求。国家战略的国际视野和全球定位、中国企业“走出去”拓展和国际合作、新经济发展的全球化以及高等教育强国战略等，都要求新工科专业培养的人才具有国际视野和全球胜任力。（2）新经济是一个不断发展、动态变化的概念，国家战略、行业产业和未来发展对工程科技人才的需求均是动态变化的，因此，通过对未来人才需求的研究和预测，准确把握、及时更新和动态调整新经济发展对各类工程科技人才的需求，调整新工科专业结构及其布局，应该成为各类高等学校新工科建设中的一项常态性的工作。

“创新创业能力”是对新工科培养的工程科技人才的首要能力要求。创业能力是新产业形成和发展的基础，是产业和行业主导者必须具备的基本能力。创新是引领和驱动产业和经济发展的主要动力，是产业和行业得以发展并赢得市场竞争的保障，是产业和行业的工程科技骨干必须具备的核心能力。在未来的市场竞争中，创新周期越来越短、技术创新越来越快、产业更新更加频繁、发展模式更加多元，这些均要求工程科技人才必须具备创新创业能力。

“动态适应能力”是新工科培养的工程科技人才面对未来产业和行业的迅速变化所必须具备的发展能力。动态适应能力强调的是新工科专业培养的人才为了适应新经济的发展变化，能够主动更新和拓展专业知识、调整专业方向、转变产业发展思路，以适应技术更新、产业变革、产业形态转变和产业模式调整的能力。

“跨界整合能力”是新产业形成及其持续发展所需要的。一方面，“互联网＋”的产业创新模式要求对当前的多个关联产业进行改造和整合以形成新的产业；另一方面，新的产业形态和新的产业发展模式的出现也要求对未来的产业进行跨界改造、完善或整合以保证产业能够以最佳的形态和有效的模式持续发展。由此可见，作为新产业的工程科技人才还必须具备跨界整合能力[1]。

“高素质”指的是新工科培养的卓越工程科技人才在专业能力之外所必须拥有的高水准的社会能力、职业素养和伦理道德等素质。“交叉复合型”指的是工程科技人才应具有多学科交叉的知识、理论和专业基础，具备解决交叉复合问题的专业能力和综合素质。

1.3.2 新工科建设要坚持“扎根中国”

面向产业界、面向世界、面向未来的新工科建设要坚持“扎根中国”。这里“产业”是指中国当前和未来的产业，“世界”是指与中国经济发展密切关联的外部世界，“未来”是指中国经济社会发展的未来需要。因此，新经济的建设必须扎根在中国的土壤和环境中，即在新工科专业建设及其人才培养时要强调中国背景、中国需要、中国理念、中国智慧、中国标准、中国模式和中国特色，这是对新工科建设的本土化要求。

中国经济所取得的举世瞩目的巨大成就充分增强了扎根中国开展新工科建设的道路自信。我国经济长期以来发展迅速，其中实体经济贡献显著，在以高铁、航空、航天为代表的诸多领域所取得的成就正是对我国工程教育培养出的工程科技人才在水平和质量上的充分肯定，也充分说明了只有立足中国现实国情、自觉服务中国经济、面向中国未来需要，才是中国工程教育改革和发展必须选择的道路。

中国工程教育改革和发展所取得的成就充分增强了扎根中国开展新工科建设的制度自信。中国已经建成了全球最大的工程教育体系：层次分明、类型多样、专业齐全、每年工科毕业生占世界总数的1/3以上；2010年启动的“卓越计划”不仅极大地促进中国工程教育系统性改革，而且对中国高等教育改革和发展也产生了重要影响，引起了国际工程教育界的高度关注；600余所高校与国内外知名企业合作办学，逐步建立起高校与行业企业协同育人机制；2016年中国成为《华盛顿协议》组织的正式成员，标志着中国工程教育质量认证体系实现了国际实质等效。以上这些成就正是在中国特色社会主义制度下，在国家主导、市场竞争、高校自主的体制下取得的，也充分说明只有在中国的制度环境下才能实现新工科建设的目标。

中国工程教育所取得的成就也充分增强了扎根中国开展新工科建设的文化自信。中国工程教育根植于中国文化的土壤中，中国工程教育成就的取得离不开中国文化的影响和作用，中西方文化存在着较大的差异，简单地照搬硬套西方发达国家工程教育的经验容易造成“水土不服”。因此，一方面要重视和发挥中国文化在新工科建设中的影响和作用，推动新工科建设的深入开展；另一方面要重新认识“向发达国家学习工程教育的教育”，要批判性地学习和借鉴西方国家工程教育成果，不能简单“生搬硬套”，而应“合适对路”，吸取能够转化并适应中国文化土壤的成功经验。

相信新工科建设能够与中国高等教育其他领域的改革一样，向全球高等教育界输出中国理念、中国标准、中国模式和中国经验，进而转化为国际理念、国际标准和国际模式。

1.3.3 新工科培养的人才要“德才兼备”

新工科培养的工程科技人才要能够忧国忧民、具备家国情怀。在民族复兴、国家强盛的实现中国梦之路上，工程师肩负着重要的历史使命和社会责任，关系到国家经济社会发展和综合国力的提升，涉及公众安全、健康福利、环境保护、生态平衡和可持续发展，他们不仅要有过硬的专业能力和创造力，更需要热爱祖国、忠于人们、心系民族复兴、具备家国情怀，这在当今物欲横流、充满诱惑、完全开放的世界中显得尤其重要。因此，新工科在建设一流专业、一流工程教育的过程中要注重立德树人，培养德学兼修、德才兼备的一流工程科技人才。

德才兼备的一流工程科技人才要具备引领未来产业发展的能力和素质。除了“卓越计划”规定的质量标准外[2]，新工科专业培养的人才在知识、能力和素质上的要求要做如下拓展。学科知识方面：多学科交叉复合知识、新工科领域前沿知识；专业能力方面：复杂工程问题解决能力、非结构化解决问题的能力；非专业能力方面：创新创业能力、多学科团队的协作能力、研究和创造能力、数字化能力、工程领导力、动态适应能力、全球胜任力；综合素质方面：工程伦理、社会意识、家国情怀、全球视野、批判性思维、跨学科和系统思维。

从高等教育整体发展角度看，强调德才兼备是新时代对高等教育人才培养的总体要求，具备引领未来产业和行业发展能力是新经济对高等教育人才培养的核心能力要求。

1.4　新工科的建设原则

不论何种类型的高校开展新工科建设，均需要遵循以下建设原则。

1.4.1　针对服务面向

不同类型高校均有各自不同的服务面向，就人才培养角度而言，服务面向指的是毕业生主要的就业区域和行业领域，或者说是高校人才培养主要面向的地区和行业领域。正是这些区域和领域，高校有着长期积累的广泛的社会基础和行业企业联系，不仅最了解这些区域和领域需要什么样的人才，而且最能够与这些区域和领域内的产业、企业及研究院所开展产学研合作教育，从而培养出“适销对路”的人才。因此，针对服务面向原则就是要针对服务面向地区和领域的需要，针对性地培养新工科专业人才。这条原则也可以通俗地表述为：不能够“荒了自己的地、种了他人的田”。

1.4.2　面向未来需要

新工科建设的目标是立足于服务国家战略、面向产业、面向世界、面向未来，开展工程学科和专业建设，培养造就一大批创新创业能力强、适应经济社会动态发展的高素质各类交叉复合型卓越工程科技人才。事实上，不论是国家战略、产业发展，还是经济全球化，对工程人才的需求都不是当下的，而是未来的需要，因此，新工科建设的原则应该强调面向未来需求，新工科建设目标应该是“舍近求远”。

强调面向未来需求是对新经济发展特征的积极回应。新技术、新产业、新业态、新模式的更新和迭代周期将越来越短，产业和行业对工程人才要求的变化频率也将加快，如果只瞄准当前人才市场的需要，那么，不可缩短的学科专业建设和人才培养周期将使得工程专业毕业生严重滞后于产业和行业的需要。因此，面向长远发展需要、面向未来产业需求，才能使新工科专业培养的人才超前于市场需求并能够引领未来产业发展。

当前一些高校的毕业生得不到市场充分的接受和认可，反映出这些高校的相关学科专业没有及时调整、人才培养目标定位脱离未来需要、课程设置和教学内容过于陈旧等，这些问题的关键往往在于在这些学科专业设置和人才培养上没有“面向未来需求”。

1.4.3　发挥整体优势

不同类型高校，不论其规模大小、办学层次、校史长短，都会由于其发展历史、学科结构、专业设置以及与经济社会发展的关系使得各自具有自身的整体优势。基于对传统学科的突破、转型、改造、交叉和融合的新工科的建设和发展，需要的是多学科的支持、多种资源的投入和广泛的产业基础，因此，不同类型高校的整体优势正是各自建设好本校新工科的优势，应该予以充分发挥。事实上，仅靠一个学科或专业、一个学院或学系是不容易搞好新工科建设的，尤其对地方高校。

1.4.4　突出培养特色

新工科建设培养出来的人才能否得到社会的认可很大程度上取决于是否有与众不同的优势和特色。不论何种类型的高校，均在其长期的发展过程中积累和形成了与众不同的人才培养特色，这种特色符合新技术、新产业和新经济对人才多样化的需求，也是每一所高校的毕业生能够获得社会接受的根本原因。因此，在新工科建设过程中注重和突出本校的人才培养特色就显得尤其重要，需要每一所高校在达到新工科专业人才培养共性要求的情况下，突出本校个性化的特色培养。

1.5　新工科建设的总体思路

1.5.1　新工科建设路径“有悖常理”

学科和专业之间存在相互依附、相互影响和协同发展的关系：学科建设为专业建设提供知识体系支撑，是专业发展的重要基础；专业建设是学科建设的重要方面，专业是学科建设承载的实现人才培养功能的平台，人才培养质量的高低取决于学科发展的水平，高质量的人才培养又促进了学科发展水平的提升。[3] 但是，学科是现代高等教育的重要基础，是现代大学存在的逻辑起点，大学是围绕学科构建起来的。人们普遍认同的学科、专业和人才培养三者之间的逻辑关系是：先有学科、再有专业、最后培养人才。也就是说，高校普遍遵循“设置院系——开设专业——培养人才”这样一个路径开启人才培养工作。不难看出，迄今为止的专业建设和人才培养是以学科建设为基础的。

然而，在新工科建设过程中，上述认同和路径可能被打破。以服务国家战略、满足产业需求、面向未来发展为目标的新工科专业建设和人才培养必须以未来市场需求为导向，而不能固守原有的思维定势、简单地按照以往的人才培养路径。在新经济环境下，新型学科专业的建设路径将是：“预测未来人才市场需求——改造升级现有专业——调整完善现有学科”；新兴和新生学科专业的建设路径将是：“预测未来人才市场需求——学科建设与专业建设同步进行”；新兴学科专业可以在非实体的组织架构上建设，而不一定设置实体院系，以提高其动态适应性；只有这样，新工科建设才能够及时或超前地为未来产业和行业发展培养出卓越工程科技人才。

从单纯“以学科为基础”向注重“以市场为导向”的转变，应该成为高校各类学科专业人才培养的共识，这不仅是经济社会发展对高等教育提出的要求，也是高等教育引领社会进步所必须承担的责任和义务。

1.5.2　新工科建设的总体思路

高校新工科建设的总体思路与传统的学科建设的思路的主要区别有三：一是要

站在国家、产业和未来的角度看待新工科建设，即从以往的学科导向转向国家战略视角下的产业和未来需求导向；二是要突破传统的学科界限，即从以往单一学科视角转向跨越学科界限的交叉融合视野；三是要从时代赋予高等教育新使命的角度看待新工科建设的作用，即从以往的服务和满足行业产业发展转向服务满足与支撑引领产业行业发展并重。以上区别关系到如下新工科建设的总体思路的设计。

1. 研究及预测未来国家和产业发展需求和方向

建设新工科的第一步是要把握国家及产业的未来需求和发展方向，这一方面是由学科建设和专业人才培养的周期决定的，另一方面是新工科的引领性所决定的。

对国家及产业未来需求和发展方向的把握需要通过深入的研究和预测才能获得，而不能像传统的学科建设那样仅通过简单的市场调研和分析。具体的研究可以通过成立由校内不同学科的相关专家和校外行业研究院所及企业专家组成的专门团队来完成。通过对国家发展战略、国家战略性新兴产业发展规划、产业发展前沿领域和未来发展的国际趋势，以及我国与发达国家产业发展的比较等的研究和预测，清晰地把握未来国家及产业的发展需求和方向。研究的重点应该在与本校学科专业相关的产业领域和方向上。

2. 统筹分析全校资源、确定待建新工科

面对清晰的国家和产业的未来需求和发展方向，高校需要通过统筹分析本校的学科专业现状和发展潜力，知道能够设置并建设好哪些新的工程学科和专业。具体而言，大致需要做两方面的工作：一是确定本校能够做什么；二是回答本校能够做好什么。

首先，针对国家和产业发展需求和分析，从跨学科专业的角度分析高校能够建设哪些新工科。这方面需要打破校内现有的学科专业界限，统筹考虑全校各种教育和研究资源，确定本校在“新型”“新生”和“新兴”工程学科上能够布局和设置哪些新工科。

其次，需要将这些初步提出的“新工科”与国内同类型院校可能设置的“新工科”进行比较分析，重点在本校具有的优势和特色上，然后从中确定具有明显优势和潜力并有资源投入保障的那些作为待建的新工科。

在确定本校待建新工科时必须重视两点：一是要注重新工科与产业的直接对

接；二是要有充分详实的能够建好新工科的可行性分析和论证。

3. 规划、设置和组建新工科专业

新工科规划。对待建的新工科，高校首先要明确新工科建设在学校发展中的地位，并根据国家和产业发展对新工科及其人才的需求时间以及本校的实际情况，进行整体的规划，制定出本校新工科建设的发展战略，并分解到学校每年的年度工作要点中予以落实。

新工科设置。新工科设置是高校全校性的工作，涉及相关院系、学科和专业以及学校多个部门，因此，学校层面的统筹和协调、相关院系和部门之间的沟通以及树立全局意识等是必不可少的。新工科设置是针对每一新工科专业，主要包括：明确学科及专业负责人，确定学科和专业组织架构，明确教师队伍数量、层次和结构，制定学科专业发展计划等。

新工科组建。这方面高校需要决定：是按照传统的实体院系架构组建，还是结合新工科的特征不设实体院系。这需要高校根据自身的情况分析和研究，以最有利于新工科建设、发展和人才培养为准则决定采取何种模式组建新工科。具体讨论详见本章1.7.3中“新工科平台的构建”。

4. 开展新工科建设和学科研究

开展学科专业建设是新工科组建后需要尽快启动的工作，除了与传统学科专业建设类似的工作外，新工科建设还要重视：（1）建立学科专业与外部产业部门和行业企业的联系；（2）注重从产业部门、行业企业和研究院所引进或聘请业界专家充实教师队伍；（3）争取各级政府、产业行业和社会各界在政策、经费和其他教育资源的支持；（4）开展新工科的研究。

在上述各项工作中，学科研究不仅是新工科建设的一项重要基础性工作，关系到从专业建设、培养方案制定到课程内容形成和选择等多方面，而且是新工科的学科发展和专业建设能够持续服务、支撑和引领新产业发展的一项保障性工作。应该成立跨院系、跨学科的交叉研究和未来研究机构或学术组织，以科学研究带动新工科布局、建设和发展。学科研究既要重视与学科专业对接的产业部门、行业企业和研究院所的合作，也要重视跨产业、跨部门以及与境外机构的合作。

5. 搭建新工科专业大类招生和培养平台

新工科专业人才培养是新工科建设接下来的一项十分重要的工作，根据新工科专业是源于传统多学科的交叉融合和不同产业的跨界整合的特点，高校应该注重发挥本校的整体优势，将新工科的整个学科作为大类，搭建新工科专业大类招生和培养的平台。

大类招生在于实施大类培养，它对新工科专业人才培养的作用在于：（1）能够大幅提高学生的通识教育素养，了解相关专业的知识体系、学科发展和相互联系，有利于学生更好地理解新工科专业的内涵和特征；（2）能够帮助学生在充分了解新工科学科专业的基础上，结合自身的兴趣和特长，找到最适合自己的专业方向，有利于学生的个性化培养；（3）能够加强通识教育和专业教育的相互融合，促进专业教育教学的改革，给予学生学习上更大的主动性，有利于新工科创新创业教育和整个专业教育的开展。

6. 构建新工科专业人才培养质量保障体系

为了保证新工科专业培养的工程科技人才能够满足国家和产业当前和未来发展的要求，高校需要建立相应的人才培养质量保障体系，由质量标准体系、组织结构、保障主体和运行机制四个方面构成一个有机整体[4]。

新工科的内涵和特征决定着其人才培养质量保障体系与传统专业人才培养质量保障体系有两方面主要差异：（1）要以面向未来和引领产业发展为目标，提出具有多维度、多元化、包容性和开放性的新工科人才培养的质量标准；（2）要以产业当前需求和未来发展为导向，建立外部驱动的质量持续改进机制。

7. 建立专业动态调整机制

建立专业动态调整机制对新工科而言尤其重要。伴随着新经济的快速发展，新技术、新产业、新业态和新模式调整和迭代的周期将不断缩短，国家和产业未来对新工科专业及其人才培养的要求变化将成为常态，因此，高校需要建立新工科专业的动态调整机制，以及时调整新工科专业设置、修改或完善人才培养方向、目标、标准、方案、模式以及课程和教学内容等，从而保证所培养的工程科技人才不会滞后而是超前于国家和产业发展对新工科专业人才的要求。

1.6 不同类型高校的新工科建设

1.6.1 新工科建设强调“分类开展”

新工科建设涉及占我国高校总数92%的设置工科专业的各类院校，这些高校存在着服务面向、办学定位、学校类型、办学层次等诸多方面的不同，因此，新工科的建设应该根据学校类型，有重点、有区别地开展，以充分发挥各种类型高校在新工科建设上各自的不同优势。

根据高校的类型定位和服务面向，分类开展新工科建设对工程人才培养和高校的发展具有如下的重要意义：一是能够更好地满足不同产业、不同区域、不同企业对不同层次、不同类型工程人才多样化的需求；二是能够更好地发挥不同类型高校的办学优势和人才培养特色，培养出高水平的工程人才；三是能够推进不同类型高校之间的合作和协同发展，避免“千军万马走独木桥”的恶性竞争的现象；四是能够在同类型高校之间展开资源能力相当、基于同一起跑线、有利于相互鞭策的良性竞争，从而促进高校的发展。

根据不同的目的，高校可以有不同的分类，根据新工科建设和人才培养的需要，可以将高校分为工科优势高校、综合性高校、行业性高校和一般地方高校四种类型，它们在新工科建设上有着各自不同的重点，但都需要做好新工科的研究和实践两方面工作。其中，工科优势高校要在工程科技创新和产业创新上发挥主体作用；综合性高校要在催生新技术和孕育新产业方面发挥引领作用；行业性高校要在相关行业产业的转型升级和引领行业产业发展上发挥核心作用；一般地方高校要在区域经济发展和区域产业转型升级上发挥支撑作用。

显然，不同类型的高校应该有衡量其新工科建设的不同标准，包括学科建设、专业建设和人才培养等方面，重点应该落脚在人才培养质量标准。这些质量标准是各类高校开展新工科建设的行动指南和实现新工科建设预期目标的基础。

作为高等教育大国，全国性的高等教育行动计划均应该强调“分类”开展或实施，这方面的重要性不仅仅因为我国有为数众多的高等学校，更是由于我国有广泛、多样、大量的各类人才需求，这对于我国构建完整的、多元的、“适销对路”

的人才培养体系至关重要。

1.6.2　工科优势高校

这类院校的主要特点是：办学历史长、工科优势明显、工科门类齐全、产业联系紧密等。它们多数是“985工程”“211工程”高校或教育部直属等部属高校，其中一些是世界“双一流”建设高校，它们既应该在我国新工科建设和工程教育改革和发展中为其他类型高校提供经验和借鉴，起到示范和引领作用，又应该对工程科技创新和产业创新发挥主体作用。

工科优势高校在新工科建设上应该做到“广而强”，即新工科建设门类要尽可能多、覆盖面广，力求把每个新工科建成强势学科专业。主要聚焦国家发展战略、国际新技术和新产业发展、国家战略性新兴产业、高端制造业等前沿和未来领域。新工科建设重点应该在“新生”工科，并辅以“新型”。

首先，要发挥高校自身的工科优势以及与行业产业紧密联系的优势，优化专业结构，推动现有工科之间的交叉复合、工科与其他学科的交叉融合，由此产生新的工程学科。

其次，新工科研究的重点应该包括：（1）国际新技术、新产业和新经济的发展和趋势；（2）欧美主要发达国家工程学科建设、专业设置及人才培养的比较研究；（3）中国新工科构成的结构分析和新工科人才培养的模式研究。

第三，新工科实践应该聚焦新材料、新能源、生物技术、信息技术、智能制造等领域的交叉学科专业的建设和发展，既要重视与国际一流理工科大学的合作，也要加强与产业部门及国内外产业领先企业的合作；新工科建设的重点在多样化工程科技人才培养上，注重培养学生的创新创业能力、工程领导力、战略意识和国际视野、全球胜任力等核心能力和素质。

以工科为主的学科交叉而产生出来的新的工程学科应该占新工科的最大比例。交叉形式包括工科与工科、工科与理科、工科与其他学科等。要注意不同生成形式产生的新工科在人才培养模式、教育教学方法以及产学研合作教育上的差异，要强调工程教育与科学教育和人文教育的结合。

在重视“新生”工科的同时，工科优势高校还应注重本校的“新型”工科，即对传统工科专业的改造、转型和升级，尤其是推进互联网、人工智能、信息技术、大数据、经济管理、法律艺术等与传统工科专业的深度融合。

1.6.3 综合性高校

这类院校的主要特点是：办学历史长，文、理、医、商等学科综合优势明显、门类齐全，部分学校有少量工科专业。它们基本是“985工程”“211工程”高校或教育部直属高校，其中一些也是世界“双一流”建设高校，要对催生新技术和孕育新产业发挥引领作用。

综合性高校在工程学科建设上不应追求大而全，而应该做到“少而精”，即新工科建设门类要少、仅覆盖有限领域，力求把每个新工科建成“精品”。应该注重发展那些与学校办学定位和办学特色适应并能够促进其他门类学科发展的工程学科。主要聚焦与国家发展战略密切相关、处于前沿领域的国际新产业和未来技术的发展和趋势。新工科建设的重点应该在“新兴”工科。

首先，要发挥学科综合优势，面向未来新技术和新产业的发展，推动文、理、医、商等学科与工科学科交叉融合和跨界整合，尤其是推动应用理科向工科延伸，由此形成新的工程学科。其次，新工科研究的重点应该包括：（1）世界高水平综合性大学工科学科建设、专业设置及人才培养情况的比较研究；（2）科学教育、工程教育与人文教育相结合的工科人才培养模式；（3）综合性高校与优势工科高校工程人才培养模式的比较研究。第三，新工科实践应该聚焦信息、生物、新材料、新能源等领域的交叉学科专业的建设和发展，掌握我国未来技术和产业发展主动权，既要重视与国际一流大学的合作，也要加强与国内外产业领先企业的合作；新工科建设的重点应该在培养科学基础厚、工程能力强、综合素质高的复合型工程科技人才上。

1.6.4 行业性高校

这类院校的主要特点是：办学历史较长，主要聚焦于如农林、水利、地矿、石油、交通、电子等某些行业领域，在主要学科领域专业设置齐全、与产业联系紧密等。它们中一些是“211工程”高校或教育部直属高校，其余属地方院校，要对产业转型升级和区域经济发展发挥支撑作用。

行业性高校在新工科建设上应该做到“专而深”，即新工科建设要凸显学校在行业领域的专业优势，专门集中在与行业联系紧密的门类上，力求把这些新工科建成有深度、有特色的学科专业。主要聚焦关联行业和产业当前急需和未来需要的领域，涉及国家发展战略、国家战略性新兴产业、我国优势产业等领域。新工科建设重点应该在“新型”工科，并辅以“新兴”工科。

首先，要发挥与行业产业联系紧密的优势，面向相关行业和产业当前需求和未来发展，推动传统学科的转型、改造和升级，尤其推动移动互联网、物联网、大数据、云计算、智能技术等与传统工科专业的交叉融合，由此形成新的工程学科。与此同时，要对现有过于细分的学科专业进行整合，使其能够与行业和产业直接对接。

其次，新工科研究的重点应该包括：（1）行业性高校在面向新产业发展需求和发展的新工科建设过程中如何保持传统工科特色和行业优势；（2）行业性高校在新经济背景下新工科建设与学校整体发展的关系。

第三，新工科实践应该聚焦本行业及其产业领域的当前急需和未来发展，关注影响本行业发展的新技术和相关产业，既要重视对传统行业特色工科的转型升级，也要注重在传统工科基础上的新工科建设，更要加强与国内外相关产业领先企业的合作和深度融合；新工科建设的重点在发挥自身优势，密切与行业的关系，把握行业人才需求方向，深化产教融合、校企合作、协同育人，培养大批具有较强行业背景知识、工程实践能力、胜任行业发展需求的行业型工程技术人才。

1.6.5　一般地方高校

这类院校的主要特点是：办学历史往往不长，基本属于以工科为主的多科性院校，与地方经济社会发展联系紧密，学科点跨多个门类、专业设置较为松散、以地方需求为主，毕业生多数在本地就业。这些高校多数隶属地方省级政府，其余隶属地级市政府，要对区域经济发展和区域产业转型升级发挥支撑作用。

一般地方高校在新工科建设上应该做到“好而实”，即新工科建设要聚焦在地方行业和产业当前和未来需要的学科专业上，以满足地方要求为建设标准，充分利用地方资源，将新工科建设好，将新工科专业人才培养好，毕业生能够直接在新产业一线就业、实干务实。主要聚焦本省市区域经济和产业发展的相关领域、“一带一路”等国家战略、国家战略性新兴产业相关领域等。新工科建设重点应该在“新型”工科。

首先，要发挥与地方经济和产业联系紧密的优势，面向地方企业和产业当前需求和未来发展，推动本校传统学科的整合、转型、改造和升级，改变本校学科门类多而不强的状况，集中有限资源形成新的工程学科。

其次，新工科研究的重点应该包括：（1）地方高校如何支撑和引领区域经济和产业的发展；（2）地方高校面向区域主导产业和特色产业，如何与其他类型院校成为互补，构建与区域经济社会发展相适应的学科专业体系；（3）地方高校如何发挥区位优势，在新工科建设过程中形成不同于其他类型高校的学科优势和专业特色。

第三，新工科实践应该聚焦区域产业及其相关领域的当前急需和未来发展，关注影响区域产业发展的新技术及其相关领域，既要重视对传统工科的转型、改造升级，也要注重对现有学科的跨学科整合；除了继续加强与区域内产业企业的深度合作，还要加强与国内外相关产业领先企业以及其他类型高校的合作。新工科建设的重点应该在满足地方经济社会发展和产业需求的应用型工程技术人才培养上。

1.6.6　新工科的建设应该成为高校的自觉行动和自主行为

国家层面提出的任何一项教育改革行动计划都是基于宏观的视野、全局的高度和发展的视角，对所有高校均具有重要的指导作用，但并不强制性要求所有高校参加，而是鼓励尽可能多的高校参与，因此，新工科建设也应该成为高校的“自觉行动”和“自主行为”。

高校自觉地参与新工科建设具有两方面的重要作用：一是能够在教育部宏观指导下，有力地推动本校工程学科专业的建设和工程教育的改革和发展，为经济社会发展培养急需的工程科技人才；二是能够提高本校在服务面向区域的影响力和社会声誉，获得政府、企业和社会在政策、经费和其他教育资源方面更多的支持。

高校自主地开展新工科建设具有两方面的重要意义：一是能够充分调动高校的主动性、积极性和创新性，使其在没有外界的干预下更具个性化、更有创造性地开展新工科建设；二是能够更好地发挥高校的办学优势和人才培养特色，为行业产业培养多样化的人才。但是，高校的“自主行为”需要各级政府进一步简政放权，扩大高校包括学科专业设置和调整、招生、学位授予等方面的办学自主权，打破各种束缚工程教育改革与发展的体制和机制障碍。

面向未来发展的新工科建设将从理念、结构、模式、标准和体系多方面，在“卓越计划”的基础上，通过反复的研究与实践，持续深化工程教育改革，培养德学兼修、德才兼备的高素质工程人才，探索形成中国特色、世界水平的工程教育体系。新工科建设具备在新经济环境下开展高等教育改革的诸多要素，其研究和实践成果对高等教育其他学科专业领域具有重要的参考和借鉴价值，将对我国高等教育改革和发展起到示范和引领作用。

1.7　新工科专业建设的重点

1.7.1　新工科建设需要“研行合一”

作为“卓越计划”的升级版，新工科建设要在更大的范围、更深的层面和更高的要求上开展，需要提出“新理念”、构建“新结构”、探索“新模式”、打造“新标准”和建立“新体系”，因此，存在着大量需要认真分析和深入研究的新问题。此外，对于众多不同类型、不同学科专业、不同定位和服务面向的参与高校而言，教育部只能提出新工科建设指导意见，而不可能为每一所高校给出具体的实施意见。因此，新工科建设需要做到“研行合一”，研究与实践相互促进、相互作用。从研究对实践的作用看，一方面在开展实践行动之前，需要参与高校对实践过程中可能遇到的问题预先进行研究，以指导实践行动、提高实践效率和保证实践效果；另一方面对新工科实践过程中面临的问题也需要及时地开展研究，以找到解决问题的思路、途径和方式，保证新工科实践的继续进行。从实践对研究的作用看，在新工科建设的实践行动过程中，不可避免地会出现新问题和新困难，这就为研究提出新题目、新方向和新内容，将促进新工科研究的继续和深入。总之，“研行合一”指的是对相关问题的研究是伴随着新工科建设的整个探索过程。

参与新工科建设的高校应该依据教育部发布的《新工科研究与实践项目指南》开展研究与实践。在新工科研究方面，每一所参与高校应该根据本校的类型、定位、服务面向以及需要研究的问题，选择适合的研究项目，细化具体的研究内容，确定清晰的课题名称，组建由问题相关各方参与的研究团队，给予必要的研究经费，提交有指导价值的研究成果。在新工科实践方面，参与高校应该充分运用本校和外校的研究成果指导新工科建设，及时发现新的问题，开启新的研究，保证新工科建设始终处于顺利、有效的状态。

缺乏对高等教育的研究是我国高等教育实践者普遍存在的现象，这不仅造成实践中频频受阻，而且还影响实践的深度，因此改变重科学研究而轻教育研究的现象，强调“研行合一”，将有利于提高高等教育的质量。

1.7.2　新工科建设注重“模式创新”

在工程人才培养的各个方面，新工科建设要注重培养模式的创新。首先，建立和完善政产学研等多主体协同育人模式，推进政校合作、产学融合、校企合作、科教结合、国际合作等协同育人体制机制改革。其次，推动高校组织创新：探索建设高校与行业企业共建共管的产业化学院；探索建设集教育、培训、研发于一体的共享型协同育人实践平台。第三，探索多学科交叉融合的工程人才培养模式：建立跨学科交融的新型组织机构；开始跨学科课程，探索面向复杂工程问题的课程和教学模式；组建跨学科教学团队，推进跨学科合作学习。第四，完善工程人才创新创业能力培养模式：通过完善课程体系、搭建基地平台，组织活动竞赛，完善工程人才“创意、创新、创业”教育体系。第五，探索个性化人才培养模式：鼓励学生在教师指导下自主规划职业发展，允许学生根据自己的兴趣选择专业和自由组合课程。第六，针对产业对高层次工程科技人才的需求，探索本研分段连续培养模式，包括不同阶段的学习目标、知识结构、课程体系、培养方式、学习成果评价等。第七，推进信息技术与工程教育的深度融合：通过充分运用各种优质在线教育资源，改革教育教学方式方法，提高工程教育效率和教学效果。

新工科建设所强调的以上几方面人才培养模式的创新不仅适用于工程教育领域，而且也适用于科学教育和人文教育领域，尤其是哪些直面经济社会发展、具有广泛应用前景的学科专业，如法律、医学、教师、新闻传媒等。

新工科建设的重点应该聚焦在与传统工科建设不同且需要高度重视之处，主要包括新工科平台的构建、新工科人才培养模式、新工科人才创新创业教育、新工科专业产学研合作教育和新工科教育教学质量评价等几方面。

1.7.3 新工科平台的构建

新工科平台的构建是开展新工科学科专业建设、发展和人才培养的重要前提和基础，可以有实体和非实体两种模式，即按照传统工科以院系为实体平台进行学科与专业建设的架构，和按照新工科的特征不设实体的由相关院系和学科关联组成的架构，或称跨学科交融的新型组织。

采用传统的院系实体架构构建新工科平台的模式容易为多数教职员工所接受。这种模式关系到相关学科院系的整合重组、各种资源的重新分配以及学校新资源的投入等，涉及多方利益的博弈，需要学校层面的强力领导、相关院系和部门的支持协调以及教师的理解支持，需要处理好局部与整体、个人与组织、近期目标与远期目标等方面的关系。实体模式新工科平台的优势在于：（1）各种教育和科研资源相对集中，容易在短期内看到建设成效；（2）教师的专职有利于他们集中精力和整个学科队伍建设；（3）适应高校传统的内部管理体制和运行机制，容易为多数教职员工所习惯和接受。

采用不设实体的组织架构构建新工科平台的模式符合新工科的引领性、交融性、创新性、跨界性和发展性等特征。这种模式需要相关学科和院系的沟通协调、协作配合和通力合作，教师由来自校内不同实体院系、不同学科和专业方向的教师以及校外兼职教师组成，他们共同承担新工科的科学研究、专业建设和人才培养工作。非实体新工科平台的优势集中体现在：（1）能够充分利用相关院系和学科长期积累的校内外各种资源，使新工科建设始于较高的起点；（2）对新产业的需求和未来发展具有很强的适应性，能够及时调整学科建设方向和人才培养要求，能够及时调整或重组教师队伍。这些正是实体平台所不具备的。

但是，这种非实体平台的有效运行需要制度和机制的保障：（1）在资源分配上要突破传统的院系利益格局，鼓励学科之间融合，强调教育与科研资源共享；（2）考核制度上要改变以院系为中心的传统评价模式，鼓励教师跨学科专业、跨院系的合作与融合；（3）在管理体制上要转变传统的条块分割的管理模式，促进跨院系跨学科跨部门的协同发展。

不论采用何种架构，教师队伍建设是学科专业建设的核心工作，在引进或聘用教师时要注重教师学科背景的交叉性、知识结构的互补性、年龄结构的合理性、学缘结构的多元性、工作经历的多样性等。

1.7.4　新工科人才培养模式

新工科人才培养模式主要涉及课程体系和教学内容改革、教育教学方式改革、课堂教学与课外学习的关系、通识教育与专业教育的关系等几方面。

（1）课程体系和教学内容改革。首先，新工科多学科交叉融合的内涵和特征决定着对课程体系和教学内容的改革是系统性而不是个体性，即要从整个新工科专业建设的角度，有组织地、系统地、整体地进行课程体系设计、课程设置和教学内容的选择，而不能由每个教师单打独斗，仅根据个人的理解对现有课程进行简单的调整。其次，新技术、新产业和新经济的快速发展，需要定期审视培养方案、课程设置和教学内容，以及时做出需要的调整。

（2）教育教学方式改革。新工科专业明确的培养目标和丰富多变的教学内容要求注重提高学生的学习兴趣、学习参与度、学习效果和能力培养。要通过教学组织形式设计和教学内容的组织提高学生的学习兴趣；通过研究性学习、专题研讨式、小组合作学习、挑战性学习等方式提高学生学习的参与度；通过共享优质在线教育资源，实施混合式教学方式等提高教学效果；通过以能力为导向的教学设计并辅以过程性评价提高学生的多种能力。

（3）课堂教学与课外学习的关系。新工科人才培养将面临着更严重的课时不足问题，要将课堂教学和课外学习作为人才培养生态环境的互为补充的两个部分，一方面通过线上学习和课下学习提高课堂教学的有效性，另一方面要鼓励并创造条件引导学生利用社团活动、科技竞赛、创新产业实践、专业社会实践等多种方式进行理论联系实际，开展实践能力、应用能力和专业素养的培养。

（4）通识教育与专业教育的关系。虽然不同类型高校在新工科人才培养上对待二者关系上可以根据服务面向的不同而有不同的处理方式，但是，以下两点是一致的：一是强调通识教育对专业教育的支持，包括加强基础科学教育使学生对各种新技术的科学基础有扎实的理解，加强人文科学教育使学生对新业态和新模式的人文元素有清楚的认识等，这些对学生适应日后新技术和新产业的快速发展和变化十分重要；二是新工科要求注重专业教育的包容性、发展性和未来性对通识教育提出了更高的要求，必然促进通识教育的改革。

1.7.5　新工科人才创新创业教育

创新驱动的新产业正在成为全球经济复苏和增长的主要动力，创新创业成为新工科专业人才至关重要的能力。新经济时代创新的主要特点是：成果转化快、创新周期短、技术更新快、未来因素多、涉及学科广、发展模式多。这对新工科人才的创新创业教育提出更高的要求，要求学生具有更强烈的危机意识和未来意识、更积极的批判性思维、更敏锐的创新意识和发展眼光、更宽阔的全球视野和战略视角、更有效的创新思维和能力以及更强的市场能力和领导力等。

因此，新工科专业要将创新创业教育融入专业培养方案，以跨界交叉问题、综合复杂问题和未来前沿问题等为导向，把危机意识、创新精神、创新思维、创新创业能力的培养贯穿工程教育的全过程，通过广泛搭建各种跨行业、跨界的创业孵化基地、创业实习基地、创客空间等创新创业教育平台，组织形式多样的科技创新活动、创新创业竞赛等，全过程营造创新创业教育氛围，全方位推动创新创业教育深层次融入整个专业教育。

1.7.6 新工科产学研合作教育

与传统工科专业产学合作教育不同的是，新工科专业产学研合作教育要强调合作对象的代表性、教育内容的前沿性，并加强与产业研究院所的合作。

首先，合作对象应该是与新工科专业相关新产业的代表性企业，具备新产业的特征，在业内处于优秀或引领地位，这样符合新工科专业教育的要求；其次，合作教育的内容应该具有前沿性，即能够真实地反映新材料和新产业当前的发展状况和未来的发展趋势，这样有利于新工科专业人才能力和素质的培养；第三，要加强与新产业相关的研究院所的合作，原因在于这些院所对新产业的未来发展有深入的研究并积累了相关的资料信息，这些正是新工科人才培养所需要的。此外，应该鼓励和支持有条件的高校就以上三方面开展产学研方面的国际合作教育。

为了更好地开展新工科建设，需要为各类高校搭建合作与交流的全国性平台。首先，建议国家相关部委、教育部和行业产业协会协调组织建立单一新工科门类的全国性产学研合作联盟，如“中国生物制造产业产学研合作教育联盟”，这种联盟不仅有利于某一新工科门类的高校在全国范围内建立产学研合作关系，而且也为高校之间、产学研之间搭建了合作交流的平台。

其次，建议教育部协调组织建立两类新工科专业协助组，（1）各类院校新工科专业协助组如“行业性高校新工科专业协作组”，为同类型高校新工科专业建设提供合作与交流的机会；（2）跨院校类型的新工科专业协助组，为不同类型高校在新工科建设、专业人才培养等方面提供学习和借鉴的机会，尤其是从全国新工科专业人才市场需求的角度，这种机会能够促使不同类型高校人才培养的多样化和多元化。当然，高校也可以建立以自身为中心的新工科合作教育联盟，将与本校新工科专业有合作关系的企业联系起来。

1.7.7 新工科教育教学质量评价

质量评价是保证新工科人才培养质量的重要手段，在这方面需要建立质量标准体系、落实培养标准和建立质量评价体系。

质量标准体系的建设。建立类似“卓越工程师教育培养计划”的人才培养质量标准体系[5]，由新工科通用标准、新工科专业类标准、新工科专业行业标准和新工科专业学校标准四部分构成。教育部相关工科专业类教学指导委员会的核心委员负责制定新工科专业类标准；来自行业部门或协会为主的专家基于新工科专业类标准负责制定各自行业的新工科人才培养的行业标准；高等学校基于专业类标准和行业标准制定本校新工科各个专业人才培养的学校标准。

人才培养标准的落实。新工科专业应该以“卓越计划”为示范，将本校制定的各专业人才培养的学校标准通过分解细化成标准点，逐点落实到本专业的课程和教学环节，而后通过对课程体系和教学内容的改革，完善新工科专业人才培养方案。

质量评价体系的建立可以参照“卓越计划”质量评价体系的建设[6]。总体思路是，将新工科的质量要求分解为基本要求和专门要求，其中基本要求即为工程教育认证标准的要求，专门要求为新工科独有的不同于工程教育认证的其他要求；把新工科质量评价与工程教育认证相结合，在对新工科专业进行工程教育认证的同时，开展对同一专业新工科专门要求的评价，从而一次性完成对新工科质量评价。

由于新工科专业的“新”，需要对目前的工程教育认证通用标准和专业补充标准进行增加、修订或替换，才能产生新工科质量的基本要求，这是因为：（1）“新兴”和“新生”等新增工科专业不在目前工程教育认证专业目录中，需要扩充工程教育认证专业目录并增加这些专业的认证标准；（2）现有的认证标准显然不能用于对转型、改造升级后的“新型”工科专业的认证，需要进行修订或替换，但这将影响对那些还没有转型、改造升级的传统工程专业的认证。

新工科建设是一项涉及多产业、多部门、跨学科、跨院系的复杂的、全局性的系统工程，不可能一蹴而就，需要政府、产业和高校的协同努力，需要全校上下的通力合作。但是，通过坚持不懈的研究、实践和不断完善，新工科建设将有力地促进中国工程教育的改革和发展，为中国高等教育改革提供示范和引领，为国际工程教育的改革发展提供“中国模式”和“中国经验”。

参考文献

[1] 吴爱华，侯永峰等. 加快发展和建设新工科 主动适应和引领新经济 [J]. 高等工程教育研究，2017（1）：2–3.

[2] 林健. “卓越工程师教育培养计划”通用标准诠释 [J]. 高等工程教育研究，2014（1）.

[3] 钟秉林，李志河. 试析本科院校学科建设与专业建设 [J]. 中国高等教育，2015（22）.

[4] 林健. 卓越工程师培养的质量保障（上）[J]. 高等工程教育研究，2013（1）：27–28.

[5] 林健. “卓越工程师教育培养计划”通用标准研制 [J]. 高等工程教育研究，2010（4）：21–22.

[6] 林健. 基于工程教育认证的“卓越工程师教育培养计划”质量评价探析 [J]. 高等工程教育研究，2014（5）.

参考文献 [4]：卓越工程师培养的质量保障（上）

参考文献 [6]：基于工程教育认证的“卓越工程师教育培养计划”质量评价探析

第2章 新工科建设：强势打造“卓越计划”升级版

【本章导读】

作为《国家中长期教育发展与改革规划纲要（2010-2020）》的重大项目，“卓越工程师教育培养计划”（简称“卓越计划”）是从国家战略高度提出的，在从高等教育大国走向高等教育强国之路中的一项具有引领性、突破性、创新性和示范性的全国性重大教育教学改革计划。

“卓越计划”的主要目标是：“面向工业界、面向未来、面向世界培养造就一大批创新能力强、适合经济社会发展需要的高质量各类型后备工程技术人才，为建设创新型国家，实现工业化和现代化奠定坚实的人力资源优势，增强我国的核心竞争力和综合国力。”

自2010年启动以来，“卓越计划”遴选了参与高校共208所，覆盖全国30个省市，试点专业包括1257个本科专业和514个研究生专业，建设了654家国家级工程实践教育中心。

“卓越计划”不仅对我国工程教育教学改革产生前所未有的重大影响，而且为我国高等教育教学改革和发展起到重要的引领、示范和推动作用。

作为“卓越计划”的升级版，新工科建设通过调整学科专业建设思路、拓展工程教育改革内涵，从八个方面对“卓越计划”的内涵进行丰富和加强，包括教育教学理念、学科专业结构、学科专业建设、人才培养模式、多方合作教育、实践创新平台、教师队伍建设和人才培养质量等。本章以新工科建设对“卓越计划”的拓展和提升为重点，依次对这八个方面进行讨论和分析并提出相关意见和建议，以期为“卓越计划”试点高校及关注“卓越计划”的相关院校更好地以“卓越计划”为基础和新起点开展新工科建设提供参考和借鉴。

Chapter 2 New Engineering Disciplines Construction: an Updated Version of "the Plan for Educating and Training Outstanding Engineers" with a Strong Effort

【Introduction of this Chapter】 As one of main projects of the national medium and long-term plan for education development and reform (2010-2020), the "Plan for Educating and Training Outstanding Engineers" (PETOE) was put forward from the national strategic height, a nationwide plan for major educational and teaching reform with leading, breakthrough, innovation and demonstration, in the road from a big country to great power one of higher education.

The PETOE's main aim is: "facing the industry, facing the future, facing the world, to train a large number of high quality backup engineering and technical talents of various types, with strong innovation ability and suitable for economic and social development needs, to establish a solid human resources advantage for building an innovation-originated nation and achieving industrialization and modernization, and to enhance China's core competitiveness and overall national strength."

Since its launch in 2010, the PETOE has selected 208 participating universities and colleges, covering 30 provinces and cities across the country. The pilot programs include 1,257 undergraduate programs and 514 graduate programs, and 654 national engineering practice education centers have been set up.

The PETOE not only has an unprecedented impact on the reform of engineering education in China, but also plays an important role in guiding, demonstrating and promoting the reform and development of higher education in China.

As an updated version of the PETOE, new engineering disciplines (NEDs) construction, by adjusting discipline construction idea and expanding the connotation of engineering education reform, enriches and strengthens PETOE from eight aspects, including the ideas of education and teaching, the structure of the discipline and major, the construction of discipline and major, talent training mode, cooperative education with multi-agents, the platform for practice and innovation, teachers team construction and talent training quality, etc. Focusing on the expansion and promotion of PETOE, this chapter discusses and analyzes the eight aspects in turn and puts forward relevant opinions and suggestions, in order to provide the reference for NEDs construction in relevant high education institutes.

"卓越工程师教育培养计划"（简称"卓越计划"）是为了贯彻落实国家一系列战略部署以及教育改革发展规划纲要而提出的一项高等教育重大改革计划[1, 2]，目前共有覆盖全国30个省市的208所高校的1257个本科专业点的20余万本科生和514个研究生专业点的近4万研究生参与。"卓越计划"自2010年启动至今，在人才培养模式改革、校企合作教育、工科教师队伍建设和工程教育面向世界等方面取得了令人瞩目的成果，部分高校毕业生就业率达100%，学生的实践能力、创新能力和综合素质明显提高。"卓越计划"的实施不仅引领了我国工程教育改革，也为我国高等教育改革起到重要的推动和示范作用，同时引起国际工程教育界的密切关注。

以新技术、新产业、新业态和新模式为特征的新经济的蓬勃发展、国家一系列重大战略的实施、我国产业转型升级和新旧动能转换、我国未来全球竞争力的提升等均对工程人才培养提出了新的更高的要求，要求面向产业界、面向世界、面向未来建设新工科。事实上，新工科建设是在"卓越计划"已取得的工程教育改革成果的基础上，调整和转变学科专业建设思路，从适应产业需要转向满足产业需要和引领未来发展并重，拓展和提升工程教育改革内涵，将工程教育改革拓展到多学科交叉领域、提升到国家战略和未来发展的高度，按照这种新的学科专业建设思路和新的工程教育改革内涵，继续深入实施"卓越计划"，强势打造"卓越计划"的升级版（也称2.0版）。教育部、工业和信息化部、中国工程院2018年9月17日就"关于加快建设发展新工科实施卓越工程师教育培养计划"2.0提出意见，意见包括总体思路、目标要求、改革任务和重点举措、组织实施等四个方面。

具体而言，作为"卓越计划"的升级版，新工科建设从八个方面对"卓越计划"的内涵进行丰富和加强，包括教育教学理念、学科专业结构、学科专业建设、人才培养模式、多方合作教育、实践创新平台、教师队伍建设和人才培养质量等。本章以新工科建设对"卓越计划"的拓展和提升为重点，依次对这八个方面进行讨论和分析并提出相关意见和建议，以期为"卓越计划"试点高校及关注"卓越计划"的相关院校更好地以"卓越计划"为基础和新起点开展新工科建设提供参考和借鉴。

2.1 教育教学理念

理念引导行动，高等学校的教育教学理念需要随着高等教育在经济社会发展中角色的转变和责任的加大而及时调整和更新，在新工科建设的整个过程中需要有新理念引导高校的具体行动，归纳起来，有四个理念。

2.1.1 “服务国家战略”理念

主动服务国家提出的一系列重大战略是新工科建设的出发点。

为了实现中国梦的总目标，国家提出了“五位一体”的总体布局、“四个全面”的战略布局、“创新、协调、绿色、开放、共享”的新发展理念以及创新驱动发展、“一带一路”“中国制造2025”“互联网＋”等重大战略。新工科建设就是要根据实现上述国家重大战略的需要，主动布局、设置、建设和发展相关新工科专业，培养各种层次和类型的卓越工程科技人才。

2.1.2 “对接产业行业”理念

主动对接并满足产业和行业需求是新工科建设的落脚点。

产业结构的调整、转型升级，新旧增长动能的转换，新兴产业和新的产业形态的出现等，均急需培养一大批各种层次和类型的卓越工程科技人才，这正是新工科建设的目标所在。新工科建设就必须通过充分的市场和产业调研、分析和预测，积极应对产业的变化和发展，主动培养当前和未来产业和行业急需的工程人才。

2.1.3 “引领未来发展”理念

引领产业行业未来发展是新工科建设的新起点。

一方面，新工科建设通过对产业行业当前发展状况和未来发展环境的战略性分析，及时调整相关学科专业结构和建设方向，以此为新起点，提前培养各类卓越工程科技人才，引领当前产业行业的未来发展；另一方面，新工科建设通过多学科交叉融合、应用理科向工科延伸等形式，孕育产生新的工科专业，培育未来工程科技人才，促进新产业的形成并引领工科和未来产业的发展。

2.1.4 “以学生为中心”理念

新工科建设的最终目的是培养各种层次和类型的卓越工程科技人才，就需要回答两个问题：（1）如何使学生胜任当前不存在的未来工作；（2）如何为学生构建满足未来需求的胜任力。因此，必须树立以学生为中心的理念，将其贯穿于人才培养的全过程。这一理念强调，要使学生成为新工科建设的主体，要重视学生的学习成效和未来发展，要围绕着学生的个性、兴趣和潜力开展教育教学工作，做到既要了解学生的个性特征，因材施教；又要培养学生的兴趣爱好，激发其探索未知的热情；还要挖掘学生的潜力，为其未来发展铺路搭桥。只有这样才能培养出满足新经济发展需要的既有个性、又能创新、还有潜力的卓越工程科技人才。

2.2 学科专业结构

新工科建设对“卓越计划”的最大拓展在于学科专业结构上。按照学科专业产生或形成的基础和构成要素划分，新工科的学科专业可以分为新型学科专业、新生学科专业和新兴学科专业三种类型，具有引领性、交融性、创新性、跨界性和发展性等几个特征[3]，这三类学科专业构成了新工科学科专业的基本结构。

2.2.1 新型学科专业

新型学科专业是指为了满足传统产业转型、改造和升级对培养相应的工程人才的需要，对传统的、现有的学科专业进行转型、改造和升级而形成的新的学科专业。对传统和现有学科专业的转型升级是基于新经济对传统工科专业人才培养的新要求，尤其是人工智能、大数据、云计算、物联网等新技术对传统和现有的学科专业的影响，需要从两方面探索这些学科专业转型、改造和升级的途径和方式：一是传统工科专业的信息化、数字化和智能化；二是其他学科对传统工科专业的介入渗透。

2.2.2 新生学科专业

新生学科专业是指为了满足产业当前和未来发展对培养引领未来技术和产业发展的人才的需要，由不同工程学科的交叉复合或由工程学科与其他学科的交叉融合而产生的新的学科专业。不同工科的交叉复合是现代产业发展的趋势，工科与理科、管理、经济、人文、医学、新闻、法律等其他学科的交融是现代产业发展的需要。新生学科专业的建设重点在于制定专业培养标准和培养方案，重组和优化课程体系和教学内容，构建实践创新教育教学体系以及教师队伍建设等。

2.2.3 新兴学科专业

新兴学科专业是指全新出现、前所未有的新的学科专业，主要指从其他非工科的学科门类，尤其是应用理科等一些基础学科，孕育、延伸和拓展出来的面向未来新技术和新产业发展的学科专业。近年来涌现的由基础学科孕育的新技术通过产业化后形成了新产业的现象，说明了以理科为代表的基础学科在引领未来技术、发展新兴产业以及形成和建设新兴学科专业上的重要作用，因此，需要探索理科在技术前沿的应用，推动应用理科向工科延伸，促进应用理科与其他学科领域的交叉融合。

2.3 学科专业建设

在学科专业建设上，新工科在“卓越计划”基础上的拓展主要有三方面：一是新工科的建设目标更聚焦；二是新工科需要有新型的学科专业建设平台；三是新工科需要建立学科专业的动态调整机制。

2.3.1 学科专业建设目标

从工程学科对国家经济社会发展应当承担的重大使命而言，新工科的建设和发展应该重点落脚在新工科专业建设及其人才培养上，因此，新工科学科专业建设的主要目标可以表述为：“主动布局、设置和建设服务国家战略、满足产业需求、面向未来发展的工程学科与专业，培养造就一批具有创新创业能力、动态适应能力、跨界整合能力、高素质的各类交叉复合型卓越工程科技人才”[3]。这一目标应该适用于参与“卓越计划”的各种类型工科院校的所有新工科专业，只是不同专业对其培养的卓越工程科技人才可以在“创新创业能力”“动态适应能力”“跨界整合能力”“高素质”及“交叉复合型”等上赋予不同的涵义。

总体而言，在上述三类新工科学科专业建设上要注重大数据、云计算、物联网、人工智能、虚拟现实、基因工程、核技术等新技术和智能制造、集成电路、空天海洋、生物医药、新材料等新产业对卓越工程科技人才的需求状况及变化趋势。

2.3.2 学科专业建设平台

“卓越计划”默认的学科专业建设平台是传统的院系实体模式，而新工科学科专业建设平台还可以是非实体模式。实体模式即按照传统的院系模式设立实体院系和组建新的工程学科和专业，其内部结构、管理方式与运行模式为人们所熟悉。非实体模式是一种新型的学科专业组织机构，按照新工科专业的构成要素和交叉融合的特征，由相关院系、学科和专业的教师以及校外兼职教师根据学科专业发展需要组成。非实体模式中教师的人事关系在原单位，只是根据新学科专业建设的需要在彼此之间建立起工作上的合作关系。

选择何种模式搭建学科专业建设平台取决于新学科专业的发展阶段和性质特征。在学科专业形成和建设初期，采取非实体模式有利于将新学科专业建设置于较高的起点上并提升其建设速度。对于由较多学科专业交叉融合形成的新学科专业，如果非实体机构难以挂靠在一个实体院系上，建立实体机构将有利于新学科专业的建设和发展。

学科专业建设平台还可以与校外产业部门、行业企业和科研院所等，本着优势互补、资源共享、互惠共赢的原则一道搭建，如成立产业化学院、未来学院等，这样既能够充分利用各种社会资源，又能够与合作方共同开展学科专业建设。

2.3.3 学科专业动态调整机制

新工科建设的理念及其目标使得其较“卓越计划”更需要建立学科专业动态调整机制。一方面，伴随着新经济的快速发展，新技术、新产业、新业态和新模式调整和迭代的周期将不断缩短，国家和产业未来对新工科专业及其人才培养的要求变化将成为常态；另一方面，随着开放的全球高等教育人才市场竞争的日趋激烈，高校必须经常性地分析本校新工科专业在人才市场上的优势和不足、机遇和挑战，明确新工科专业建设的努力方向。因此，高校需要建立面向产业发展和提升专业竞争力的新工科学科专业的动态调整机制。

学科专业的动态调整需要做好三方面工作。一是高校需要聚焦服务面向区域，研究当前产业行业发展的特征和规律，预测未来产业行业发展方向和趋势，以准确把握产业行业当前和未来发展对工程人才需求的动态变化；二是高校需要经常性地开展新工科专业建设及其人才培养的外部宏观环境和内部条件分析，以清晰新工科学科专业在竞争市场中的状况；三是及时调整新工科学科专业设置，修改或完善人才培养方向、目标、标准、方案、模式以及课程和教学内容等，从而保证所培养的工程科技人才不会滞后而是超前于国家和产业发展对新工科人才的要求。

2.4 人才培养模式

为了落实新工科建设的教育教学理念，满足产业对人才多样化、个性化和动态变化的需求，在“卓越计划”的基础上，新工科建设在人才培养模式改革上有新的要求，重点在专业培养方案、本研贯通培养人才、课程体系和教学内容以及教育教学方式上。

2.4.1 制定多学科交融、柔性化的专业培养方案

“卓越计划”专业培养方案是参与高校从专业培养角度对卓越工程人才培养提出的系统完整的具体要求和实施措施，要反映参与高校对“卓越计划”创新理念的理解和落实，包括培养目标、培养标准、标准细化、课程体系改革重组、教学内容更新、教学方法改革、培养标准实现矩阵、企业培养方案、教学计划、教师队伍、质量保障体系等[4, 5]。在此基础上，新工科专业的培养方案要强调多学科交融和柔性化。

多学科交叉融合是新工科专业最主要的特征之一，每个新工科专业需要制定能够支持本专业培养目标实现的多学科交叉融合的专业培养方案。专业培养方案的制定需要重点从以下几方面着手：（1）在前述新工科学科专业建设主要目标的基础上，提出本专业具有多学科特征的人才培养目标；（2）制定落实人才培养目标的具体、清晰的体现多学科交叉融合特征的专业培养标准；（3）根据专业培养标准的要求设置课程、明确课程目标、选择和组织支持课程目标实现的课程内容、建立课程体系；（4）采取与多学科交融教学内容相适应的教学方式；（5）制定具体的教学计划；（6）确定能够有效衡量专业培养标准实现情况的质量评价方式。

多样化的未来人才需求、动态变化的产业发展以及个性化的人才培养等要求新工科专业的培养方案是柔性化的。专业培养方案的柔性主要表现在以下两方面：（1）能够用同一方案培养出不同类型的卓越工程师后备人才，如通过课程的组合、专业方向的选择和培养计划的制定可以培养出诸如技术工程师、企业工程师或社会工程师等后备人才；（2）允许学生根据自己的专业兴趣和职业规划自主组合课程、自主制定培养计划、自主构建新专业，以充分发挥学生的天赋和特长，实现真正意义上的个性化人才培养。柔性化的专业培养方案不仅需要有丰富多样的课程和教学资源，包括允许学生自主在全校范围内选择课程，还需要有教师的指导和支持。

2.4.2 本研贯通培养人才

为了保证有足够的企业学习时间，“卓越计划”要求本科、硕士和博士三个阶段严格实现三段制，即要求一个阶段完成之后才能进入下一阶段的学习。出于以下

三方面原因，新工科建设尝试采取多种模式打通本研培养：一是为了统筹安排本研阶段的课程，加强通识教育和基础教育，提高人才培养效率，扩大学生从业适应面；二是为了支持学生专业复合、鼓励学科交叉、提倡主辅并重，形成多渠道的发展路径；三是仅有本科教育已经不能满足相当一些新产业和未来产业对工程人才的要求。

本研贯通培养人才应该以本科＋硕士为主，需要做好三方面工作。（1）本研贯通人才培养的知识结构、课程体系、培养模式和学分要求；（2）本科与研究生阶段相关专业或不同专业核心知识、多种能力和综合素质要求的有效衔接；（3）适应不同专业培养方案的选课体系的建立和不同专业间的学分互认机制的完善。

2.4.3 改革课程体系和教学内容

“卓越计划”对课程体系的模块化、课程体系的改革重组和优化以及教学内容的改革和更新等均提出了基本原理和具体明确且可操作的方法和措施[6]，需要在新工科建设过程中继续落实。

针对新工科专业的多学科交叉融合的特征和对新工科专业卓越工程科技人才在知识、能力和素质上更高的要求，在课程体系和教学内容改革方面还需要做好以下三方面工作。（1）注重通识教育对专业教育的基础和支撑作用，整合重组和优化通识教育课程体系，以支持多学科交叉融合的专业教育的开展；（2）注重体现多学科交叉融合的新的专业课程的建设，以培养学生的跨学科思维和跨界整合能力；（3）注重将新工科学科前沿知识和相关学科交叉知识、原理和方法融入专业教育课程体系，以开拓学生的视野，培养学生的未来能力。

2.4.4 创新教育教学方法

“卓越计划”大力推行基于问题的探究式学习、基于案例的讨论式学习和基于项目的参与式学习等研究性学习方法，对于学生知识的获取、应用和创新、工程能力的培养和提高、社会能力的培养和提高以及综合素质的养成和提升具有明显的成效[7]。

随着“互联网+”、信息技术和优质在线教育资源的发展，为创新工程教育教学方法创造了极佳的条件，需要在新工科专业人才培养中予以充分利用。首先，在“互联网+”环境下，一方面充分运用各种优质在线教育资源，另一方面将混合式教学等教学方式与研究性学习相结合，以最大限度地发挥线上线下、课内课外以及教师学生在教与学上的作用。其次，充分运用3D网络环境、增强现实和虚拟仿真、人工智能等信息技术支持研究性学习，通过增强信息、身临其境、加深理解等提高研究性学习的教学效率和效果。

2.5 多方合作教育

合作教育对卓越工程科技人才培养至关重要，在“卓越计划”中的合作教育主要指校企合作，它不仅是“卓越计划”的基本原则和主要特点，也是“卓越计划”成功的关键[2]。新工科建设分别从三个方面增加、拓展和提升了“卓越计划”合作教育的内涵，即增加校内的跨学科专业合作教育、拓展校外合作教育到政产学研、提升国际合作教育的内涵。

2.5.1 跨学科专业合作教育

不论学科专业建设平台是采取实体还是非实体模式，新工科建设仍然需要开展跨学科专业合作教育，这是新工科的交融性特征所决定的，也是“卓越计划”专门强调的。跨学科专业合作教育是指在新工科学科专业建设平台上相关院系和学科专业开展的旨在培养新工科专业卓越工程科技人才的合作教育教学活动。

跨学科专业合作教育的开展需要做好以下几项工作。首先，合作对象的选择：主要考虑与新工科专业构成要素相关的院系、学科和专业，涉及工程学科、自然科学、数学、人文学科和社会学科等多个领域。其次，合作关系的建立：需要通过合作团队和合作方式的建立打破不同学科领域固有的界限，形成体现多学科交叉融合的工程人才培养合作模式。第三，合作内容的确定：主要包括跨学科专业课程的建设、跨学科专业合作学习、跨学科专业教师队伍建设、解决复杂工程问题能力的培养等。第四，教育资源的共享：基于资源共享和可持续发展的原则，建立跨院系、跨学科、跨专业的教育教学资源的整合、共享和发展机制，既提高资源的使用效率，又保证资源的更新发展。第五，政策制度的建设：学校层面需要通过制定政策和形成制度，从任务要求、组织保障、经费投入、管理模式和考核评价等方面支持、激励和保障跨学科合作教育教学活动的开展并取得实质性成效。

2.5.2 政产学研合作教育

基于学科专业的特征分析，政产学研（多方）分别是工程教育的不同利益主体，因此，新工科专业在校外的合作教育（协同育人）要必须从“卓越计划”单纯的校企双方合作，拓展到以校企合作为主并加强高校与政府和研究院所合作的政产学研多方合作。

中央政府和地方政府通过政策措施分别影响着全国和地方的产业发展布局、方向、结构、速度和规模。高校与政府开展合作教育的作用有二：一是通过培养产业需要的工程人才支持政府产业政策措施的贯穿落实，促进产业的发展；二是通过未来工科学科专业的建设和引领未来产业发展方向来影响政府产业政策措施的制定。

产业或企业在工程人才培养上的重要作用主要在于其具备高校所没有的以下条件：（1）能够准确把握社会对工程人才的需求；（2）拥有最先进的生产设备和制造技术；（3）拥有一批经验丰富的工程技术人员；（4）具有真实的工程实践和创新环境；（5）拥有完整的先进企业文化的学习氛围[8]。高校与产业或企业开展合作教育正是要发挥企业这些优势。

与新产业相关的科研院所具备研究新技术和发展新产业的研究人员、技术设备和环境条件，对新产业的未来发展有深入的研究并积累了相关的资料信息，这些是新工科学科专业建设所需要的，也有利于新工科专业卓越工程科技人才的培养，正是高校与科研院所开展合作教育的目的所在。

总体而言，政产学研合作教育的主要目标是：协调多利益主体的关系，争取各种社会教育资源，构建政校协同、产学融合、校企合作、科教结合的新工科专业协同育人模式和多主体参与的卓越工程科教人才培养共同体。多主体能够长期合作成功的关键在于遵循优势互补、成果共享、利益共赢的原则[8]以及创新协同育人模式及其体制机制改革。

2.5.3 国际合作教育

国际合作教育由两部分组成：国际合作办学和国际产学研合作教育。高校在开展新工科专业建设过程中可能面临三方面的主要问题和困难：教育教学资源、核心课程建设、教师队伍建设等。因此，国际合作办学的主要目标在于借助发达国家一流教育资源、课程资源和师资条件来建设和发展我国高校的新工科学科专业。

国际产学研合作教育要注重与在产业发展和新技术研发处于全球领先地位的国际企业和研究机构的合作，以了解国际工程技术发展水平、掌握全球新技术和新产业发展态势、清楚全球行业企业走向和新工科专业人才需求状况等，从而调整专业设置、培养目标、培养规格，改革人才培养模式、课程体系、教学内容和教学方式，提高我国工程教育面向未来的国际竞争力和影响力。

2.6 实践创新平台

构建实践创新平台，培养学生的实践能力和创新能力，既是“卓越计划”所强调的，也应该是新工科建设继续予以重视的，需要从构建创新创业教育平台和工程实践教育体系两方面入手。

2.6.1 创新创业教育平台

创新创业能力是新工科专业培养的卓越工程科教人才的核心能力，在“卓越计划”强调创新能力培养的基础上[9]，还应该从以下三个方面继续打造创新创业教育平台，加强新工科卓越工程科技人才创新创业能力的培养。

完善创新创业教育课程体系建设，改进教学方式和教学手段。一方面，设置学科前沿课程、综合性课程、创业引导课程、问题导向课程、交叉学科研讨课程；另一方面，建立以问题和课题为导向的教育模式，倡导研究性学习和挑战性学习，因材施教，注重提高学生的探究兴趣、创新意识和学习成效。

建立面向新工科专业学生开展创意、创新、创业“三创融合”活动的支撑服务平台。通过建立支持基础工程综合能力训练、系统性创新思维训练、创意原型产品开发和技术成果产业化等三创生态系统，向学生提供全方位的创意实现服务，鼓励学生跨界学习、交叉合作、面向未来、挑战学科前沿问题，支持学生实现创意设计、形成创新产品、产业化创新成果。

支持创新创业训练项目、打造学科竞赛平台、参与全国创新创业大赛。高校要积极支持学生参与国家级大学生创新创业训练计划，承担创新训练项目、创业训练项目和创业实践项目，增强学生的创新精神和在创新基础上的创业意识。在创新创业训练的基础上，高校要打造学科竞赛平台，通过科学合理的竞赛激励机制的建立，充分调动学生参与学科竞赛的积极性，将其作为学生实践能力、创新精神和创新能力培养的有效载体。在学科竞赛的基础上，高校要组织学生积极参与全国大学生创新创业大赛，将其作为深化创新创业教育改革的重要抓手，切实提高新工科专业学生的创新精神、创业意识和创新能力，推动高校创新创业教育水平的提升。

2.6.2 工程实践教育体系

实践是工程的本质，实践是创新的基础，实践促进创新，工程实践教育体系是卓越工程科技人才创新能力培养的基础性平台。与“卓越计划”不同的是，由于学科专业的“新”，使得构建新工科专业工程实践教育体系将面临着实践教育资源严重不足的问题：一是高校用于开展专业实践的设施、条件、场地和指导教师不足；二是社会能够提供给新工科专业开展工程实践教育的仪器、设备、场所以及高级工程技术人员也不足。

构建面向新工科的工程实践教育体系需要从以下几方面入手：一是高校层面在经费投入、政策配套、教师激励等方面予以倾斜，支持新工科专业需要的专业实验室的建设和学校工程训练中心的拓展；二是高校加强与在新技术和新产业领域领先企业的合作，建立针对本校新工科专业的校外工程实践教育基地；三是国家通过政策和激励措施，在全国范围吸引和遴选大型企业、创新企业和高科技企业，建立国家级工程实践教育中心，为众多高校提供新工科专业工程实践教育平台。

2.7 教师队伍建设

教师队伍建设是学科专业建设和人才培养的关键，新工科建设需要一支在知识、能力、经历、素质等方面均能够胜任学科专业建设和卓越工程科技人才培养工作的教师队伍。在教师队伍建设上，新工科建设与“卓越计划”的主要区别源于新工科专业的学科交融特征，因此需要研究多学科交叉融合的新工科专业对教师的要求、教师队伍建设路径以及教师的评价和激励。

2.7.1 新工科对教师的要求

“卓越计划”将“大学教师+‘准工程师’=工科教师”的模式作为对从事卓越工程师培养工作的教师的总体要求。具体而言，“卓越计划”要求参与高校建设一支知识渊博、工程经历丰富、工程能力强、教学水平高、综合素质好的工科教师队伍[10]。

新工科对教师的任职要求应该在“卓越计划”要求的基础上强调多学科专业的交叉融合和学科专业的产业性。

多学科专业的交叉融合可以从两方面体现：首先，在知识面上，在强化工程科学基础上，不仅要拓展到除了所承担教学任务之外的所有相关课程和学科专业上，包括人文和社会科学知识，还要关注一些新兴、交叉和前沿学科，尤其是与本学科专业领域相关的新技术、新产业的出现和发展。其次，在学科交融上，要求在掌握本学科专业坚实基础理论和系统深入专门知识的基础上，注重学科交叉融合，能够将相关学科知识融入并促进本学科专业的发展或者应用其他学科知识和方法解决本学科专业的复杂问题。

学科专业的产业性也可以体现在两方面：首先，在产业经历上，关注新技术和新产业的发展，要求了解新技术和先进工程设备的使用，掌握应对新产业问题的有效方式，积累解决各类前沿问题的经验，与产业界和企业保持密切的合作关系。其次，在产业能力上，除了具备设计开发、技术创新和科学研究能力外，还要具备运用多学科知识、原理和方法解决复杂工程问题的能力以及应对、挑战和处理未来问题的能力。

此外，对新工科教师的教学水平和综合素质也应该有要求。在教学水平上，不仅对工程教育理念、教育研究能力、教学学术水平、实践教学能力有要求，还要强调“互联网＋”平台和信息技术的应用。在综合素质上，重点要强调敬业精神和职业道德，要成为学生道德品质修养的榜样、精神文明的典范和举手投足的楷模。

2.7.2 教师队伍建设路径

新工科专业教师队伍建设也应该采取引进和兼职相结合的方式进行。从整个教师队伍建设的角度考虑，在引进专职教师和聘请兼职教师时要注重教师学科背景的交叉性、知识结构的互补性、年龄结构的合理性、学缘结构的多元性、工作经历的多样性等。此外，在引进专职青年教师时还要关注每位教师的可塑性和发展潜力，这对于处于不断变化中的新工科学科和专业建设具有长远的意义。

每位教师的引进均应在学科建设、专业发展、人才培养和学术研究上有明确的任务要求，同时要制定清晰的职业发展规划，包括在职培养、企业顶岗、院所挂职等，以有计划地培养和提升教师的职业胜任力。需要强调的是，不论采取何种方式提升教师的能力和素质，均必须有明确的针对性，一方面要针对其所承担的任务和职责的需要，另一方面针对其在教师要求上的不足。还需要注意的是，教师去顶岗和挂职的行业企业和科研院所应该优先考虑国内外与新工科学科专业相关的、在产业和行业发展处于领先地位的高新技术企业、产业领域的龙头企业和具有国际水准的科研院所。

高校在新工科教师队伍建设中要做到“四有”，即有评价标准，以保证教师队伍的建设质量；有培养发展，能够使教师在履行教书育人的职责过程中自身也得到良好的培养和发展；有激励措施，能够有效地激励和鼓舞教师全身心地投入新工科建设和人才培养过程中；有政策保障，能够通过政策和制度充分地保障教师队伍的稳定和长远建设目标的实现。

2.7.3 教师的评价和激励

从人力资源开发和管理的角度，对新工科专业教师的评价和激励是促进教师队伍建设的有效手段，需要根据不同类型院校和新工科学科专业的特点，制定教师评价标准和教师激励政策。

对教师的考核与评价需要注重两点：一是考核评价标准是基于在任职要求基础上制定的聘期目标和任务要求，这些目标要求应该与新工科学科专业建设的总体目标和阶段任务相一致；二是应该将考核评价作为绩效管理的一个环节，注重期中评价，通过及时反馈评价结果、分析绩效不佳的原因、提供帮助解决问题，改进和提高教师绩效。事实上，教师绩效提升的过程就是其职业胜任力提升的过程。

对教师的激励在于充分调动教师投入新工科专业建设的积极性和主动性。从教师队伍建设的角度出发，激励教师重视和投入新工科学科专业建设和卓越工程科技人才培养的激励政策和措施应该主要在四个方面：到产业界丰富产业实践经历、培养多学科交叉融合能力、提高复杂工程问题解决能力、形成应对处理未来问题的能力等。激励政策和措施的制定应该立足于教师的长远发展，即教师经历、能力和素质的提高，而不是教师短期工作任务的完成，更不是单纯工作量的追求。

2.8 人才培养质量

新工科建设的最终落脚点是在人才培养上，因此，要立足国际工程教育改革发展前沿，以面向未来和领跑世界为目标追求，重塑人才培养质量观，提出新工科专业人才培养的质量标准，开展行之有效的人才培养质量评价，以保障培养出的卓越工程科技人才满足新经济发展的需要。

2.8.1 重塑人才培养质量观

新工科专业人才培养质量应该树立三个观念：以学生为中心、重视过程管理、强调持续改进[11]。

以学生为中心是提高人才培养质量的保证，包含两层涵义：一是以人才培养目标为中心，满足新经济对人才培养质量的要求；二是充分尊重学生的个体需求，注重因材施教，满足社会对人才需求的多样化。

教育教学过程是不断逼近质量标准的过程，过程管理是质量保障的关键。重视过程管理强调从以往只关注“教学”过程，即课堂教学转向重视“教育”过程，即课内外教育。因此，要将各种有计划有组织的课外教育教学活动纳入过程管理的范畴。

持续改进是质量保障的永恒要求，强调持续改进遵循的是“没有最好、只有更好”这样一个客观事物发展规律，说明在人才培养的各个方面均存在进一步改进和完善的空间，要重视人才培养质量的不断提升。

2.8.2 人才培养质量标准

新工科培养的工程科技人才要能够忧国忧民、具备家国情怀。在民族复兴、国家强盛的实现中国梦之路上，工程师肩负着重要的历史使命和社会责任，关系到国家经济社会发展和综合国力的提升，涉及公众安全、健康福利、环境保护、生态平衡和可持续发展，他们不仅要有过硬的专业能力和创造力，更需要热爱祖国、忠于人民、心系民族复兴、具备家国情怀，这在当今物欲横流、充满诱惑、完全开放的世界中显得尤其重要。因此，新工科在建设一流专业、一流工程教育的过程中要注重立德树人，培养德学兼修、德才兼备的一流工程科技人才。

德才兼备的一流工程科技人才要具备引领未来产业发展的能力和素质。新工科专业应该沿用类似“卓越计划”提出的由国家标准、行业标准和学校标准三级标准构成的质量标准体系[12]，同时需要在知识、能力和素质上做如下的补充或拓展。

学科知识方面：多学科交叉复合知识、新工科领域前沿知识。

专业能力方面：复杂工程问题解决能力、非结构化解决问题的能力。

非专业能力方面：创新创业能力、多学科团队的协作能力、研究和创造能力、数字化能力、工程领导力、动态适应能力、全球胜任力。

综合素质方面：工程伦理、社会意识、家国情怀、全球视野、批判性思维、跨学科和系统思维。

从高等教育整体发展角度看，强调德才兼备是新时代对高等教育人才培养的总体要求，具备引领未来产业和行业发展能力是新经济对高等教育人才培养的核心能力要求。

2.8.3 人才培养质量评价

新工科专业人才培养质量评价需要重视两方面工作：一是将过去的以“结果评价为主”向“过程与结果评价结合”转变，这不仅能激励学生加大学习过程中的投入，而且也利于及时发现和解决质量问题；二是将校内评价与外部评价相结合，以获得更加全面、客观公正的评价意见。

与此同时，人才培养质量评价工作还要注意三点：一是评价主体多元化，即应该由来自校内外对人才培养质量有着不同诉求的多主体从多角度对人才培养质量进行评价；二是评价方法的针对性，即要避免采取简单或单一的方法，而要针对每个教学环节的目标要求，采用能够准确有效的评价人才培养质量的评价方法；三是评价结果的使用，即要将评价结果及时地用于质量持续改进，而不是束之高阁。

新工科建设从上述八个方面对“卓越计划”进行了拓展和提升，是在国家经济社会发展的新形势下和对全球经济未来发展态势的研判下，对“卓越计划”理念、目标、要求和任务等的整体性升级。正如当初推进“卓越计划”实施那样，新工科建设也需要研究、实践、再研究、再实践的逐渐完善和不断深入的过程，需要各级政府、产业行业和高等学校的密切合作和共同努力，需要校内多学科专业的协调合作。但也一定会如实施多年后的“卓越计划”那样，新工科建设将有力地推进我国从工程教育大国迈向工程教育强国，进而影响国际工程教育的改革与发展。

参考文献

[1] 林健. 谈实施“卓越工程师培养计划”引发的若干变革 [J]. 中国高等教育，2010（17）.
[2] 林健. 卓越工程师培养——工程教育系统性改革研究 [M]. 北京：清华大学出版社，2013.
[3] 林健. 面向未来的中国新工科建设 [J]. 清华大学教育研究，2017（2）.
[4] 林健. “卓越工程师教育培养计划”专业培养方案研究 [J]. 清华大学教育研究，2011（2）.
[5] 林健. “卓越工程师教育培养计划”专业培养方案再研究 [J]. 高等工程教育研究，2011（4）.
[6] 林健. 面向卓越工程师培养的课程体系和教学内容改革 [J]. 高等工程教育研究，2011（5）.
[7] 林健. 面向卓越工程师培养的研究性学习 [J]. 高等工程教育研究，2011（6）.
[8] 林健. 校企全程合作培养卓越工程师 [J]. 高等工程教育研究，2012（3）.
[9] 林健. 卓越工程师创新能力的培养 [J]. 高等工程教育研究，2012（5）.
[10] 林健. 胜任卓越工程师培养的工科教师队伍建设 [J]. 高等工程教育研究，2012（1）.
[11] 林健. 卓越工程师培养的质量保障（上）[J]. 高等工程教育研究，2013（1）.
[12] 林健. “卓越工程师教育培养计划”通用标准诠释 [J]. 高等工程教育研究，2014（1）.

参考文献［4］：“卓越工程师教育培养计划”专业培养方案研究

参考文献［8］：校企全程合作培养卓越工程师

参考文献［10］：胜任卓越工程师培养的工科教师队伍建设

第3章 深入扎实推进新工科建设
——新工科研究与实践项目的组织和实施

【本章导读】

新工科建设是以研究与实践项目的形式开展的。这种形式是新工科建设的需要，即一方面在开展具体行动前对新工科建设将面临的新问题进行预先研究，以更好地指导新工科建设的实践行动，另一方面对新工科建设实践过程中出现的问题开展研究，以找到解决问题的出路。事实上，强调研究与实践的结合和统一将在一定程度上促进我国工科教师重视对工程教育教学的研究，从而有利于提高我国工程教育教学的质量。

本章从七个方面讨论和分析如何组织和实施新工科项目。首先，讨论对新工科项目的几点认识；其次，对教育部发布的《新工科研究与实践项目指南》中的项目方向逐一予以解读；第三，讨论如何组织新工科项目；第四，讨论如何实施新工科项目；第五，就择优推荐新工科建设项目提出建议；第六，介绍教育部对新工科建设的支持措施；最后，讨论新工科项目的评价和验收。期望本章能够为相关高校、各地教育行政部门、教学指导委员会及行业协（学）会等组织和实施新工科项目提供参考和借鉴。

Chapter 3 Further Solid Promoting the Construction of New Engineering Disciplines: Some Thinking of the Organization and Implementation of the "Research and Practice Projects of New Engineering Disciplines"

【Introduction of this Chapter】 New engineering disciplines (NEDs) construction is carried out in the form of projects. This kind of form is the need of new engineering disciplines construction, that is, on the one hand, researching the new problems in advance which the new engineering disciplines construction will face before the implementation of specific actions will give better guidance to the practice of new engineering construction, on the other hand, researching the problems appearing in the process of the new engineering construction practice will find a way to solve the problem. In fact, emphasizing the combination and unification of research and practice will, to some extent, promote the engineering teachers in China to attach importance to the research on engineering education and teaching, so as to improve the quality of engineering education and teaching in China.

The chapter discusses and analyzes how to organize and implement NEDs project from seven aspects. Firstly, it discusses some awareness of NEDs projects; Secondly, it interprets the project directions one by one of "project guide of NEDs research and practice" issued by the ministry of education (MoE); Thirdly, it discusses how to organize NEDs projects; Fourthly, it discusses how to implement NEDs projects; Fifthly, it gives some suggestions for preferred recommending NEDs projects; Sixthly, it introduces the support measures given by MoE; Finally, it discusses the evaluation and acceptance of NEDs projects. The chapter is expected to provide the reference of organization and implementation of NEDs projects for related high education institutes, provincial education administrative departments, teaching steering committee and industry associations.

继“复旦共识”“天大行动”和“北京指南”逐步开启新工科建设的大幕以后，新工科建设步入了实质性的具体的实施阶段，与“卓越工程师教育培养计划”不同的是，新工科建设的实施是通过新工科研究与实践项目（以下简称“新工科项目”）的组织和实施，多主体、全方位、多角度地深入扎实推进新工科建设。

本章从七个方面讨论和分析如何组织和实施新工科项目。首先，讨论对新工科项目的几点认识，指出新工科建设的深入扎实推进是通过有效地组织和实施新工科项目的形式；其次，对教育部发布的《新工科研究与实践项目指南》（以下简称《指南》）[1]中的项目方向逐一从项目性质、目标成果、项目重点、建议承担单位、相关提示等进行解读；第三，从项目选题、项目成员、项目内容和改革思路等四方面讨论了如何组织项目；第四，从实施平台、进度计划、支持措施、交流平台、项目成果和总体时间安排等六方面讨论了如何实施项目；第五，分别对省市教育行政部门、各专业类教指委和行业协（学）会以及教育部部属高校向教育部择优推荐新工科建设项目提出建议；第六，介绍了教育部对新工科建设的支持措施；最后，从评价阶段、评价形式和评价主体三方面讨论了对新工科项目的评价和验收。

本章旨在为各类高等学校、各地教育行政部门、相关专业类教育部教学指导委员会和行业协（学）会等相关组织提供一定的建议和意见，以准确把握新工科建设的目标与要求，有效地组织和实施新工科项目，扎实地推动新工科建设。

3.1 对新工科项目的几点认识

新工科具有清晰的内涵和特征[2]，新工科研究与实践项目有明确的目标和作用，在参与新工科建设的各类型高校、各理工专业类教育部高等学校教学指导委员会以及行业协（学）会等组织具体开始谋划、组织和实施新工科项目之前，有必要厘清对新工科项目的作用、性质、内涵和目标的认识。

（1）新工科项目不是科研项目。与高校教师和研究人员熟悉的科研项目不同，新工科项目不以发表论文，尤其是学术论文为主要追求，而强调的是适应未来产业发展变化的工程教育教学改革方面的研究与行动，注重的工程教育教学改革的实际成效，目的是培养出满足未来新产业需要的，具有创新创业能力、动态适应能力、高素质的各类交叉复合型卓越工程科技人才[2，3]。

（2）为什么要冠以“研究与实践”？首先，是新工科建设的需要。一方面，从新工科的内涵，包含新型、新生和新兴三种类型学科专业和新工科的特征[2]，包括引领性、交融性、创新性、跨界性和发展性等[2]不难看出，新工科的建设面临着大量的全新、未知和未来的问题，在开展具体行动之前对这些问题的预先研究，对于指导新工科建设的实践行动，提高实践效率和保证实践效果等均是必须的；另一方面，对新工科实践过程中出现的困难和问题也需要及时地开展研究，以找到解决问题的思路、途径和方式，保证新工科实践的继续进行；由此可见，对相关问题的研究是伴随着新工科建设的整个探索过程，新工科建设需要“研行一致”[4]。其次，有利于改变我国高校教师对工程教育教学研究不够重视的现状。我国高校工科教师长期以来普遍将主要精力放在项目研究和论文发表上，将主要时间用于工程教育教学研究者占比很低，尽管近年来这种状况有所改进，但与欧美发达国家的工科教师对工程教育教学研究的重视程度相比，还存在很大的差距。因此，强调研究与实践的结合和统一将在一定程度上促进我国工科教师重视对工程教育教学的研究，从而有利于提高我国工程教育教学的质量。

（3）每个项目都是新工科建设的一个重要方面。《指南》[1]所列出的五类选题和24个项目方向是在面向有关高校广泛征集项目选题建议的基础上，经汇总整理并征求专家组意见后形成的，既包括了新工科建设面临的各种重点和难点问题，又涵盖了新工科建设的各个方面：围绕工程教育的新理念、学科专业的新结构、人才培养的新模式、教育教学的新质量、分类发展的新体系等内容开展研究和实践。因此，按照《指南》给出的项目方向确定的每一个新工科项目都是新工科建设的一个不可缺少的重要方面。

（4）“项目”形式是推动新工科建设的有效方式。以“项目”的形式开展新工科建设具有两方面的优势：一是完整的项目包含诸多构成实现新工科建设目标的要素和要求，包括项目负责人及其团队，项目工作目标、项目内容或拟解决的问题、项目的改革思路和具体举措、项目可能的创新点、项目的进度计划、项目的预期成果等；二是通过评审后立项的项目应该是能够开展、可以监督、能够见成效并且可以评价的。因此，按照“项目”的形式推动新工科建设将能够在最大程度上保证某个方面新工科建设目标的实现。

（5）“项目”形式也是提高高校教育教学和人才培养经费使用效益的有效方式。近年来我国各级政府对所属高校在生均教育拨款上有大幅度的提高，此外，还通过设立一些专项，如中央高校教育教学改革专项经费等，加大对人才培养模式等方面的改革，以提高人才培养质量。通过新工科项目的形式，将有利于参与高校按照《指南》的要求，在教育部、新工科研究与实践专家组、各理工类专业教指委和行业协（学）会的指导下，方向正确、内容清晰、重点突出、思路可行、措施得当地开展工科教育教学改革活动，从而最大限度地提高教育教学等办学经费的使用效率。

（6）新工科项目的组织实施也是校领导的事。与以往的教育教学改革项目不同的是，新工科建设的内涵与特征使得新工科项目不仅仅是专业院系或学科专业负责人的事，而且还是高校领导的事，需要高校层面从整个高校工程教育教学改革和发展的需要出发，统筹校内外各种教育教学资源、规划全校新工科建设方案、制定新工科建设行动路径并予以最终落实。

总之，新工科项目的组织和实施就是推进新工科建设。通过各类高校、教指委及行业企业对新工科项目的谋划和执行的重视和参与以及各级政府的大力支持，新工科建设定能深入扎实地推进。

3.2　《指南》解读

《指南》从5个部分24个方向涵盖了新工科建设的重点和关键，每个方向包括目标、内容和预期成果等三个方面。因此，谋划、组织和实施新工科项目离不开对《指南》的深刻理解，需要掌握每个项目方向的项目性质、了解项目的目标成果或成果的作用是什么、把握项目的重点内容、项目适合哪类高校或组织承担以及在项目的研究和实践过程中需要提示注意的问题等。

3.2.1 新理念选题

此类项目应结合工程教育发展的历史与现实、国内外工程教育改革的经验和教训，从面向未来的角度分析研究新工科的内涵、特征、规律和发展趋势等，提出支持和引导工程教育改革创新的理念和思路。

1. 新工科建设的若干基本问题研究

【项目性质】研究型。

【成果作用】从宏观层面指导新工科建设。

【研究重点】

① 新工科内涵、特征和发展趋势；

② 新工科的责任与使命；

③ 不同类型高校新工科建设的重点和主要任务。

【建议高校】

① 各类高校均应该开展；

② 鼓励不同类型高校联合开展研究，构成研究内容的互补和研究成果的全面性。

【温馨提示】密切结合本类型高校的性质开展研究，以提高研究结果对本校的指导作用。

2. 新经济对工科人才需求的调研分析

【项目性质】调研型。

【成果作用】为新工科专业设置和人才培养提供依据和参考。

【调研重点】新产业对工程科技人才的需求状况及趋势。

【建议高校】

① 各类高校均应该开展；

② 鼓励不同类型高校联合开展研究，形成调研内容的互补和调研结果的全面性。

【温馨提示】重点关注本校服务面向区域的产业的未来发展，聚焦与本校学科专业的现状和发展相关的工科人才需求，为本校专业设置和人才培养提供参考。

［说明］

① 新技术包括大数据、云计算、物联网、人工智能、虚拟现实、基因工程、

核技术等；

② 新产业包括智能制造、集成电路、空天海洋、生物医药、新材料、新能源等。

3. 国际工程教育改革经验的比较与借鉴

【项目性质】比较型。

【成果作用】为新工科建设提供国外经验和借鉴。

【比较重点】全方位、多角度、各方面分析比较主要发达国家第三次工业革命以来工程教育改革趋势和发展规律。

【建议高校】各类型高校。

【温馨提示】

① 重点关注与本校类型、定位、性质相关，可比较、有借鉴价值的发达国家高校的改革发展情况；

② 由于各国国情、发展历史、外部环境、民族文化等差异，对发达国家的经验需要客观性地分析、批判性地借鉴，不能照搬硬套。

4. 我国工程教育改革的历程与经验分析

【项目性质】总结型。

【成果作用】为新工科建设提出对策建议和政策措施。

【总结重点】

① 卓越工程师教育培养计划；

② 战略性新兴产业新专业建设；

③ 工程专业认证；

④ CDIO；

⑤ 示范性软件学院和微电子学院前期探索。

【建议高校】与【总结重点】相关院校。

【温馨提示】

① 总结经验的目的是为了未来发展的需要，因此要用发展的眼光总结分析经验；

② 注重发现成功经验的主要原因和存在问题的症结所在；

③ 要从未来的视角提出新工科建设的政策建议。

3.2.2 新结构选题

此类项目应面向新经济发展的需要、面向世界、面向未来，对传统、现有的工科专业进行转型、改造和升级，推动传统工程学科专业结构的改革与组织模式的变革，开展新生和新兴工科专业建设的探索和实践，形成面向产业发展的工科专业设置和动态调整机制。

5. 面向新经济的工科专业改造升级路径探索与实践（新型学科专业建设）

【项目性质】探索实践型。

【目标成果】改造升级一批传统工科专业。

【项目重点】

① 新经济对传统、现有工科专业的新要求；

② 基于信息技术和人工智能的现有工科专业的转型升级；

③ 传统、现有工科专业与其他学科的交叉融合。

【建议高校】地方高校和工科优势高校。

【温馨提示】

① 新经济对传统、现有工科专业的要求随着高校的服务面向的不同而存在差异，高校应重视本区域经济社会和产业发展对新工科专业的需要；

② 在新型学科专业建设过程中，高校既要寻求满足市场需要，又要探索突显自身优势和特点的改造升级路径。

6. 多学科交叉复合的新兴工科专业建设探索与实践（新生学科专业建设）

【项目性质】探索实践型。

【目标成果】培育建设多学科交叉融合的新生工科专业。

【项目重点】

① 设置面向新技术、新产业及未来技术的新生工科专业；

② 制定新生工科专业培养方案、课程体系和教学内容；

③ 构建新生工科专业的实践创新教育教学体系；

④ 新生工科专业教师队伍建设。

【建议高校】工科优势高校为主。

【温馨提示】

① 工科与工科的交叉融合是现代产业发展的趋势，工科与其他学科的交叉复合是现代产业发展的需要；

② 由于多学科的交叉融合，新生工科专业建设的难度和复杂性要高于其他两类新工科专业，需要更多和更加认真细致的投入；

③ 准确把握不同服务面向未来市场的需求是建设好新生工科专业的重要前提。

7. 理科衍生的新兴工科专业建设探索与实践（新兴学科专业建设）

【项目性质】探索实践型。

【目标成果】孕育产生由理科衍生的新兴工科专业。

【项目重点】

① 探索理科在技术前沿的应用；

② 推动应用理科向工科延伸；

③ 促进应用理科与其他学科领域的交叉融合。

【建议高校】综合性高校为主。

【温馨提示】

① 需要将理科孕育的新技术产业化后才能形成新兴工科专业，需要掌握由新技术形成新工科专业的规律和路径。

② 应用理科在引领未来技术和发展新兴产业上具有显著的不同于其他类型新工科专业的重要作用。

8. 工科专业设置及动态调整机制研究与实践

【项目性质】研制型。

【目标成果】面向产业发展的工科专业设置及动态调整机制。

【项目重点】

① 研究产业发展规律及其对工程人才的动态需求；

② 建立适应产业发展变化的专业设置及动态调整机制。

【建议高校】

① 各类型高校；

② 鼓励不同类型高校联合开展研究、形成研制内容的互补并构成目标成果的

全面性。

【温馨提示】以服务面向区域的产业发展为本校的主要研究范围。

3.2.3 新模式选题

此类项目应在总结卓越工程师教育培养计划、CDIO等工程教育人才培养模式改革经验的基础上，注重和加强多方协同育人、多学科交叉融合、创新产业能力、个性化人才和高层次人才培育模式改革、体制机制改革和大学组织模式创新。

9. 新工科多方协同育人模式改革与实践

【项目性质】改革创新型。

【目标成果】多主体协同育人模式和体制机制。

【项目重点】

① 建立政产学研等多主体协同育人模式（包括产业化学院、协同育人实践平台）；

② 推进多方（含科教结合、产学融合、校企合作）协同育人体制机制改革。

【建议高校】各类型高校。

【温馨提示】

① 多主体能够长期合作成功的关键在于遵循优势互补、成果共享、利益共赢的原则；

② 协同育人模式建立及其体制机制改革的核心在创新。

10. 多学科交叉融合的工程人才培养模式探索与实践

【项目性质】探索实践型。

【目标成果】形成多学科交叉融合的新工科人才培养模式。

【项目重点】

① 建立满足新工科人才培养的跨学科专业的新型组织架构；

② 组建跨学科教学团队、开设跨学科课程、推进跨学科合作学习；

③ 研制跨学科交叉融合的新工科人才培养目标、培养标准和评价方式。

【建议高校】有跨学科交叉融合的新工科专业院校。

【温馨提示】

① 新型组织架构或平台的建立是跨学科新工科人才培养的重要基础；

② 新型组织架构的有效运行需要在资源分配、考核制度、管理体制等方面制度和机制的保障[2]。

11. 新工科人才的创新创业能力培养探索

【项目性质】探索实践型。

【目标成果】形成有效的新工科人才创新创业能力培养模式和平台。

【项目重点】

① 设置和完善创新创业教育课程体系；

② 建立具有特色的高校创新创业教育和实践平台；

③ 探索双学位、主辅修制度等多样化培养模式。

【建议高校】各类型高校，尤其是工科优势高校。

【温馨提示】

① 创新创业能力是各类工科人才必须具备的一项重要能力，但不能替代工科人才还必须具有的其他能力和素质，也不能将其孤立地进行培养，而应将创新创业能力培养融入人才培养全过程；

② 要重视课外活动，如科研活动、学科竞赛、全国大赛等在创新创业能力培养中的重要作用[3]。

12. 新工科个性化人才培养模式探索与实践

【项目性质】探索实践型。

【目标成果】形成以学生为中心的个性化人才培养模式。

【项目重点】

① 调研分析学生个性化特征与需求；

② 提供丰富多样的课程和教学资源；

③ 建立允许学生自主规划职业发展、组合课程和选择专业的制度。

【建议高校】有条件的高校。

【温馨提示】

① 个性化人才培养对课程和教学资源要求较高；

② 个性化人才培养制度建设中的培养方案和课程学分认定以及培养质量评价等是关键。

13. 新工科高层次人才培养模式探索与实践

【项目性质】探索实践型。

【目标成果】提供本研分段衔接的培养方案和培养模式。

【项目重点】

① 探索相关专业不同培育阶段的核心知识、能力和素质要求的有效衔接；

② 建立适应不同培养方案的选课体系和不同专业的学分确认机制；

③ 制定本研分段连续培养的培养模式和选课体系。

【建议高校】服务面向区域对新工科专业本研连读有需求的高校。

【温馨提示】

① 如何保证在培养目标和培养标准不降低的情况下，培养质量得到提升？

② 在以往的本研连读的实践中，容易出现片面追求学分的现象，如何避免仅强调理论课程的学习而忽视对实践能力的培养？

③ 重点在本硕而不是本硕博分段连读。

3.2.4 新质量选题

此类项目应在完善中国特色、国际实质等效的工程教育专业认证制度的基础上，研究制订新工科专业人才培养质量标准，构建新工科通识教育课程体系、工程实践教育体系和实践平台，探索教师发展和评价激励机制，开展工程教育信息化建设，形成新工科专业评价制度等。

14. 新兴工科专业人才培养质量标准研制

【项目性质】研制型。

【目标成果】面向未来的新工科专业人才培养质量标准结构。

【项目重点】

① 面向未来新工科人才培养目标和质量标准；

② 满足质量标准要求的课程体系、教学规范和师资队伍；

③ 更新完善“卓越计划”行业标准。

【建议组织】各专业类教指委组织高校和产业共同研制。

【温馨提示】

① 人才培养质量标准的研制需要行业产业界的高度重视和积极参与以满足产业人才培养的需要；

② 人才培养质量标准必须可分解、可落实、可评估。

15. 新工科基础课程体系（或通识教育课程体系）构建

【项目性质】探索实践型。

【目标成果】建设面向新工科的通识教育课程体系和系列通识教育课程。

【项目重点】

① 按照新工科人才培养要求整合重组通识教育课程体系；

② 探索通识教育课程如何有效培养新工科人才的综合素质和工程素养；

③ 面向非计算机类专业人才数字化能力培养的通识教育课程体系改革。

【建议组织】各专业类教指委组织代表性高校。

【温馨提示】

① 不同类型高校因人才培养服务面向的不同使得其通识教育的内涵不同，各类型高校应该聚焦在本类型高校通识教育课程体系的构建；

② 要充分认识通识教育与专业教育的相互关系和相互作用，注重通识教育课程体系与专业教育课程体系的有机衔接。

16. 面向新工科的工程实践教育体系与实践平台构建

【项目性质】研究实践型。

【目标成果】面向新工科的工程实践教育体系与实践平台。

【项目重点】

① 调研分析工科学生工程实践能力培养各环节和要素的现状；

② 在全国范围内的企业建立长期稳定的大学生实习基地和实践平台；

③ 形成一批可推广的工程实践教育体系。

【建议组织】各类型高校与行业协会密切合作。

【温馨提示】

① 按照新工科的学科专业类构建工程实践教育体系和实践平台，即不可能一种实践教育体系和实践平台可以适用所有新工科学科专业；

② 建立与企业长期稳定的合作关系是成功构建实践教育体系和实践平台的关键。

17. 面向新工科建设的教师发展与评价激励机制探索

【项目性质】探索实践型。

【目标成果】新工科教师分类评价标准、激励机制和政策保障等。

【项目重点】

① 新工科建设对不同类型高校教师工程背景、产业经历等的要求；

② 不同类型高校新工科专业教师分类评价标准；

③ 新工科专业教师队伍建设的激励机制、政策保障等。

【建议组织】各类型高校合作、各专业类教指委合作。

【温馨提示】

① 教师队伍建设必须考虑学校类型和新工科专业特点，因此，既可以对同一类型高校的新工科学科专业进行分类探索，也可以不分高校类型，仅对新工科学科专业进行分类探索，但前者应该更具有针对性；

② 教师队伍建设是为培养未来产业人才服务的，因此要着眼未来，超前考虑；

③ 教师发展涉及多方面因素：学科专业近期发展和远期发展的不同要求；对教师的激励包括物质和精神两方面；个人职业发展目标与组织整体发展目标的统一等。

18. 新型工程教育信息化的探索与实践

【项目性质】探索实践型。

【目标成果】优质在线开放课程和优质工程实践教学共享平台。

【项目重点】

① 优质工程教育课程资源的信息化（包括开放在线开放课程）；

② 基于虚拟仿真等技术的工程实践教学平台的建设；

③ 创新“互联网 +”环境下工程教育教学方法。

【建议高校】各类型高校。

【温馨提示】

① 工程教育信息化在于提高工程教育效率和教学效果，但不能取代教师的作用，而是需要对教师作用重新定位，使之更精准、更高效；

② 在工程教育信息化的同时要注意处理好学生共性培养与个性化需求的关系。

19. 新工科专业评价制度研究和探索

【项目性质】研究探索型。

【目标成果】新工科专业评价指标体系和评价方法。

【项目重点】

① 研究新工科专业评价指标体系；

② 研究校内与校外、定量与定性相结合的新工科专业评价方法；

③ 形成新工科专业评价的实施体系，包括评价主体、评价过程、持续改进；

④ 扩展和完善我国工程教育专业认证制度。

【建议组织】各专业类教指委。

【温馨提示】

① 评价指标体系应与新工科专业人才培养质量标准相适应，即与题14的成果相一致，建议与题14关联；

② 评价方法应该是能够有效地评价出培养标准的达成度。

3.2.5 新体系选题

此类项目应分析研究高校分类发展、工程人才分类培养的体系结构，提出推进工程教育办出特色和水平的宏观政策、组织体系和运行机制等。

20.21.22. 工科优势高校／综合性高校／地方高校新工科建设进展和效果研究

【项目性质】总结型。

【目标成果】工科优势高校 / 综合性高校 / 地方高校新工科建设进展报告。

【项目重点】

① 调研分析各类高校新工科建设的进展情况；

② 总结经验、分析问题、提出对策建议。

【建议高校】对应类型高校。

【温馨提示】分析问题要注重其根源，对策建议需要在深入分析的基础上针对性地提出，要注重所提出的对策建议在现实环境和条件下的可行性。

23. 工科专业类教学指导委员会分类推进新工科建设的研究与实践

【项目性质】研究实践型。

【目标成果】各领域新工科专业培养标准，分类推进新工科建设的政策建议，新工科建设可推广、可复制的经验。

【项目重点】

① 对各领域相关高校新工科建设提出建议；

② 修订或制订各领域新工科专业培养标准；

③ 组织开展新工科建设经验交流、形成可推广、可复制的经验。

【建议组织】各专业类教指委。

【温馨提示】与行业协会密切合作，共同发挥在本专业类新工科建设中的统筹作用。

24. 面向“一带一路”的工程教育国际化研究与实践

【项目性质】研究实践型。

【目标成果】提升我国工程教育国际影响力和对国家战略的支撑能力。

【项目重点】

① 构建“一带一路”工科高校战略联盟，共同打造工程教育共同体；

② 培养一批认同中国文化、熟悉中国标准的工科留学生；

③ 推动具备条件的高校“走出去”，为“一带一路”沿线国家培养工程科技人才。

【建议高校】“一带一路”沿线高校。

【温馨提示】

① 战略联盟高校的选择原则：层次类型相当、培养目标相近；

② 工科人才培养目标和标准必须与沿线国家的需求相一致。

对申请新工科项目的建议。《指南》只是“指南”，只是在总体层面上对项目的题目、目标、内容和预期成果提出方向性的要求，目的在于对项目的申请予以指导。因此，每个参与新工科建设的单位既要准确把握《指南》的本质内涵，又要根据各自的具体情况创造性地谋划和提出新工科项目。

3.3 项目组织

在对《指南》的本质内涵有清晰的把握之后，参与新工科建设的高校、教指委和行业协（学）会应该着手谋划和组织新工科项目，具体可以从项目选题、项目成员构成、项目内容和改革思路等四个方面展开。

3.3.1 项目选题

项目选题关系到所选题目是否适合选题单位，预期成果是否有价值和能否取得，项目目标能否实现，关系到项目的有效组织和实施，是整个项目重要的一环，需要强调的是项目的选题原则和需要注意的问题。

1. 选题原则。就选题本身而言，需要遵循以下原则：

（1）价值性。从经济社会发展的角度，价值性表现在拟选题目对选题单位服务面向区域经济社会发展的支撑和区域支柱产业发展的需要；从高校的角度，价值性表现在本校工程教育教学的改革与发展和新工科建设的需要。

（2）积累性。积累型表现在项目拟开展的内容有工作基础和一定的积累，即在相关领域的工作取得了一定的成绩和成效并得到一定程度的认可和肯定，而不能是毫无积累、从零开始的工作。

（3）创新性。创新性要求拟选题目及其项目内容在全国工程教育项目已有成果的基础上有新意、有突破，预期成果在本单位现有工作基础上有发展、有创新；而不能是“冷饭热炒”，仅仅是对原有工作的翻版或重复。

（4）示范性。示范性要求项目预期成果对单位内其他工科专业和非工科专业的改革和发展具有引领和示范作用，对其他单位的新工科建设及其他学科专业的建设具有积极的参考和借鉴价值。

以上的选题原则是同时针对高校、理工专业类教指委和行业协（学）会而提出的，具体针对不同类型高校的选题原则可以参考高校开展新工科建设原则三项原则，即针对服务面向原则、发挥整体优势原则和突出培育特色原则[2]。

2. 注意问题。要求做到“三个避免”：

（1）避免拟选题目从全国范围内的整个工程教育领域角度属于重复研究或重复工作。

（2）避免简单照搬《指南》，将其中的项目方向直接作为项目题目。如前所述，《指南》中的项目方向需要选题单位结合自身实际进一步具体化，创造性地谋划和确定。

（3）避免与其他单位撞车。选题单位如果不注重针对服务面向、发挥整体优势和突出自身特色的话，就容易使最终确定的选题与其他单位的选题高度重复，包括同类院校和不同类院校的选题。

3.3.2 项目成员

项目组成员，尤其是主要成员是完成项目工作内容的核心力量，往往代表着一方面的诉求，是项目得以保质保量完成不可或缺的成分，因此，需要重视项目组成员的构成并注意一些问题。

（1）成员构成。首先必须是跨学科专业，这是由新工科学科专业的内涵与特征所决定的，只有是来自与新工科构成相关的不同学科专业的教师在一起，才能开展对新工科的研究与实践；其次需要包含校内和校外两方面成员，校外成员主要是行业企业或科研院所的专家，他们代表着产业界或者协同育人的一方；第三必须既有研究者，又有实践者，他们或者集研究和实践于一身的高校教师，或者分别是工程教育教学的研究者和工程教育教学一线教师；第四既要有新工科学科专业的教师，也要有教育教学的管理者，后者包括高校教务处等相关管理部门负责工程教育教学的管理者，他们在新工科建设过程中一样扮演重要的角色，包括制度、机制和模式的形成和实施等方面。

（2）注意问题。出于以往科研项目项目组成员构成的思维定式，项目负责人往往容易只考虑由所在院系甚至单一学科专业的教师参与项目，而没有从新工科项目的性质和实际需要考虑，这一点是必须注意的。与此同时，一些项目负责人也容易将新工科项目作为研究项目看待，注重今后论文的发表等理论成果，因此也容易使得项目成员只有研究高手而没有实践能手。

［举例1］以《指南》中项目选题方向“5.面向新经济的工科专业改造升级路径探索与实践”为例，其目标、内容和预期成果如下。

目标：满足改造提升传统产业和培育壮大新兴产业的需要，推动高新技术与工科专业的知识、能力、素质要求深度融合，探索工科专业改造升级的实施路径。

内容：研究分析新经济对传统工科专业人才培养提出的新要求，更新课程体系和教学内容；探索传统工科专业信息化、数字化改造的途径与方式；探索传统工科专业多学科交叉复合改造的途径与方式；面向人工智能、大数据、云计算、物联网等新技术，探索基于现有工科专业改造升级的新方向、新领域，逐步形成新的课程体系等。

预期成果：改造升级一批传统工科专业，提交专业培养方案、课程体系、系列教材和实施案例等。

［分析］这是一个有代表性的新工科项目，项目参加人员应该包括：传统工科专业教师、人工智能和信息技术等方面的教师、行业企业人员、教学主管部门管理人员和相关院系的负责人等。

3.3.3 项目内容

项目内容的确定不能够简单化，更不能只看现象而忽略本质，要充分认识到新工科建设的难度和工程教育教学问题各要素之间的复杂关系，抓住主要矛盾和问题的症结所在，提出改革的重点、项目的工作目标、拟采取的具体措施、预期成果中可能的创新点。

1. 改革重点。改革重点也可称为项目拟解决的问题，它们的提出需要考虑以下因素：

（1）基于《指南》。应该以《指南》为基础，在改革重点的方向上与其保持一致。这方面尤其需要指出的是，不论选择《指南》中哪个方向，所有项目的改革重点都必须是针对符合新工科内涵和特征的新型、新生或新兴学科专业，换句话说，不能在“旧”工科平台上开展各种研究和实践工作，这不是《指南》所要求的。

（2）面向需要。必须满足项目实施高校或单位的服务面向区域经济社会及行业产业发展的需要。

（3）结合实际。项目实施单位在改革重点上有工作基础和积累，同时符合本单位具体情况和实际需要。

（4）问题导向。以解决本单位在新工科建设过程中将面临的主要问题为目标，将这些问题作为改革的重点。

（5）抓住根本。在各种问题中瞄准核心问题、抓住问题的根源，在各种矛盾中抓住主要矛盾。

（6）相互关联。从改革的系统和深入的角度考虑，各项改革重点相互之间必须有关联，以使得各项改革重点共同形成完整的有机整体，这样方能够开展系统深入的研究和实践，从而取得实质性的成果。

2. 工作目标。工作目标是指通过具体的新工科研究和实践工作，项目最终期望达到的目标。提出的工作目标必须是明确和有限的，明确表现在目标清晰、指向准确，而不是含糊不清，大而泛之；有限表现在目标只能有限几个，一般项目最多不超过三个，目标多个就使得各项改革重点不聚焦，具体工作就不可能深入开展。

工作目标与改革重点的关系是：一方面，工作目标是各项改革重点的总体目标和行动指南，也就是说，项目所提出的各方面问题的解决必须沿着工作目标指出的方向进行；另一方面，各项改革重点是工作目标的基础和具体化，是实现工作目标必须开展的具体工作。

制定工作目标必须避免的问题有：

（1）目标无法“落地”。工作目标提的过高，使得改革重点任务的完成不足以实现所提出的工作目标。

（2）目标与问题“脱节”。工作目标与改革重点或拟解决的问题关联性不大，即使解决了所提出的问题，也不可能实现工作目标。

（3）目标过于“啰嗦”。工作目标的阐述篇幅太大，使得目标看似改革重点，既不聚焦明确，又难以把握。

3. 具体措施。改革的具体措施不能够“头痛医头、脚痛医脚”，要打“组合拳”、要综合治理、要使改革中面临的问题得到根本性解决，需要满足以下原则要求：

（1）针对性。要针对改革重点或拟解决问题的症结所在提出具体措施，而不是没有针对性的泛泛地提出。

（2）有效性。具体措施必须能够在重点突破和解决问题上取得成效。

（3）综合性。综合地、系统地开展改革才是解决问题的根本出路，因此需要考虑从不同角度提出不同的具体措施，以避免单一措施在解决问题上的“势单力薄”。

（4）长远性。具体措施应该能够持续长期实施下去，而不是临时性的不可持续的，只有这样才能保证项目成果的有效性并具有推广、示范和借鉴价值。

（5）制度化。好的改革措施应该能够转化为项目实施单位的一项制度，成为新工科建设的一项重要成果。

［举例2］以《指南》中项目选题方向“17.面向新工科建设的教师发展与评价激励机制探索”为例，其目标、内容和预期成果如下。

目标：探索符合工程教育特点的教师任职要求、考核与评价标准、教师发展机制。

内容：结合不同类型高校和学科的特点，强化教师工程背景和工程实践能力，对教师的产业经历提出明确要求并积极创造条件，探索与新工科相匹配的师资队伍建设路径，制定实施教师分类评价标准。

预期成果：形成新工科师资队伍分类评价标准、激励机制、政策保障及教师发展方案等。

［分析］这是一个具有新内涵的经常性的项目。经常性指的是其中的“任职要求、考核与评价标准”和“激励机制、政策保障”经常性地出现在以往的教师队伍建设研究项目中，新内涵指的是“与新工科相匹配的师资队伍”。在这个项目中“任职要求、考核与评价标准”相对容易制定，关键是“与新工科相匹配”的“激励机制、政策保障”。这不是简单的对教师提出要求的问题，仅向教师提出要求和

考核与评价标准是不可能根本上解决教师队伍发展问题。然而，仅有物质激励对教师不能起到持久的激励效果，必须结合教师的特点考虑包括职务晋升、职业发展等精神激励。与此同时，从教师队伍的长远发展和新工科学科专业建设的长远目标考虑，还必须有高校层面与新工科建设相适应的政策保障。因此，这个项目所提出的具体措施的关键是一整套与新工科相匹配的长效激励机制和政策制度的建设，这些具体措施要可操作、可实施、好评价，能够激励教师自觉自愿地按照任职要求提升自己。

4. 可能的创新点。对项目成果中可能的创新点有三点基本要求：

（1）不能是简单的理论创新、纸上谈兵或坐而论道，应该是能够经受住实践检验的开拓型创新、改进型创新、应用型创新或理论上的创新；

（2）是对我国工程教育教学的重要环节和工科人才培养现状的突破和发展；

（3）创新点数量有限，多了就不是创新。

在确定项目内容时需要注意以下“五个避免”：

（1）避免只研究不行动；

（2）避免脱离实际；

（3）避免没有针对性；

（4）避免没有深度；

（5）避免为了立项而立项。

3.3.4 改革思路

改革思路指的是新工科项目执行的步骤与总体设想，关系到项目能否如期按时完成、实现预定工作目标并取得预期成果。项目组织单位需要在把握新工科项目改革思路应该具有的特点的基础上制定符合项目实际的改革思路，并通过可行性分析以论证项目能够按照改革思路顺利地实施。

1. 基本特点。新工科项目的基本特点是在研究与实践相互结合、相互作用的过程中，在研究－实践－再研究－再实践的循环过程中，逐渐取得项目预期成果。

研究与实践的关系如下：

（1）研究支持实践。在实践行动前和实践过程中均需要研究成果的指导和支持；

（2）实践促进研究。实践中出现的新问题将促进研究的继续深入和新研究的开启。

2. 思路制定。思路的制定包括以下步骤：

（1）厘清关系。厘清项目各部分内容之间的逻辑关系，以支持项目实施路径的拟定；

（2）优先重点。优先考虑改革重点任务及完成这些任务需要的方法和途径；

（3）初拟路径。以完成改革重点任务为主线，从时间进度和各种资源配置的可行性的角度，提出项目实施的初步路径；

（4）充实路径。根据与改革重点的关系，考虑其他项目内容的实施步骤和时间，逐步充实和完善并最终形成项目实施的路线图；

（5）借助图表。建议借助流程图等图表工具清晰地表达研究思路。

3. 可行性分析。制定完项目思路后，还需要从经费、人力、资源、条件和时间上分析项目在计划期内获得预期成果、实现工作目标的可行性。

3.4　项目实施

项目组织工作完成之后就应该着手项目实施工作的安排，项目实施阶段需要明确五方面的事项，包括构建项目实施平台、制定进度计划、出台支持措施、搭建交流平台、确定项目成果以及了解全国新工科建设进展的总体时间安排。

3.4.1　实施平台

新工科建设各项工作和任务的开展必须要有具体可操作的平台，因此构建各种形式的新工科建设平台或项目实施平台就成为新工科项目实施必须首先考虑的事项。实施平台的构建是新工科建设的一项重点工作，结合新工科学科专业的特征，可以采取实体平台和非实体平台两种模式[2]。

（1）实体平台。采用传统的有编制、有建制的实体架构构建的新工科平台，可以有三种基本方式：新设立新工科院系、在现有的某工科院系基础上按照新工科专业建设的需要拓展而成、合并重组与某一新工科相关的现有院系而成。

（2）非实体平台。根据新工科的构成要素，由相关院系和学科交叉融合形成的有架构、无编制的新工科平台。例如：由相关学科共同组建的跨学科中心、由相关院系共同负责的综合实验班、某新工科专业领域的产学合作联盟等。

需要指出的是，非实体平台是一种新型组织，它既有不同于实体平台的明显优势，也需要作为其组成部分的各个实体相关院系和学科的通力合作，还需要在资源分配、考核制度和管理体制上制度和机制的保障[2]。

3.4.2 进度计划

每个新工科项目都需要提出项目的进度计划，以督促项目的实施尽可能地按照既定计划有序地进行。除了要明确项目中每项重要的工作或任务的完成时间节点外，一般还应该有项目进展的年度安排，这样就能够以如下建议的不同类型选题的项目周期为限，制定出整个项目的进度计划。在制定进度计划时必须要考虑各种资源的均衡、有效的配置，尤其是保证重要工作和任务所需要的人力、经费和物质资源，以保证项目实施能够顺畅的推进。

按照每类选题的项目内容所需的完成时间以及考虑尽早发挥项目成果的作用，对新工科项目每类选题的项目周期建议如下：

（1）新理念选题：建议1 ~ 2年；

（2）新结构选题：建议4年；

（3）新模式选题：建议2 ~ 4年；

（4）新质量选题：建议2 ~ 3年；

（5）新体系选题：建议2 ~ 4年。

3.4.3 支持措施

项目所在单位必须在条件、经费和人员等方面制定和出台专门针对新工科项目的政策和措施，以保证项目能够保质保量的如期完成。在制定和出台这些政策和措施时应该从全校、整体和长远的角度出发，注重以下几点：

（1）综合作用。经验表明，单一政策或措施往往难以完全解决工科建设过程中的复合性问题，更谈不上复杂性问题，因此要考虑从多角度、多层面制定和出台政策和措施，以发挥这些政策和措施的共同的、整体的综合作用。

（2）力度充分。新工科建设的相关政策和措施应该有充分的力度，足以产生作用和取得成效。

（3）可持续性。这些政策和措施应该能够长远地实施下去，而不是短暂的为了取得一时的效果而制定和出台的临时性的权宜之计。

（4）可拓展性。在某个新工科学科专业建设取得成效后，相关的政策和措施应该能够拓展到全校其他学科专业的建设中，发挥更大的效用。

用于支持本单位新工科建设或项目实施的政策和措施主要包括以下六个方面，其中前三个方面是针对“事”，后三个方面是针对“人”。

（1）项目经费。要做到多方筹措、预算单列和专款专用。在经费筹措方面，项目所在单位应该开拓思路，注重从校外多种渠道争取经费，同时，教育部鼓励中央部门高校综合使用中央教改专项经费，鼓励所有相关高校参与产学合作协同育人项目。预算单列的目的在于保证经费直接归属于新工科建设，而不被挪为它用。专款专用的目的在于要求预算经费有明确的执行计划，能够用在具体的新工科建设的工作和任务上。

（2）场地条件。可以提供物理空间、硬件设备和软件平台。物理空间主要指用于新工科建设的楼宇、教室和实验场地等。硬件设备包括教学仪器、图书资料和实验设备等。软件平台泛指用于学科专业建设和人才培养的互联网、信息技术、教育教学软件和虚拟仿真技术等平台。

（3）支持政策。可以是倾斜政策、专门政策或过渡政策。为了促进新工科建设的开展，制定优于现有其他学科专业建设的倾斜政策往往是需要的；针对新工科建设有别于其他学科专业的特殊需要也可以制定一些专门政策；还可以为了解决新工科建设过程中出现的临时性或特殊性的问题而制定一些过渡政策。倾斜政策和专门政策如果在新工科建设中被证明是有效的，可以拓展为用于其他新学科专业建设的全校性政策；一旦所针对的问题得到解决，过渡政策就被终止。

（4）人员配备。包括岗位编制、人员结构和待遇条件等。不论是采取实体平台还是非实体平台建设新工科，项目所在单位对投入新工科建设和发展的人员的规模、结构和条件应该有基本的考虑。实体平台需要给予岗位编制，非实体平台要有根据不同院系教师的投入折算成的岗位数量，不论是岗位编制还是岗位数量，都关系到人员经费的拨款。人员结构主要指教师队伍构成中的专业、学历、职称、学缘、经历和年龄结构，既要满足新工科建设中多学科交叉的需要，又要考虑长远的可持续发展的需要。待遇条件主要指年薪或绩效薪酬等，应该达到足以吸引、稳定和激励教师投入新工科建设的水平。

（5）岗位要求。主要是针对参与新工科建设的教师和其他相关人员的岗位职责、考核指标和评价标准等。岗位要求的制定要注重两方面因素，一是与下面的激励办法相对应，即有什么样的激励办法才能有什么样的岗位要求；二是要有反映新工科学科专业特点的元素融入，不能是现有其他专业岗位要求的翻版。同时需要注意的是，岗位职责、考核指标和评价标准必须是相互关联的，即岗位职责的内容应该构成考核指标的主体，而岗位职责的要求应该是评价标准的主要依据。

（6）激励办法。也是主要针对参与新工科建设的教师和其他相关人员的激励措施和奖惩办法。这些措施和办法主要用于激励教师重视并投入新工科的学科专业建设、教育教学研究和实践、教育教学学术交流、政产学研协同育人等活动中，以有效地改变长期以来重科学研究和论文发表、轻教育教学研究和人才培养的状况。

政策和措施是高校办学思想、教育理念的具体体现，具有重要的导向作用，因此新工科建设相关支持措施的出台首先应能够在相关教职员工中形成普遍共识，继而成为大家的自觉行动，然后上升到人们均认可和接受的教育理念，最终形成高校的大学文化。

3.4.4 交流平台

为了更好地推动项目开展和深入实施，使项目成果，包括阶段性的成果，能够得到相互借鉴、学习和共享，发挥更大的效用，需要提供各种新工科项目成果交流平台。从目前情况看，可以有以下几种交流平台：

（1）专家组。新工科研究与实践专家组由各种类型高校中的代表性高校校长、工程教育领域的专家和行业企业代表组成，担负着从国家战略高度和国际视野广度对新工科的规划和实施提出意见建议以及对新工科建设的引领、指导和咨询作用，可以从整体上对新工科建设工作的进展情况进行比较、分析和判断，提出指导意见和政策建议。

（2）三个工作组。在专家组之下，设立了三个新工科研究与实践工作组，分别由部分工科优势高校、综合性高校和地方高校的教务处处长组成，每一个工作组对本类型高校新工科建设的具体工作进行协调、沟通和交流。

（3）教指委和行业性的新工科建设产学联盟。各理工专业类教育部高等学校教学指导委员会可以从某个专业类的角度组织相关高校开展新工科项目成果的交流，行业性的产学联盟可以就某个行业领域组织高校开展新工科项目成果的交流。

（4）跨领域交流平台。可以通过两种形式搭建跨领域的新工科项目成果的交流平台：一种是成立同类型或不同类型高校区域性或全国性联盟，另一种是组织区域性、全国性或国际性会议。区域性的联盟或会议可以由各个省市的教育行政部门牵头组织，全国性的联盟或会议需要教育部出面协调相关各方共同牵头组织。

3.4.5 项目成果

新工科项目的成果不在于数量，而在于教育教学理念、学科专业结构、人才培养模式、体制机制改革、培养质量标准等方面的突破和创新，在于对包括新工科建设和发展在内的我国工程学科建设的推动和工程教育教学的改革和发展。

（1）成果形式。新工科项目成果所采取的形式需要有利于成果的使用推广和交流借鉴，原则上要按照《指南》中对各项目方向“预期成果”的要求。

（2）成果作用。新工科项目成果应该做到可借鉴、可参考、可学习、可模仿，具体而言，成果的作用应该朝以下三个方面努力。

① 校内：能够促进和带动本校其他学科专业相关方面的改革和建设。

② 校外：能够为同类型院校各类学科专业的改革和发展起到引领和示范作用，为不同类型院校各类学科专业的改革和发展起到参考和借鉴的作用。

③ 国外：向全球高等教育界输出中国理念、中国智慧、中国标准、中国模式和中国经验。

总之，新工科项目的成果应该能够引领我国高等教育的改革与发展，并向国际工程教育界输出中国工程教育改革的成功经验。

（3）注意问题。避免只有论文、报告或简单的文字材料，而没有支持项目工作目标的实质性成果。

3.4.6 总体时间安排

从支持和推动新工科建设或新工科项目的角度，教育部高等教育司提出了如下总体时间安排。

（1）2017年9月底：完成新工科项目推荐；

（2）2017年10–11月：公布新工科项目立项结果；

（3）2017年10–11月：组织产学合作协同育人项目对接会；

（4）2017年10月：召开“工程教育范式变革”国际研讨会；

（5）2018年3–5月：组织新工科项目交流；

（6）2018年3–5月：召开新工科国际学术会议；

（7）2018年5月：发布“2018年产学合作协同育人国家平台项目指南”；

（8）2018年9月：完成“卓越工程师教育培养计划”2.0新工科专业点的推荐、认定。

3.5 项目推荐

新工科项目推荐渠道有三个：各省市教育行政部门、各专业类教指委以及相关行业协（学）会、中央部门高校。

3.5.1 省市教育行政主管部门

各省市教育行政部门负责组织本地所属高校新工科项目申报，择优推荐5 ~ 10项。择优推荐本省高校项目需要考虑如下因素：

（1）本省经济社会发展和行业产业发展对未来产业人才需求，包括对不同类型和层次的新工科人才的需要；

（2）本省工科教育与人才培养的具体情况，包括规模、结构、优势、特点、不足和问题等，重点在短板、不足，尤其是与未来产业人才需求存在的差异。

建议各省市教育行政部门高度重视和充分利用择优推荐新工科项目的机会，统筹规划和布局本地工程教育改革和发展，在保持优势的同时，注重缩小本省工程人才供给与需求的差距。具体而言，被推荐的项目应该具有以下特性：

（1）单个的典型性。就单一项目而言，应该针对本省当前和未来在工程教育改革和发展中具有典型性和代表性的突出问题，以推进新工科建设和解决这些问题为项目目标。这样一来，向教育部择优推荐的多项新工科项目就有望为解决本省工程教育中的各类主要问题提供机会。

（2）类型的全覆盖。《指南》中的五类选题涵盖了新工科建设的各个方面，是工程教育改革和发展不可回避的重要方面。对于一个省市而言，建议择优推荐的新工科项目要涵盖各类选题，以使得项目成果能够为本省新工科建设提供全面的指导和借鉴。

（3）整体的系统性。新工科建设离不开理念思路提出、学科专业构建、各种培养模式探索、人才培养标准研制、课程体系改革、实践教育平台搭建、教师队伍建设和专业评价制度建立等诸多方面，涉及新工科建设的全过程，因此，建议各省市择优推荐给教育部的项目能够构成新工科建设的完整路径。

由于各省市向教育部推荐的新工科项目数量有限以及各省市在新工科建设方面需要解决的主要问题和改革的重点不尽相同，因此，建议各省教育行政部门协同本地发改委、经济和信息化委等部门，明确本地区未来产业人才需求，根据需要设置省级新工科项目。

3.5.2 教学指导委员会和行业协（学）会

各理工专业类教学指导委员会以及相关行业协（学）会应该充分发挥统筹作用，组织推荐1 ~ 2项。具体建议如下：

（1）全面分析、研究和预测本领域和相关行业当前和未来急需培养新工科人才的情况；

（2）组织相关高校和单位将本教指委或行业协（学）会在工程人才培养和工程教育教学中最突出的问题和急需改革的工作作为新工科项目向教育部推荐。

3.5.3 中央部门高校

以教育部直属高校为主的中央部门高校可以择优推荐1 ~ 3项。具体建议如下：

（1）全面分析、研究和预测本校服务面向区域经济社会发展和行业产业当前和未来对新工科人才的需求情况；

（2）分析本校工程学科专业建设和工科人才培养的情况，统筹规划本校新工科建设和改革方案，在此基础上向教育部择优推荐。

教育部鼓励相关企业积极参与高校的新工科项目，提供资源和支持，推进产学合作协同育人。

3.6 教育部支持措施

为了更好地深入扎实推进新工科建设，教育部将从以下几方面出台措施支持新工科项目的执行：

① 鼓励各地教育行政部门提供经费支持；

② 鼓励统筹使用中央高校教育教学改革专项经费；

③ 鼓励各有关单位积极申请“产学合作协同育人国家平台项目”，积极争取社会支持，到2020年由企业资助的项目达到每年3万项，参与师生超过10万人；

④ 拓展实施“卓越工程师教育培养计划”2.0，适时增加新工科专业点；

⑤ 支持组建不同领域新工科产学合作联盟（或卓越工程师教育培养联盟）；

⑥ 支持教指委、行业协（学）会开展新工科建设。

3.7 项目评价与验收

为了确保新工科项目能够稳步实施、不断推进、按照既定目标取得预期成果，需要对新工科项目进行评价和验收，主要涉及评价阶段划分、评价形式的采用和评价主体的选择三方面。

3.7.1 评价阶段

整个项目可以有三个评价阶段：每个年度、项目中期、项目验收。各阶段评价的主要内容或关注的重点如下：

（1）年度检查：主要采用提交年度报告的方式进行，报告要具体报告当年度项目实施进展情况，包括取得哪些成绩，遇到些什么问题，次年工作思路及解决问题的对策等。

（2）中期检查：在项目进展过半后开展的中期检查重点在：迄今为止取得哪些成绩，有何突破和创新，遇到什么困难，拟采取何措施，后半期工作思路等。

（3）项目验收。按照《指南》中的要求提交项目完成后的成果，包括与项目推荐表中列出的预期成果相比较的项目完成情况，创新性成果，可示范推广的经验等。

3.7.2 评价形式

根据新工科建设的内涵与特征，对项目的评价可以有书面报告、现场考察和交流评审三种形式。

（1）书面报告。这种形式基本上是专家闭门评审，鲜有项目执行单位和评审专家的面对面交流。对阶段性的报告，专家在评审后会在给出的反馈中对项目的后续工作提出一些供参考的意见和建议；对结题性的报告，专家在评审后会对项目的完成情况及其成果价值给出结论性的评审意见。

（2）现场考察。这种形式主要是根据项目内容的需要，尤其是针对哪些实践性强的项目，组织来自相关高校和企业的各路专家到项目执行单位、工程实践教育基地、产学合作协同育人场所等进行现场考察，通过专家们的亲眼目睹及与师生互动交流等方式对项目进展情况或项目成果进行评价。

（3）交流评审。这种形式往往采用开放会议的方式进行，参会人员除了有评审专家和被评项目的完成人外，还可邀请对项目有兴趣的其他单位的人员参加，其目的不仅仅是为了评价，而且是为了更好地交流项目成果，以达到项目成果的推广、共享和示范，实现项目工作的普遍目标。

需要说明的是，上述三种形式不一定是单独进行的，它们可以组合形成互补，以达到更好的评审效果。

3.7.3 评价主体

对新工科项目进行评价和验收的主体可以有以下五个方面，但每个方面的评价目的和评价标准是有差异的。

（1）新工科研究与实践专家组（工作组）。按照新工科建设的总体要求和项目立项时提出的工作目标、预期成果等进行评价，强调新型、新生或新兴工程学科专业的建设，重视对工科学科专业建设和工程教育教学现状的改变、突破和创新。

（2）卓越工程师教育培养计划专业点评价专家。这方面评价由两部分组成，一是作为基本要求的工程教育认证，由工程教育认证专家完成；另一是作为专门要求的针对卓越工程师教育培养计划提出的工程教育教学改革目标的卓越评价，由卓越工程师教育培养计划专家完成[5]。

（3）工程专业认证专家。通过认证专家进行评价的关键在于认证标准。对于新型工科专业，需要对现有的工程教育认证标准进行修订或替换；对于新生和新兴工科专业，需要扩充工程教育认证专业目录并增加这些专业的认证标准[2]。

（4）教指委。由各理工类专业教指委组织本委员会的委员或专家对本专业领域的新工科项目进行自我评价。

（5）企业或第三方。由参与新工科建设的行业企业组织专家进行的评价。这些行业企业既可以是各领域加入新工科产学合作联盟的行业企业，也可以是提出产学合作协同育人项目的企业，还可以是其他第三方组织。这是一种从用人单位或社会产业的视角进行的评价，其价值意义不可低估。

结束语。作为“卓越工程师教育培养计划”2.0，新工科建设是一个长期的探索和实践的过程，新工科项目的执行需要参与高校全校上下各个层面的重视和投入，需要各级教育行政部门的指导和支持，需要行业企业的深度参与，需要相关专业类教指委的指导和帮助。期望本文上述的思考和建议能够为新工科项目的组织和实施提供一定的参考和借鉴。期待通过新工科项目的组织和实施，能够极大促进高校教师在教书育人的同时重视和投入教育教学研究；能够深入扎实地推动新工科建设并取得实质性成效；能够扩大我国工程教育的国际影响力；能够推动高校将人才培养作为高校发展的第一要务；能够引领我国高等教育的改革；能够促进我国高等教育质量的根本性提升。

（致谢：本文所基于的报告的提纲及其部分基本内容经与时任教育部高等教育司理工处长吴爱华讨论得以确定，报告中“项目实施”部分的“总体时间安排”和“教育部支持政策”部分的具体内容是由吴爱华处长提出的，特此一并致谢。）

参考文献

［1］《新工科研究与实践项目指南》. 教育部高教司，2017年6月.

［2］ 林健. 面向未来的中国新工科建设［J］.清华大学教育研究，2017（2）.

［3］ 林健. 新工科建设：强势打造“卓越计划”升级版［J］.高等工程教育研究，2017（3）.

［4］ 林健. 引领高等教育改革的新工科建设［J］.中国高等教育，2017（13/14）.

［5］ 林健. 基于工程教育认证的“卓越工程师教育培养计划”的质量评价探析. 高等工程教育研究，2014（5）.

第 4 章 新工科教育质量标准体系构建和通用标准研制

【本章导读】

新工科建设的最终落脚点是在人才培养上，新工科教育质量标准体系的构建关系到明确其中各层次标准的定位及其在新工科人才培养中的不同作用。在新工科教育质量标准体系各个层次的标准中，最基础、最核心、具有宏观指导和引领作用的是处于顶层的、学科门类层面的、适用于新工科所有学科专业的标准，即通用标准。新工科教育质量标准体系构建和具有宏观指导作用的通用标准研制是实现新工科建设目标、保证新工科人才培养质量的一项重要的基础性工作。该标准体系的构建和通用标准的研制要面向未来发展、服务国家战略和支撑行业产业，要立足国际工程教育改革发展前沿并向世界提供卓越工程人才培养的中国标准。

本章首先讨论新工科教育质量标准体系及其构建，其次提出新工科教育质量通用标准制定原则和基本思路，接着按照原则和思路的要求分别分析未来工程发展趋势及特征以及国内外具有影响的几种工程人才培养标准，为新工科教育质量通用标准的制定提供基础，最后对研制出的新工科教育质量通用标准进行诠释并指出与其他标准的区别，以期为正在全国范围内广泛开展的新工科建设提供重要参考，为各层次新工科教育质量标准研制提供基础，为各类新工科人才培养提供可比较、可衡量的总体质量要求。

Chapter 4 Construction of New Engineering Education Quality Standard System and Development of General Standards

【Introduction of this Chapter】 The final destination of new engineering disciplines construction is talent training. The construction of new engineering education quality standard system is related to the orientation of the standards at all levels and their different roles in the training of new engineering talents. In all levels of standards of the new engineering education quality standard system, the most basic and the most core standards with macro guidance and leading role is the general standard which is at the top level, subject level, applicable to all disciplines of the new engineering. The construction of new engineering education quality standard system and the development of general standard with macro guiding function are important basic work to realize the goal of new engineering disciplines construction and guarantee the quality of new engineering talent training. The construction of the standard system and the development of the common standard should be oriented to the future development, serve the national strategy and support the industry. It should be based on the frontier of the reform and development of international engineering education and provide the world with the Chinese standard of excellent engineering talent training.

This chapter first discusses the quality standard system and its construction for new engineering education, and secondly puts forward the principles and basic ideas for the establishment of new engineering education general standards, and then according to the requirements of principles and ideas, respectively analyze the development trend and characteristics of the future engineering as well as several influential standards of engineering personnel training at home and abroad, so as to provide a basis for the formulation of the new engineering education general standards and, finally interprets the new general standard of engineering education quality developed and points out its differences from other standards, in order to provide an important reference for the new engineering construction that is being widely carried out in the country, provide a foundation for the development of new engineering education quality standards at all levels, and provide a comparable and measurable overall quality requirement for the training of various new engineering talents.

新工科建设是继续“卓越工程师教育培养计划”（以下简称“卓越计划”）、引领我国高等教育改革、推动我国迈向高等教育强国的重要战略举措。新工科建设的最终落脚点是在人才培养上，新工科教育质量标准的研究和制定是实现新工科建设目标、保证新工科专业人才培养质量的一项重要的基础性工作。新工科教育质量标准体系的构建关系到明确其中各层次标准的定位及其在新工科人才培养中的不同作用。在新工科教育质量标准体系各个层次的标准中，最基础、最核心、具有宏观指导和引领作用的是处于顶层的、学科门类层面的、适用于新工科所有学科专业的标准，即通用标准。

本章聚焦新工科教育质量标准体系构建和通用标准研制，强调标准体系的构建和通用标准的研制要面向未来发展、服务国家战略和支撑行业产业，要立足国际工程教育改革发展前沿并向世界提供卓越工程人才培养的中国标准。首先讨论新工科教育质量标准体系及其构建，其次提出新工科通用标准制定原则和基本思路，接着按照原则和思路的要求分别分析未来工程发展趋势及特征以及国内外具有影响的几种工程人才培养标准，为新工科通用标准的制定提供基础，最后对研制出的新工科教育质量通用标准进行诠释并指出与其他标准的区别，以期为正在全国范围内广泛开展的新工科建设提供重要参考，为各层次新工科教育质量标准研制提供基础，为各类新工科人才培养提供可比较、可衡量的总体质量要求。

4.1　新工科教育质量标准体系及其构建

新工科教育质量标准体系不是孤立存在的，它是国家高等教育质量标准体系中的一个子系统，是国家工程教育质量标准体系中的一个分系统，因此，本节先分别对这两个质量标准体系及其构成要素进行分析讨论，之后讨论新工科教育质量标准体系，最后研究新工科教育质量标准体系的构建。

4.1.1　国家高等教育质量标准体系

一个国家的高等教育质量标准可以由多个层次构成。根据《普通高等学校本科专业目录（2012年）》，我国本科专业分为12个学科门类，92个专业类，506种专业，每个学科门类由若干个专业类组成，而每个专业类又由几种专业组成。这12个学科门类是哲学、经济学、法学、教育学、文学、历史学、理学、工学、农学、医学、管理学、艺术学。类似地，按照《授予博士、硕士学位和培养研究生的学科、专业目录》，我国研究生专业分为13个学科门类，即在本科专业12个学科门类的基础上增加了军事学学科门类。研究生学科门类下设一级学科，一级学科下设二级学科/专业。因此，从国家设定的本科和研究生专业目录角度看，国家高等教育质量标准可以有三个层次：学科门类层次、专业类/一级学科层次、学校专业/专业点层次。

然而，高等教育的首要职责是服务和满足经济社会发展、行业需求和产业发展，高等教育质量必须满足经济社会和行业产业对各级各类人才的专门要求，因此，应该在国家高等教育质量标准中增加一个层次以反映行业产业对人才培养质量的要求。鉴于行业产业的要求应该具体、清晰、明确且便于落实，其专业覆盖面不能过宽，因此，行业产业对各级各类人才培养的要求，或称之为“专业行业标准/二级学科行业标准”，应置于专业类/一级学科层次和学校专业/专业点层次之间，以利于高等学校予以落实。基于以上分析可以形成国家高等教育质量标准体系如图4.1所示。

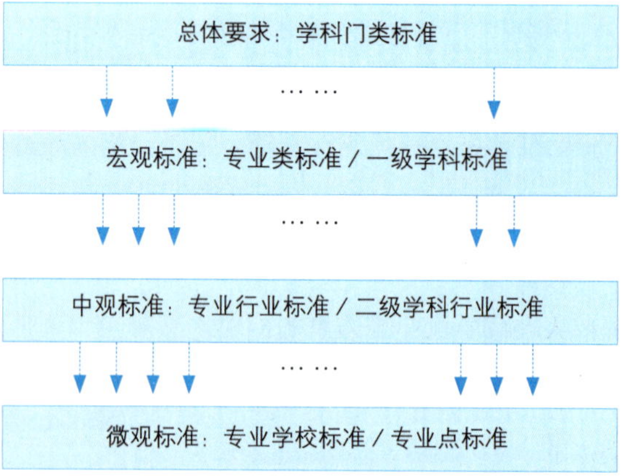

图4.1　国家高等教育质量标准体系

图4.1中，作为总体标准，“学科门类标准”是国家层面对各个学科门类教育质量或人才培养质量提出的总体基本要求；作为宏观标准，“专业类标准/一级学科标准”（以下统称“专业类标准”）是以学科门类标准为依据和基础制定的国家层面对各个专业类/一级学科教育质量或人才培养质量在宏观上提出的基本要求；我国第一版所有92个本科专业类标准在教育部高等教育司的组织下，由各个高等学校教学指导委员会研制完成，已于2018年1月发布[1]，本文讨论的标准主要是指其“培养规格”中对知识、能力和素质的要求；作为中观标准，“专业行业标准/二级学科行业标准”（以下统称“专业行业标准”或简称“行业标准”）是以专业类国家标准为依据和基础，由相关行业组织或部门制定的所在行业中主体专业人才培养在中观上必须达到的基本质量要求；作为微观标准，“专业学校标准/专业点标准”是以与本校专业对应的专业行业标准为依据和基础制定的本校这些专业教育或人才培养必须达到的基本质量要求。

4.1.2　国家工程教育质量标准体系

我国本科工学学科门类下设专业类31个，专业169种。我国研究生工学学科门类下设一级学科32个，二级学科/专业115种。我国工科毕业生占高校毕业生总量的1/3，工程教育是高等教育的主体，工程教育质量直接关系到我国国民经济和社会发展，因此，需要构建完整的国家工程教育质量标准体系，以确保各级各类工程人才培养质量。

虽然国家工程教育质量标准体系的构成与其他学科门类的高等教育质量标准体系一致，如图4.2所示，但其中的中观标准，即行业标准的重要性和作用更加突显。高校培养的工程人才能否与行业产业实际需要对接，即是否“适销对路”，是衡量工程教育质量高低的试金石，这就意味着工程教育必须紧密结合行业企业实际需求，使培养出的工程人才能够满足各行各业对各级各类工程人才的要求或达到相应行业工程师的任职资格要求。因此，在国家工程教育质量标准体系中的行业标准具有较其他学科门类中的行业标准更重要的地位和作用。

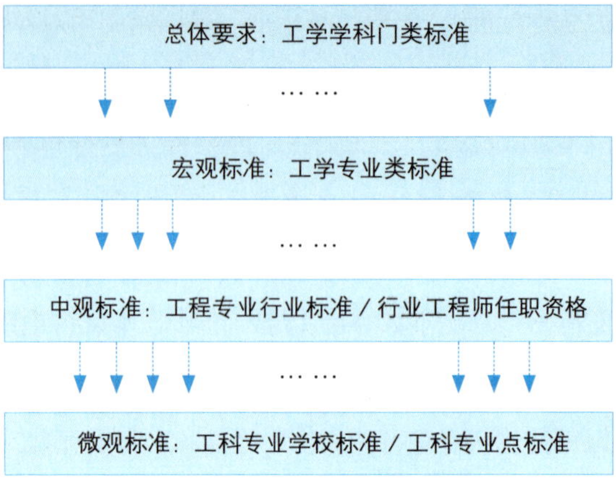

图4.2　国家工程教育质量标准体系

严格地说，行业工程师任职资格能够准确地表述行业产业对工程人才的要求。任职资格是指为了保证工作目标的实现，任职者必须具备的知识、技能、能力和个性等方面的要求，往往以胜任职位所需的学历、专业、工作经验、工作技能、能力等予以表达。但目前我国只有少数行业制定了本行业的工程师任职资格，更多的是一些企业自行制定的仅在本企业内部使用的工程师任职资格。因此，在没有制定出本行业工程师任职资格的行业，需要行业组织或部门制定出适用本行业内所有企业的、本行业主体工程专业领域工程师培养必须达到的要求或标准，即图4.2中的工程专业行业标准。

4.1.3　新工科教育质量标准体系

新工科专业人才培养的目标定位是培养造就一批具有创新创业能力、跨界整合能力、高素质的各类交叉复合型卓越工程科技人才[2]，换句话说，新工科专业培养的人才强调的是“高素质”，突出的是“卓越”，这就意味着新工科教育质量标准体系中四个层次的标准均要高于国家工程教育质量标准体系（图4.2）中相对应的四个层次的标准，显然，在新工科建设中，不能简单地用国家工程教育质量标准体系中相关标准替代新工科教育质量标准体系中的对应标准，而必须专门构建如图4.3所示的标准体系。

新工科教育质量通用标准，简称“新工科通用标准”或“通用标准”，是国家层面对各行各业各种类型卓越工程人才在总体上提出的基本质量要求；是制定新工科所有专业类标准的起点和基础，是平衡和把握新工科不同专业类之间标准的尺度；是各行各业制定新工科专业行业标准和高等学校制定新工科专业学校标准的总体指导性标准。

新工科专业类标准，简称“专业类标准”，是以通用标准为基础，国家层面对各个专业类卓越工程人才培养在宏观上提出的基本质量要求；是各个工学专业类所有新工科专业人才培养应该达到的宏观质量要求；是各行各业制定新工科专业行业标准和高等学校制定新工科专业学校标准的宏观指导性标准。

新工科专业行业标准，简称“行业标准”，是以专业类标准为基础，各行各业主体专业领域的卓越工程人才培养必须达到的中观要求，包含本行业内若干专业的专业标准，它不仅是专业类标准在行业专业领域的落实、补充和具体化，还应该从行业的角度体现专业特点和行业对该专业的专门要求，是高等学校制定新工科专业学校标准的基础。

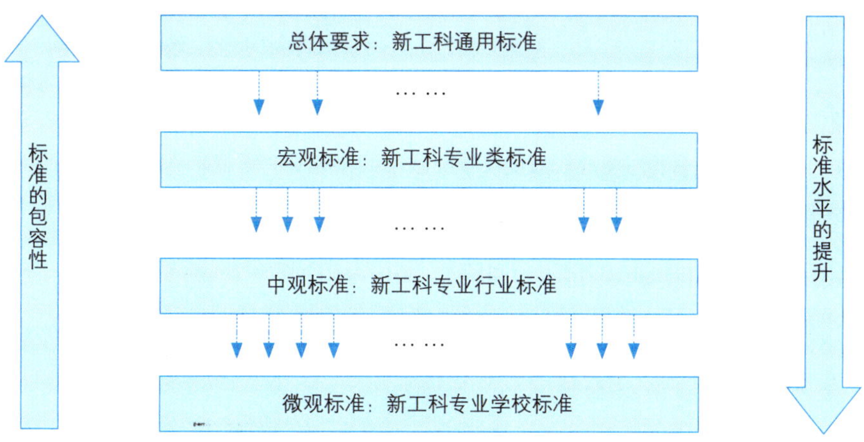

图4.3　新工科教育质量标准体系

新工科专业学校标准，简称“学校标准”，是新工科建设高校在通用标准总体要求下，以专业类标准和行业标准为基础制定的校内参与新工科建设的各个工程专业卓越工程人才培养标准。学校标准主要有三方面的作用：（1）制定本校新工科专业人才培养方案的依据；（2）制定新工科专业学校毕业标准与学位授予实施细则的依据；（3）教育部门和行业部门评估检查新工科人才培养质量的标准。

4.1.4 新工科教育质量标准体系的构建

构建如图4.3所示的新工科教育质量标准体系需要做三方面的工作：一是明晰标准体系中各层次标准之间的关系；二是明确制定各层次标准的具体要求；三是确定每个层次标准的制定主体。

新工科教育质量标准体系中各层次标准之间的关系表现在：标准的包容性自下而上，标准水平的提升自上而下，如图4.3所示。由于学校标准是以行业标准为基础，行业标准又以专业类标准为依据，专业类标准又以通用标准为前提，因此，学校标准所提出的要求要包容行业标准，行业标准所提出的要求要包容专业类标准，专业类标准所提出的要求要包容通用标准。通俗地说，学校标准的要求不能低于行业标准，行业标准的要求不能低于专业类标准，专业类标准的要求不能低于通用标准。换句话说，学校标准水平最高，行业标准水平次之，专业类标准水平再次之，通用标准要求最低。

新工科教育质量标准体系中各层次标准的制定要符合各自的定位并满足各自作用的发挥。通用标准的制定要遵循统一性和均衡性的原则[3]。统一性原则突出的是新工科教育内在的共同的本质，强调的是所有新工科教育教学活动都必须共同遵循的基本质量要求。均衡性原则基于同一学历层次新工科教育质量应该相当的理念，强调的是同一学历层次的各个专业类新工科教育质量标准之间应该具有基本一致的要求。

专业类标准的制定要遵循一致性和基础性原则[3]。一致性原则强调的是专业类标准的规格要求必须与专业类人才培养的总体目标和市场定位保持一致，以更好地适应经济社会发展和行业企业对该专业类新工科人才的要求。基础性原则强调的是专业类标准提出的质量要求是制定专业类中所有新工科专业教育质量标准的基础，也就是说，行业标准和学校标准的内容和水平只能在专业类标准的基础上进行拓展和提升。

行业标准的制定要遵循行业性和专业性原则[3]。行业性原则强调充分体现行业对新工科专业人才在质量上的专门要求，以具体体现工程人才培养满足行业企业对未来人才的需求。专业性原则强调既要反映新工科专业的性质和特征，又要满足新工科专业人才职业发展的需要。行业性原则和专业性原则所强调的正是在专业类标准中不可能表达的内容，需要在行业标准中予以具体的规定和明确，这也进一步说明了行业标准的不可或缺。

学校标准的制定要遵循特色性和实现性原则[3]。特色性原则要求高等学校在制定本校新工科专业人才培养质量标准时要注重突出本校特有的、难以模仿的、长期积累的、优于其他高校的并得到社会公认的人才培养优势和特色。事实上，一个专业的人才培养质量的具体内涵可以分为共性和个性两个方面，共性方面的质量是基本的，已由专业类标准和行业标准所规定，个性方面的质量是每一所高校所独有的，要在学校标准中具体规定，与学校的办学定位、办学目标、服务面向、行业背景和特点相吻合。所以说，学校标准是专业类标准和行业标准在学校层面的落实、细化和个性化。实现性原则要求学校标准的各项内容能够在本校的人才培养过程中得到具体实现，包括三方面：一是学校标准的内容要求要有一定的高度，即可望可及；二是学校标准的内容要求要符合学校的具体实际，即切实可行，也就是说，标准的内容要求可以被分解、细化并落实到每一门课程及其他教学环节的目标要求上，并通过有效的教学组织形式和教学方法得以实现；三是学校标准的内容是可以检查和评估的，否则，就无法最终确定专业学校标准要求是否得到准确的实现。

制定通用标准的专家应该在工程教育改革和发展中具有深厚的研究和实践积淀，能够站在国家或全局的角度，洞悉中国和全球工程教育未来发展趋势，总体把握新工科教育质量，平衡新工科各专业类之间的教育质量要求。制定专业类标准的专家应该主要是教育部相关工科专业类教学指导委员会的核心委员，在工程教育改革和新工科建设中具有丰富的研究与实践积累，对本专业类工程教育质量有清晰的把握。专业类标准的制定过程需要广泛征求不同类型高校、有关用人单位和行业部门/组织的意见。制定行业标准的专家应该由两部分人组成，主要部分专家来自行业组织，如行业部门、行业协会等，他们不仅要有丰富的行业背景和企业工作经历，还要熟悉本行业的特点及对工程人才的具体要求，在标准制定中侧重行业要求和专业特点；其余部分专家来自高等学校，侧重人才培养规律，使得制定出的行业标准能够为高等学校所接受和采用。

4.2 新工科通用标准制定原则和基本思路

4.2.1 新工科通用标准的制定原则

新工科通用标准的制定原则应以实现新工科建设主要目标为根本。新工科建设的主要目标可以表述为："主动布局、设置和建设服务国家战略、满足产业需求、面向未来发展的工程学科与专业，培养造就一批具有创新创业能力、跨界整合能力、高素质的各类交叉复合型卓越工程科技人才"[2]。为了实现这一目标，新工科通用标准的制定应该遵循以下原则。

追求质量卓越：新工科建设强调的是在不同类型工程人才培养质量上追求卓越。在通用标准中应该反映在服务面向、竞争优势和发展潜力等三个方面。在服务面向方面，新工科培养出来的人才应该满足国家战略实施和产业发展对卓越工程人才的需求。当前我国主要的国家战略有："一带一路"、构建人类命运共同体、创新驱动发展、"中国制造2025"及"互联网+"等。这些战略的实施以及产业结构转型升级，新技术、新产业、新业态和新模式的发展等均需要各种类型和层次的卓越工程人才。在竞争优势方面，新工科各专业培养的本科层次工程人才应该完全胜任生产一线的各项工作，逐渐成为本领域的技术骨干或领军人物，并引领产业发展。在发展潜力方面，新工科专业培养的各类工程人才必须在终身学习、动态适应、创新创业上具备优秀的能力和素质。

面向未来发展：新工科专业培养的人才要面向中国经济社会和行业产业的未来发展需求，这是因为：（1）进入21世纪，许多学科知识的更新周期缩短到2～3年，迫使新工科专业人才培养更加注重有效和稳定知识的学习以及能力与素质的培养；（2）新技术、新产业、新业态和新模式的调整和迭代周期不断缩短，导致国家和产业对新工科专业人才培养的要求变化加快；（3）新工科本科人才培养的学制不可缩短，基本为4年，有些5年，在学生入学前制定的培养标准无法满足学生毕业时社会及行业对工程人才的要求。由此可见，立足当前、面向未来需求培养新工科专业人才应该成为通用标准的重要导向，需要在通用标准中的知识、能力和素质等方面得到具体体现。

满足国际要求：中国经济的快速发展、国家战略实施和经济全球化对新工科专业人才培养提出两方面要求：一是熟悉多国文化和法律法规，具有在跨文化环境下交流合作和开展工作的能力以及参与国际竞争的能力；二是培养出来的本科工程人才的学历能够获得国际互认，以满足国际人力资源市场的需要。与此同时，新工科通用标准应该能够作为中国工程教育的质量标杆，为国际工程教育界广泛认可和接受，成为中国工程教育走向世界、迈向工程教育强国、影响国际工程教育质量标准的标志。因此，通用标准的制定不仅要着眼于国际化工程人才的培养，而且要立足于对国际工程教育界的影响和认可。

发挥宏观指导：通用标准是从国家层面、着眼未来、面向世界，对各行各业各类卓越工程人才培养提出共性要求，它不仅要有利于制定符合自身性质和特征的新工科各个工程专业类标准，而且要有利于制定具有专业特点和行业要求的新工科各专业的行业标准，还要有利于不同类型和服务面向的高校在制定学校标准时发挥办学优势和人才培养特色。因此，通用标准应该是宏观定性、内涵丰富、适应面广和富有弹性的培养标准，能够充分体现出对专业类标准、行业标准和学校标准的宏观指导作用，并为这些标准的制定提供充足的余地和灵活的空间。

4.2.2　新工科通用标准制定的基本思路

基于新工科通用标准的制定原则，可以提出新工科通用标准制定的基本思路如下：

首先，明确新工科通用标准的定位。按照“追求质量卓越”原则，新工科通用标准应该定位在服务国家战略、培养各领域技术骨干或领军人才以及具备优秀的发展潜力上；这一定位确定了通用标准的战略高度，包括对各类卓越工程人才培养的定位和水平要求。按照“发挥宏观指导”原则，新工科通用标准应该定位在为专业类标准、行业标准及学校标准的制定提供宏观指导；这一定位确定了通用标准的内涵是能够覆盖对所有工科专业类卓越工程人才培养的共性要求，它应该是宏观的、包容性的，允许专业类标准、行业标准和学校标准有各自的发挥和拓展。

其次，研究未来工程发展趋势及其特征。按照“面向未来发展”原则，需要研究未来工程发展趋势及工程活动的主要特征，以此分析和判断未来各种类型行业企业对卓越工程人才的各种要求，然后将这些要求进行分解和归纳，或进行细化到知识、能力和素质等方面的具体要求，为通用标准的制定提供参考。

第三，研究国内外具有影响的工程人才培养标准。按照“满足国际要求”原则，需要对目前在国际上具有影响、认可度高、代表性、标杆性的工程人才培养标准或工程师任职资格进行分析和研究，了解和掌握国际工程教育界、工程师组织或工程行业企业对工程人才培养的最新标准或要求，以形成通用标准制定的国际基准和参考。

第四，以“卓越计划”通用标准为重要基础。“卓越计划”通用标准[4，5]从2009年8月起草到2013年11月28日最终发布[6]，历时4年3个多月，在推动“卓越计划”实施和保证卓越工程师后备人才培养质量上发挥不可替代的作用。作为“卓越计划”2.0，新工科通用标准应该在充分保留或完善其中符合未来卓越工程人才培养要求的条款的基础上，补充和增加与时俱进的条款。

4.3　未来工程发展趋势及特征分析

未来工程的发展趋势将受到诸多因素影响，包括可预见的和不可预见的，但无论如何，未来工程的发展趋势及特征都将是现在的延续，都将以满足未来经济社会发展需要为主要发展动因，是需要卓越工程人才面对的，将对新工科通用标准的制定产生直接影响，主要表现在以下几方面。

多学科交叉融合：未来工程的发展将突破现有工程的分类和界定，这是不以人类的意愿为改变的不争事实。一方面，未来工程可以是现有多门工程学科的交叉融合，如机械工程与信息工程和控制工程的交叉融合，发展或形成新的工程学科；另一方面，未来工程也可以是工程和非工程学科之间的交叉渗透，使得工程不再是传统意义上的“工程”，如智能工程中不得不融入人文、医学、社会、法律等学科知识。因此，多学科交叉融合将成为未来工程发展的显著趋势，它或者拓展了现有工程的内涵和发展空间，或者赋予现有工程的人文、服务、经济和社会的属性。这要求卓越工程人才不仅具备与其他学科人员跨学科开展工程活动的能力，而且具有将工程学科与其他学科进行交叉融合的能力。

绿色工程：传统的工程项目的设计和施工，基本未将社会责任和环境保护考虑其中，造成了大量资源的消耗和生态环境的破坏，不仅大大降低了人类的生活品质，而且加剧了全球生态危机。因此，依托绿色发展理念，发展循环经济和低碳技术，使社会发展与生态环境协调共赢，成为世界愈来愈多国家高度重视的一项长期性的战略和任务。绿色发展理念的核心就是节约、低碳和可循环，其本质特征就是可持续发展，包括强调对物资、能源和人力等资源的节约；避免使用一次性材料，强调资源的重复利用；重视构建“生产－消费－还原”可循环的生态系统。绿色发展理念的实现主要通过绿色工程，即在工程项目的设计和施工中进行落实，包括运用现代科学技术、综合并充分利用自然资源、使用节能环保材料、应用绿色施工工艺等。绿色工程要求卓越工程人才具备绿色发展理念，重视生态环境保护，在工程活动中处理好人与自然的和谐关系。

工程问题的复杂性：复杂性是现代工程问题的本质特征，主要在解决工程问题时凸显出来[7]：（1）需要综合考虑并协调多种非工程因素；（2）复杂性超越了现有工程标准和规范；（3）不能直接运用现有的工程方法和技术；（4）需要传统工程领域之外的其他学科专业的介入和支持；（5）解决问题的方案是多种多样的，即工程问题是开放的。人类社会为了自身更好的生存和发展、更好地处理好与自然和谐的关系，未来将面临着一个背景和结果更加不可预测的工程环境，面临着比当前更加复杂的工程问题，因此，要求卓越工程人才在解决工程问题时必须综合考虑和协调诸多非工程因素，必须具有超越现有工程标准和规范解决工程问题的能力，需要寻求、开发解决工程问题的新方法和新技术，需要借助其他学科专业的方法、技术和工具。

信息化、智能化：随着计算机技术、网络通信技术、大数据技术、信息处理技术、自动化控制技术、人工智能技术等的迅速发展，人类正在进入信息化和智能化时代。信息化对工程问题的解决和处理、工程项目的设计和实施、工程系统的维护和管理等带来了革命性的变革，集中体现在速度、效率、质量和效益等方面的显著提升。伴随着各种自动化智能技术模仿、延伸和拓展人的认知和决策技能，智能化不仅拓展了工业产品的设计理念、性能空间、用户市场，而且改变了工程及其学科的内涵，赋予其更广阔的发展空间和应用领域。信息化和智能化在强力推动现有工程及其学科发展的同时，还促进了新产业、新业态、新模式的产生和形成，对未来工程产生十分重要的影响。因此，卓越工程人才不仅要有应用现代信息工具的数字化能力，而且需要掌握基本的人工智能原理和技术，以适应未来工程的发展。

领域和空间拓展：随着城市化进程的加快，人与土地资源矛盾愈加突出；随着民众生活水平的提升，人们对精神和物质的追求不断提高；随着科学技术的发展，人类探索自然界和宇宙的欲望不断增强；随着新材料和新技术的发展，人们对工程的要求在不断提高。这些都促使未来工程的领域和空间不断拓展，包括：向海洋拓宽，进一步探索和开发利用海洋自然和空间资源；向高空延伸，拓展人类的生存和未来发展空间；向地下发展，发现和利用地球深层资源，造福人类社会；向沙漠进军，改造沙漠成为绿洲，完善自然环境；向太空迈进，探索和利用宇宙空间资源。因此，卓越工程人才必须具备自主学习和终身学习能力，具备动态适应工程领域和空间拓展及环境变化的能力。

伦理问题：近年来，工程伦理越来越得到国际工程界及工程教育界的高度重视，这是由于越来越多大规模工程和复杂工程的出现，使得涉及的利益相关者不断增加，导致出现大量的不得不解决的各种类型的工程伦理问题，包括技术伦理、利益伦理和责任伦理三方面，可以预见，伦理问题将成为未来工程发展必须高度重视的一项内容。事实上，工程伦理问题的出现往往是由于工程师的伦理意识缺失、对工程活动后果估计不足、没有平衡好工程相关各方利益、社会责任和自然责任意识淡薄等方面的因素造成的[8]。因此，卓越工程人才必须具备强烈的工程伦理意识，能够在工程活动中平衡好各方利益及承担工程的自然及社会责任，具有应对和解决工程伦理问题的能力。

工程的国际化和民族性：中国经济的迅速发展、经济全球化、“一带一路”战略的实施和“构建人类命运共同体”理念的实现，使得我国未来将有越来越多的外方投资工程和海外工程，从而形成大量未来工程国际化的趋势。形成未来工程国际化的局面既要有国际公认的工程科技发展实力，又需要一大批卓越工程人才。在工程科技发展水平上应该具备三个条件：一是工程设计理念、方法和理论达到国际先进水平；二是工程标准和规范与国际接轨或得到国际认可；三是工程技术及施工装备处于国际先进水平。这些将影响着我国工程科技未来的发展。对应这方面的卓越工程人才，他们或者要在他国开展工程活动，或者要与不同文化背景的人合作，因此，必须具有国际视野和全球胜任力，即具有在跨文化环境下的交流、竞争和合作的能力。

虽然工程是无国界的，但完成工程活动的工程师是有祖国的，因此，在注重工程国际化的同时，要强调工程的民族性，即从工程设计到项目完成的全过程的质量水平均代表着国家的声誉和水平，工程师在海外的工作与国家战略的实现密切相关，必须服务于祖国的发展，他们的态度观念和行为举止反映着中国工程师整体的素质和形象。因此，在工程的民族性方面要强调卓越工程人才必须具有家国情怀。

4.4 国内外具有影响的几种工程人才培养标准分析

4.4.1 《华盛顿协议》规定的毕业生素质要求[9]

《华盛顿协议》规定了12项对于所有工程学科的专业工程师本科教育都是通用的毕业生应该具备的素质要求（Graduate Attributes），对毕业生应该知道什么、应该展示的技能和应该持有的态度进行了分类，如表4.1所示。这些要求被所有签约成员所采用，作为评估各成员自身认证要求实质等效性的范例（或参考点），同时也被各成员和预备成员用于制定自身的基于结果的认证标准，供其在各自的司法管辖区使用。

表4.1 《华盛顿协议》规定的毕业生素质要求

1	工程知识	应用数学、自然科学、工程基础和工程专业知识解决复杂工程问题。
2	问题分析	能够应用数学、自然科学和工程科学的基本原理，识别、表达、研究文献和分析复杂工程问题，得出被证实的结论。
3	设计／开发解决方案	适当考虑公共健康、安全、文化、社会、环境，设计复杂工程问题的解决方案以及设计满足特定需求的系统、构成（部件）或（工艺）流程。
4	调查研究	运用基于文献研究的知识和包括实验设计、数据分析和解释以及信息综合等研究方法，开展复杂问题调查研究以得到有效的结论。
5	现代工具的使用	针对复杂工程问题，开发、选择和使用适当的技术、资源、和现代工程和IT工具，包括预测和模拟，并理解其局限性。
6	工程师和社会	应用相关背景知识进行推理，评价专业工程实践和复杂工程问题解决方案对社会、健康、安全、法律和文化问题的影响及产生的责任。
7	环境与可持续发展	理解和评价解决复杂工程问题的专业工程工作在社会和环境背景下的可持续性和影响。
8	伦理	应用伦理原则，在工程实践中遵守职业道德和规范，履行责任。
9	个人和团队工作	在不同团队和多学科环境中有效地发挥个体、成员和领导角色的作用。
10	沟通	能够在复杂工程活动中与工程界和全社会进行有效沟通，例如，能够理解和撰写有效的报告和设计文档，做有效的展示，给出和接收清晰的指令。
11	项目管理和财务	表现出对工程管理原理和经济决策的认知和理解，并应用到自己作为团队成员和领导者的工作中，应用到管理项目和多学科环境中。
12	终身学习	认识到在最广泛的技术变革的背景下，自主学习和终身学习的必要性，并具备相关的准备和能力。

通过对表4.1的分析可以发现，《华盛顿协议》对毕业生的素质要求（以下简称《华盛顿协议》标准）重点在以下方面：（1）全方位考虑复杂工程问题的解决：涉及问题分析、解决方案、调查研究、工具使用、社会责任、可持续发展及交流沟通等方面；（2）非工程因素的考虑，包括公共健康和安全、社会责任、文化问题、环境及可持续发展等诸多方面；（3）重视工程伦理，包括承诺职业道德、责任和规范；（4）强调角色定位、团队合作和外部沟通；（5）重视项目管理和经济决策；（6）强调主动适应外部环境变化的终身学习。

4.4.2 欧洲国家工程协会联合会规定的工程师专业胜任力要求[10]

成立于1951年的欧洲国家工程协会联合会（Federation of European National Engineering Associations，FEANI）是由欧洲各国的工程协会作为国家成员组合而成的。由于欧洲各国的教育和专业体系差别很大，不可能用单一的体系统一欧洲各国，因此，FEANI制定了得到各成员国认可的工程师胜任力（Professional Competence，以下简称FEANI标准）要求（如表4.2所示），以此评价各国不同教育和专业体系的价值，建立资格互认的框架，以便希望在国外执业的工程师能够获得对能力的承认。

表4.2　FEANI规定的工程师专业胜任力要求（2013）

1	知识与理解	1）以数学和与其学科相关的科学科目组合为基础，全面了解工程原理。
2	问题分析	2）能够运用适当的理论和实践方法分析和解决工程问题。
3	调查研究	3）具有持续技术变革的意识，培养在工程专业寻求创新和创造力的态度。
4	工程设计	4）了解与专业领域相关的现有和新兴技术的使用； 5）具备与专业领域相适应的标准和法规知识。
5	工程实践	6）在各自的工程领域以及材料、组件和软件的性能、特性、制造和使用方面，具有良好工程实践的一般知识。
6	可迁移技能	7）了解工程专业，有义务服务社会、专业和环境，并致力于应用适当的专业行为准则； 8）具有工程经济学、质量保证、可维护性、技术信息和统计的应用能力； 9）能够与他人合作完成多学科项目； 10）具备领导能力，包括管理、技术、财务和人员方面的考虑； 11）具有沟通技巧和通过持续的专业发展来保持能力的义务； 12）掌握流利的欧洲语言，足以在欧洲各地工作时进行沟通。

对于希望在FEANI注册成为“欧洲工程师，Eur Ing”的欧洲各国的工程师，他们必须明确自己专业责任并努力获得表4.2所列的6个方面的12条胜任力。虽然FEANI声称表4.2的水平与《华盛顿协议》（国际工程联盟）等框架是一致的，但通过分析并与《华盛顿协议》标准进行比较可以发现以下几点：（1）整体的表述更为

简单和宽泛，这可能是考虑到欧洲各国之间的兼容性和可接受性；（2）没有涉及复杂工程问题的解决；（3）没有明确提及工程伦理方面的要求；（4）没有专门强调终身学习；（5）强调在工程专业创新意识和创造力的培养。

4.4.3 美国工程技术认证委员会标准[11]

作为华盛顿协议的发起组织之一，美国工程技术认证委员会（Accreditation Board for Engineering and Technology，ABET）是得到美国高等教育界和工程界广泛认可和支持的全美唯一的工程教育专业认证鉴定机构，在国际上也获得广泛承认。ABET提出的本科工程专业通用标准中的毕业要求（2020−2021）（以下简称ABET标准）如表4.3所示。

表4.3 ABET本科工程专业的毕业要求（2020−2021）

1	应用数学、科学和工程原理来识别、形成和解决复杂工程问题的能力。
2	能够运用工程设计提出解决方案以满足特定需求，包括考虑公共健康、安全和福利以及全球、文化、社会、环境和经济因素。
3	能够与不同的受众进行有效的沟通。
4	能够在工程环境中认识到伦理和专业责任，必须考虑工程解决方案在全球、经济、环境和社会环境中的影响，从而做出明智的判断。
5	能够在团队中有效工作，团队成员一起提供领导，创建协作和包容的环境，建立目标，计划任务，并满足目标。
6	能够开发和进行适当试验、分析和解释数据以及利用工程判断得出结论。
7	能够运用适当的学习策略，获取和应用新知识。

通过对表3的分析可以发现，ABET的毕业要求虽然在条目数量上与FEANI标准相近，但是在内涵上仍有较大的差异，主要表现在：（1）强调对复杂工程问题的解决；（2）对工程伦理提出明确要求；（3）重视团队合作的有效性；（4）对知识的获取和应用有要求。事实上，ABET标准是《华盛顿协议》标准的简化版，省略了《华盛顿协议》标准中的“问题分析”“设计/开发解决方案”和“项目管理和财务”。

4.4.4 中国工程教育认证通用标准[12]

中国工程教育专业认证协会（China Engineering Education Accreditation Association，CEEAA）于2016年6月正式加入《华盛顿协议》，成为该协议第18个正式成员，是中国全国性、专业性和非营利性的社会团体，主要负责中国工程教育认证工作的组织实施。表4.4是CEEAA发布的2020年中国工程教育认证通用标准中的毕业要求（以下简称CEEAA标准）。

表4.4 中国工程教育认证通用标准中毕业要求（2020）

1	工程知识	能够将数学、自然科学、工程基础和专业知识用于解决复杂工程问题。
2	问题分析	能够应用数学、自然科学和工程科学的基本原理，识别、表达，并通过文献研究分析复杂工程问题，以获得有效结论。
3	设计/开发解决方案	能够设计针对复杂工程问题的解决方案，设计满足特定需求的系统、单元（部件）或工艺流程，并能够在设计环节中体现创新意识，考虑社会、健康、安全、法律、文化以及环境等因素。
4	研究	能够基于科学原理并采用科学方法对复杂工程问题进行研究，包括设计实验、分析与解释数据，并通过信息综合得到合理有效的结论。
5	使用现代工具	能够针对复杂工程问题，开发、选择与使用恰当的技术、资源、现代工程工具和信息技术工具，包括对复杂工程问题的预测与模拟，并能够理解其局限性。
6	工程和社会	能够基于工程相关背景知识进行合理分析，评价专业工程实践和复杂工程问题解决方案对社会、健康、安全、法律以及文化的影响，并理解应承担的责任。
7	环境与可持续发展	能够理解和评价针对复杂工程问题的工程实践对环境、社会可持续发展的影响。
8	职业规范	具有人文社会科学素养、社会责任感，能够在工程实践中理解并遵守工程职业道德和规范，履行责任。
9	个人和团队	能够在多学科背景下的团队中承担个体、团队成员以及负责人的角色。
10	沟通	能够就复杂工程问题与业界同行及社会公众进行有效沟通和交流，包括撰写报告和设计文稿、陈述发言、清晰表达或回应指令，并具备一定的国际视野，能够在跨文化背景下进行沟通和交流。
11	项目管理	理解并掌握工程管理原理与经济决策方法，并能在多学科环境中应用。
12	终身学习	具有自主学习和终身学习的意识，有不断学习和适应发展的能力。

通过对表4.4的分析可以发现，CEEAA标准与《华盛顿协议》标准存在高度相似性，只是在细节表述上存在一些差异。前者与后者的差异有以下几点：（1）第3项中增加了“在设计环节中体现创新意识”；（2）第4项“调查研究”改为“研究”，具体内容改为宽泛而不明确；（3）第6项“工程师和社会”改为“工程和社会”，使得工程而不是工程师成为责任主体，内容中“相关背景知识”改为“工程相关背景知识”，缩小了知识范围；（4）第7项“专业工程工作”改为“工程实践”，去除了工程设计环节；（5）第8项“伦理”改为内涵不尽相同的“职业规范”，具体内容进行相应改动，这与目前国际工程教育界的普遍共识有差异；（6）第9项“个人和团队工作”改为“个人和团队”，但却将“不同团队和多学科环境”改为“多学科背景下的团队”；（7）第10项增加了“具备一定的国际视野，能够在跨文化背景下进行沟通和交流”；（8）第11项“项目管理和财务”改为“项目管理”，删除了“应用到管理项目”；（9）简化了第12项“终身学习”的表述。

4.4.5　各种工程人才培养标准的比较

《华盛顿协议》是全球最具影响力的国际本科工程学位互认协议，《华盛顿协议》标准为各成员和预备成员制定自身的认证标准提供了极具价值的指南，得到众多国家的认可和接受，是国际工程教育界对工科毕业生和工程师职业资格公认的权威要求，在新工科教育质量通用标准制定中可以作为基本要求或合格标准的借鉴和参考。

FEANI标准的要求水平一定程度上滞后于当前欧洲经济社会的发展，没有及时反映出国际工程界对工程人才要求的最新变化，主要有两方面原因：一是该标准制定于2013年，没有及时地更新；二是欧洲各国高等教育和经济社会发展水平仍存在较大差距，只能采用相对最低的要求才能被所有欧洲国家所接受。

ABET标准没有完全沿袭《华盛顿协议》标准的原因与美国工程师注册制度有关。美国专业工程师注册条件主要包括三个方面：大学教育、资格考试和专业工作经验。其中大学教育指的主要是通过ABET鉴定认可的四年制工程学士学位教育，因此ABET标准规定的只是在大学阶段必须达到的最低要求，要成为真正意义上的工程师，还需要通过资格考试和一定的工程专业工作经验。

鉴于中国工程师注册制度的现状，CEEAA标准的要求明显高于ABET标准。由于中国目前还没有建立起与美国和欧洲主要国家类似的在工程教育界和工程界广泛认可的工程师注册制度，也没有建立起全行业认可的资格考试及统一的工程专业工作经验要求，因此，CEEAA标准试图弥补这方面的不足，尽可能涵盖所有工程专业工程师都必须具备的能力和素质，以期通过由其主导的工程教育专业认证，使通过认证专业的毕业生具备与《华盛顿协议》其他成员实质等效的要求。

4.5 新工科教育质量通用标准制定和诠释

基于新工科通用标准的制定原则和基本思路，本文上述两部分分别进行了“未来工程发展趋势及特征分析”和“国内外具有影响的几种工程人才培养标准分析”，在此基础上就可以以“卓越计划”通用标准[6]（详见附件）为基础着手制定新工科通用标准。事实上，“未来工程发展趋势及特征分析”结果明确了面向未来的卓越工程人才需要特别加强的知识、能力和素质；“国内外具有影响的几种工程人才培养标准分析”结果给出了对卓越工程人才应该具有的基本/最低要求。在具体制定新工科通用标准时，遵循新工科通用标准的制定原则和基本思路，以具有广泛认可度的《华盛顿协议》标准作为底线，以“卓越计划”本科工程型人才培养通用标准[6]为基础，充分考虑“未来工程发展趋势及特征分析”结果中提出的要求，最终形成了新工科通用标准。

新工科通用标准包括9方面共16条，以下逐条予以分析和诠释。

4.5.1 “学科专业知识”方面

1.【基础知识】具有从事工程工作所需的数学、自然科学以及经济管理等人文与社会科学知识。

本条标准规定了从事工程工作所必须具备的基础知识。除了公共基础课外，本条标准中的“数学、自然科学”知识要根据工程学科专业所在行业对应的专业领域来确定。工程问题的复杂性和综合性所体现出的需要多学科交叉融合使得卓越工程人才的基础知识要从数学和自然科学拓展到经济管理等人文与社会科学，这也是针对“未来工程发展趋势及特征分析”中“多学科交叉融合”特征提出的。

“经济管理”知识主要指工程经济、工程概预算、项目管理、决策分析、质量管理、生产组织和运作管理、产品营销和售后服务等方面的知识。

“人文与社会科学知识”包括文学、历史学、哲学、管理学、经济学、政治学和社会学等方面，具体内容要根据本学科专业当前和未来发展需要取舍。其中哲学知识是培养和形成本通用标准第2方面“职业素质”以及理解和明确本通用标准第6方面“工程师责任和伦理”所需要的相关知识。

在《华盛顿协议》标准及CEEAA标准中与本条标准相关的“工程知识”部分均没有对“经济管理等人文与社会科学知识”提出要求。

2.【专业知识】掌握解决复杂工程问题所需的工程基础、工程专业和相关学科知识，了解本学科专业的前沿发展现状和趋势。

本条标准规定了解决复杂工程问题所必须具备的三方面专业知识。“工程基础”知识应该包括大类专业基础和专业方向基础知识两方面，可以考虑将计算机技术、信息技术和网络技术等内容列入其中。“工程专业”知识应该包括本专业领域不可或缺的专业理论、方法和技术。“相关学科”知识是针对“未来工程发展趋势及特征分析”中“多学科交叉融合”特征提出的，主要是指那些影响、渗透或融入本学科专业的学科知识或解决复杂工程问题所必须的其他学科知识。

对本学科专业“发展现状和趋势”的了解必须是“前沿”的，这不仅是与面向未来的卓越工程人才培养目标定位相吻合，而且对于本通用标准第9方面“终身学习和创新发展”也是十分必要的。

在《华盛顿协议》标准及CEEAA标准中与本条标准相关的“工程知识”部分均没有对“相关学科知识”及“了解本学科专业的前沿发展现状和趋势”提出要求。

基础知识和专业知识的内涵可以从胜任未来工程工作和解决复杂工程问题的角度理解：首先，这些知识能够用来表述具体的复杂工程问题；其次，能够针对具体的复杂工程问题建立数学模型并求解；第三，能够用这些知识和数学模型分析、解释复杂工程问题；最后，能够形成用于复杂工程问题的解决方案。

3.【工具使用】能够针对复杂工程问题，包括对其预测和模拟，开发、选择与使用恰当的技术、资源、现代工程工具和信息技术工具，并理解其局限性。

工具和手段是解决复杂工程问题必须具备的。本条标准规定了学生使用现代工具的能力要求，不仅在必要时会“开发”，而且在有条件时会“选择”，还要会正确地“使用”针对复杂工程问题特征的“恰当”的现代工具，包括技术、资源、现代工程工具和信息技术工具等，对复杂工程问题进行“预测和模拟”。要做到“恰当”，不仅要了解复杂工程问题的属性和特征，而且要了解现代工具的性能特点、使用条件及局限性，这样才能针对复杂工程问题的实际“开发、选择与使用”现代工具。

对本条标准内涵的理解可以从三个层面：首先，“现代工程工具”包括本专业常用的现代仪器、专业设备和其他工程工具等，“信息技术工具”包括对数据和信息进行采集、处理、传输、组织、检索等方面的技术工具以及适用于复杂工程问题的模拟/仿真软件/平台等；其次，了解这些现代工具的使用原理和方法、功能和特点、使用条件、不足及其局限性；第三，能够根据复杂工程问题的属性和特征，选择与使用恰当的技术、资源和现代工具，对复杂工程问题进行分析、计算和设计；第四，能够针对具体的对象，开发或选用满足特定需求的现代工具，预测和模拟复杂工程问题，并分析其结果。

本条标准与《华盛顿协议》标准及CEEAA标准中相关的“现代工具使用”部分基本一致。

4.5.2　“职业素质”方面

4. 具有家国情怀、全球视野、人文社会科学素养、批判性思维、跨学科和系统思维、追求卓越的态度、勤勉敬业和艰苦奋斗精神。

本条标准既考虑中国经济社会发展对卓越工程人才的素质要求，又针对“未来工程发展趋势及特征分析”中“工程的国际化和民族性”特征而提出的，是前面分析的国内外具有影响的几种工程人才培养标准中所没有的。

首先，“家国情怀”强调的是卓越工程人才应该树立和践行社会主义核心价值观，明确个人作为社会主义事业建设者和接班人的责任和使命，不论身在何处、环境如何、从事何种工程工作、肩负什么责任，都要心怀国家和民族、国家利益至上、致力于服务国家发展、以民族的伟大复兴为己任。

其次，“全球视野”是对卓越工程人才胸怀、视野和格局的要求，是具备本通用标准第13条提出的全球胜任力的基础，即要充分了解本学科专业领域的国际发展趋势，在解决各种复杂的工程问题和从事工程工作时不局限于当下和局部，要面向未来和长远，要有开阔眼界、世界眼光、发展视角和国际标准。

第三，“人文社会科学素养”是指由具备本通用标准第1条中规定的人文与社会科学知识所反映出来的人格、气质和修养，卓越工程人才只有具备了人文社会科学素养，才能够更好地理解工程与社会、历史、文化及发展的关系和内涵，才能在改造物质世界的同时，促进整个人类文明社会的进步和发展。

第四，“批判性思维”作为创新思维的核心，也是创新能力的基础，强调用挑剌的眼光、从批判的角度对事物进行分析、研究并提出方案和对策，对于追求自我完善、追求不断进步、追求卓越具有十分重要的意义。

第五，“跨学科和系统思维”强调在分析和解决问题时既要跨越和突破本学科专业界限，又要有整体、全局和系统的视角，这对于拓展思维空间，避免本学科和局部子系统的局限，寻求更全面、有效和长远的解决方案十分重要。

第六，“追求卓越的态度”是每一位高素质卓越工程人才必须具备的一条基本素质，表现在其对待本职工作的方方面面，不论是产品或项目的开发、设计和生产，还是设备的运行和维护等各个方面均要追求不断完善、精益求精、尽善尽美。只有这种不断追求、永无止境的态度，才能够研发和生产出高质量的产品、设计建造出高水准的项目，才能够提升创新能力，才能够赢得竞争优势。

第七，“勤勉敬业精神”是指以勤勤恳恳、兢兢业业、敬重严谨、尽职尽责的态度对待和热爱自己的本职工作，为民族的复兴、国家的富强和中国梦的实现而尽心竭力、无私奉献。

第八，“艰苦奋斗精神”是一种不畏艰苦、顽强拼搏、战胜困难的态度，一种奋发图强、锐意进取、艰苦创业的精神，一种为国家和人民的利益乐于奉献、不畏劳苦、勇于献身的境界。艰苦奋斗精神是对每一位卓越工程人才的本质要求，要成为他们开拓创新、成就事业、实现中国梦的精神力量和不懈动力。

4.5.3 “复杂工程问题分析”方面

5. 能够应用数学、自然科学、工程科学和相关学科的基本原理，识别、表达、研究文献和分析复杂工程问题，得出被证实的结论。

本条标准对学生复杂工程问题的分析能力提出要求，其中“相关学科”也是针对“未来工程发展趋势及特征分析”中“多学科交叉融合”特征提出的，主要是指那些为了解决复杂工程问题所必须涉及的本学科之外的其他学科，如信息技术和智能科学。

本条标准可以从三方面予以解读：（1）能够应用数学、自然科学、工程科学和相关学科的基本原理识别复杂工程问题并判断其主要特征；（2）能够运用这些相关学科基本原理和各种建模方法对复杂工程问题进行准确的描述、表达和建模；（3）能够运用相关学科基本原理和文献研究及比较，在（2）的基础上对复杂工程问题进行系统深入的分析，并得出被证实有效的结论，以支持解决方案的提出。

在《华盛顿协议》标准及CEEAA标准中，与本条标准相关的“问题分析”部分均没有对“相关学科的基本原理”提出要求。

4.5.4 “复杂工程问题研究”方面

6. 能够开展对复杂工程问题的研究，包括通过文献研究、实验设计、数据分析和解释以及信息综合等研究方法，以得到有效的结论。

本条标准对学生复杂工程问题的调查和研究能力提出要求，具体环节包括调研、设计、实验、分析和归纳等。首先，能够在已得出的复杂工程问题分析结果的基础上，基于第5条所述的相关学科原理，通过文献研究等方法，调研和分析复杂工程问题的各种可能的解决方案；其次，能够根据复杂工程问题中具体研究对象的特征，提出研究思路，设计实验方案；第三，能够按照实验方案进行实验准备，安全地开展实验并采集和获取有效的实验数据；第四，能够对实验数据进行科学的分析和合乎逻辑的解释；第五，能够对实验数据分析结果及其他相关信息进行归纳综合并得出合理和有效的结论。

本条标准与《华盛顿协议》标准及CEEAA标准中相关的“调查研究”部分基本一致。

4.5.5 “复杂工程问题解决方案”方面

7. 熟悉专业相关领域的技术标准、相关行业产业政策、法律和法规，能够设计复杂工程问题的解决方案以及设计和开发满足特定需求的系统、部件或工艺流程，注重质量和效益，充分考虑公共健康、安全、文化、社会、环境等因素。

本条标准对学生设计/开发复杂工程问题解决方案的能力提出了要求，具体包括四个方面。

首先，“专业相关领域的技术标准、相关行业产业政策、法律和法规”是在设计/开发复杂工程问题解决方案时必须遵循的，也是“卓越计划”本科工程型人才培养通用标准第8条规定的内容。其中行业产业政策，又称为部门政策，是国家通过部门/部委颁布实施的，用以监督、规范特定行业和产业，使其协调和平稳发展的政策；行业产业法律和法规属于国家政策的组成部分，是国家以法律和法规的形式颁布实施的，要求特定行业产业必须遵循的规定和准则。

其次，能够在两方面设计/开发出涉及复杂工程问题的解决方案。一是针对整个复杂工程问题的解决方案。这就要求学生能够掌握面向工程设计和产品开发全周期、全流程的设计/开发解决方案的基本方法和技术。二是针对具有特定需求的工程系统、部件或工艺流程的设计/开发。

第三，在设计/开发复杂工程问题解决方案时要“注重质量和效益”。注重质量是追求卓越的前提，是经济社会发展和社会各界对复杂工程问题解决结果的要求。效益指的不仅是经济效益，还包括社会效益。经济效益是指在工程活动中成本与成果的对比，是评价一个复杂工程问题解决方案能否被采用的重要指标。社会效益指的是工程活动所产生的社会效果和影响以及给工程利益相关主体带来的社会影响和声誉等。质量和效益一道构成了复杂工程问题解决方案的目标追求。

第四，在设计/开发复杂工程问题解决方案时要充分考虑公共健康、安全、文化、社会、环境等诸多制约因素。这就意味着，一个好的复杂工程问题解决方案需要把公众的健康和安全放在首位，需要与当地历史文化的格局、内涵、风格相协调，需要符合当地的社会和可持续发展需求，需要注重环境的保护和与周边环境的协调。

在《华盛顿协议》标准及CEEAA标准中与本条标准相关的“设计/开发解决方案”部分均没有对“熟悉专业相关领域的技术标准、相关行业产业政策、法律和法规”和“注重质量和效益”提出要求。

4.5.6 “工程师责任和伦理”方面

8.【工程影响】能够应用相关背景知识进行论证分析，评价专业工程实践和复杂工程问题解决方案对社会、健康、安全、法律和文化问题的影响及产生的责任。

本条标准要求学生能够评价工程对社会的影响及产生的责任，强调工程项目的实施不仅要考虑技术因素，还要考虑非技术因素，具体包括两方面内涵。

首先，“相关背景知识”指的是本通用标准第7条所要求的本专业相关领域的技术标准、相关行业产业政策、法律和法规以及知识产权等方面的知识。这些“相关背景知识”不仅规定和规范了工程的技术要求，而且对工程的非技术因素，包括与社会、健康、安全、法律和文化等的关系也有明确的限定。

其次，要“能够应用相关背景知识进行论证分析，评价”工程实践活动在非技术方面所产生的影响和责任。事实上，工程师的职业活动不是孤立封闭的，而是需要在一定的规范范围内开展，因此，他们不仅要严格按照本专业领域的技术标准进行，不涉及知识产权，而且还要遵守相关行业和产业政策、法律和法规，这是他们的职业要求。因此，通过分析和评价工程实践活动对这些非技术因素的影响，不仅可以清晰工程实践活动是否符合相关政策、法律和法规，而且可以清楚这些非技术因素对工程项目实施的影响，还能够理解工程实践活动将产生哪些需要担负的责任。

本条标准与《华盛顿协议》标准中相关的“工程师和社会”部分基本一致。

9.【可持续发展】能够理解和评价针对复杂工程问题解决方案的专业工程工作对环境和社会可持续性发展的影响。

本条标准要求学生树立环境保护和社会可持续发展意识和理念，能够从环境保护和社会可持续发展的角度处理和解决好复杂工程问题，这也是针对“未来工程发展趋势及特征分析”中“绿色工程”特征提出的。具体而言，本条标准要求卓越工程人才具备绿色发展理念，重视生态环境保护，在工程活动中处理好人与自然和谐关系，能够关注、理解和评价工程实践活动或工业产品使用周期内对环境保护、社会和谐、资源循环利用、经济发展可持续、人类社会发展可持续的影响，包括直接的影响、潜在的隐患和间接的损害等。

在本条标准中，树立可持续发展意识或绿色发展理念至关重要，这是卓越工程人才在工程活动中重视环境保护和社会可持续发展的基础；理解和评价复杂工程问题解决方案的影响关键在于对环境保护和社会可持续发展的内涵有全面和深刻的理解和把握。

本条标准与《华盛顿协议》标准及CEEAA标准中相关的“环境与可持续发展”部分基本一致。

10.【工程伦理】具有工程伦理意识、社会责任感，能够在工程活动中遵守职业道德和规范，平衡各方利益并承担工程的自然及社会责任。

本条标准从工程伦理和社会责任角度对学生在工程活动中的行为和责任提出要求，这也是针对“未来工程发展趋势及特征分析”中“工程伦理”特征提出的。具体包含五方面内涵。

首先，“具有工程伦理意识”。工程伦理从职业角度表现出来的是工程师的道德责任，倡导的是工程师的职业精神，强调工程师要将公众的安全、健康和福祉放在首位；具有工程伦理意识强调的是卓越工程人才在工程实践活动中要主动地将道德价值嵌入工程，而不是作为外在负担被“添加”进去[13]。

其次，“具有社会责任感”。社会责任感指的是工程师个体对自身在人类社会发展中所应承担的责任的总体意识，或工程师个体对国家、集体以及工程项目的其他利益相关者所应该履行或承担的职责、任务和使命的态度。工程师的社会责任除了与工程伦理一致的内涵外，还包括重视环境保护、生态平衡和可持续发展，自觉维护国家和社会公共利益等。

第三，“能够在工程活动中遵守职业道德和规范”。工程职业道德和规范指的是以从事工程活动为职业的人员必须共同遵守的道德规范和职业操守，虽然不同的工程领域有各自具体的细化规定，但共同的核心要义是诚实公正、诚信守则，这些需要工程师在工程实践中能够自觉遵守。

第四，“能够在工程活动中平衡各方利益”。工程项目的利益相关方是多方面的，只有平衡好各方的利益才能保证工程项目/活动的顺利实施，实现各方共赢的局面，而平衡各方利益的原则既要遵守职业道德和规范，又要做到公平、公正、公开、透明，使相关各方利益在共存和相容的基础上达到合理的优化状态。

第五，“承担工程的自然和社会责任”。工程的自然责任主要指在环境保护、生态平衡和可持续发展方面的责任；工程的社会责任主要指对公众安全、健康、福祉及社会可持续发展的责任；这些需要卓越工程人才在工程实践中能够自觉履行。

在《华盛顿协议》标准中与本条标准相关的“伦理”部分没有对“具有工程伦理意识、社会责任感”及“平衡各方利益”提出要求。

4.5.7 “沟通与团队工作”方面

11.【沟通交流】能够在复杂工程活动中与工程界和全社会进行有效的交流沟通。

本条标准对学生针对复杂工程问题的沟通交流能力提出要求，具体有三方面内涵：一是沟通交流的对象，包括工程界同行，如行业部门、规划部门、施工单位等，以及社会各界，如公众、媒体、社区、团体等利益相关者或关注方；二是沟通交流的内容，包括复杂工程活动的方方面面，涉及复杂工程问题从识别、建模、设计、实验、评价到实践等各个环节，以及公众健康、安全、社会、环境等方面，需要就技术问题和非技术问题准确表达自己的观点和认识，回应各方的质疑；三是沟通交流的方式，既可以是口头、文稿、图表等方式，也可以通过媒体、会议、互联网等渠道。

本条标准删除了《华盛顿协议》标准及CEEAA标准中“沟通”部分的“包括撰写报告和设计文稿，做出有效的展示，给出和接受清晰的指令”内容，旨在发挥本通用标准的宏观指导作用。

12.【团队工作】能够在不同团队和多学科环境中有效地发挥个体、成员和领导角色的作用。

本条标准要求卓越工程人才具备在不同团队和多学科环境中的工作能力，可以从两方面理解其内涵。

首先，两种团队工作环境：一种是解决复杂工程问题部分工作的团队环境，团队成员具有基本相同的学科专业背景；另一种是多学科环境，这是由于复杂工程项目的研发、设计、实施需要涉及不同学科专业领域的人员参与。

其次，在团队工作中担任的不同角色：作为个体，需要处理好个人与团队的关系，服从领导，保质保量地独立完成所分配给的工作任务；作为成员，需要善于沟通交流，与其他成员合作共事，处理好局部与整体的关系，服从领导，共同完成团队任务；作为负责人，需要擅长聆听、沟通和交流，能够有效地协调和处理各方面的关系，同时激励、组织和指挥团队成员开展工作，按期实现团队工作目标。

本条标准与《华盛顿协议》标准及CEEAA标准中相关的“个人和团队工作”部分基本一致。

13.【全球胜任力】能够在跨文化环境下进行交流、竞争和合作。

本条标准对卓越工程人才的全球胜任力提出要求。本条标准考虑到我国“一带一路”战略和“构建人类命运共同体”理念的落实，即针对“未来工程发展趋势及特征分析”中“工程的国际化”特征而提出的，是“卓越计划”本科工程型人才培养通用标准第11条主要内容的提升，也是前面分析的国内外具有影响的几种工程人才培养标准中所没有的。

本条标准要求以本通用标准中第4条中的“全球视野”为基础，熟练掌握以英语为主的国际语言，通过努力学习和参加各种交流活动，熟悉世界各国历史、文化、艺术、风俗等来开拓和丰富自己的眼界，能够理解和尊重世界不同国家、地区和民族不同文化的传统、历史、风俗和习惯的差异性和多样性，能够与不同文化背景的专业同行、不同学科专业的外籍人士相互尊重、沟通交流、合作共事、平等竞争，在跨文化环境下共同完成国际合作工程项目，一道解决复杂国际工程问题，提升中国工程界的国际影响力、话语权和全球胜任力。

4.5.8 “工程领导力”方面

14. 能够参与或负责工程项目管理、工程决策以及危机与突发事件处理。

本条标准对学生的工程组织管理、决策和应急事件处理能力提出要求，其中“参与”和“负责”分别针对复杂工程项目及事件和一般工程问题项目及事件。这一要求的提出基于两方面的现实问题：一是当今面临越来越多的复杂工程问题的最终解决不能仅靠技术，还需要资源、人力、时间等方面的协调、组织与管理，以及成本和经费的决策和控制等；二是工业化、现代化和城镇化进程的加快，资源和环境压力加大、人与自然矛盾加剧，使得危机与突发事件的出现更加频繁和突然，并成为经济社会发展中的常态。

本条标准的内涵可以从四方面理解。首先，掌握工程项目组织与管理和工程决策中需要的组织与管理和经济决策的理论、方法和技术，包括在互联网环境下出现的数字化、信息化和智能化的软件工具和平台；其次，工程项目组织与管理方面涉及工程项目的设计和建设或产品的研发和生产全过程中的时间进度安排和控制、人力资源组织和配备、材料及装备调动和保障、多任务之间协调和配合等；第三，工程经济决策方面主要包括工程项目设计和建设或产品研发和生产全周期中涉及资源消耗、成本构成、预算制定和实施等方面的决策和控制；第四，危机与突发事件主要指由不可预见的自然或人为因素对人类生活和工作造成无法预知、突然发生、致命性的、灾难性的、覆盖面广的并需要通过工程手段进行处理的事件；处理危机与突发事件要求卓越工程人才具有比其他专业领域人员更强的危机意识和危机与突发事件处理能力。

在《华盛顿协议》标准及CEEAA标准中与本条标准相关的“项目管理”部分均没有对“工程决策以及危机与突发事件处理”提出要求。

4.5.9 “终身学习和创新发展”方面

15.【终身学习】能够具有终身学习意识，能够及时获取信息、更新和应用新知识，以动态适应迅速变化的外部环境。

本条标准要求卓越工程人才具有终身学习能力和动态适应能力。事实上，终身学习能力是知识爆炸时代对社会各类人才的基本要求，动态适应能力是迅速变化的各行各业对卓越人才的适应性要求，前者是后者的基础，后者是职业发展的必需。

本条标准的内涵可以从四方面理解。首先，具有终身学习意识：要充分认识信息时代的知识生产日新月异，知识更新迭代周期不断缩短，仅靠在学校期间学习的知识根本不可能适应社会发展和时代进步的要求，要有自觉主动学习和更新知识的认识和愿望，从而推动不断学习行为的发生；其次，具有及时获取信息、更新和应用新知识的能力：包括信息获取的途径和手段、有效知识的过滤和选择、自主学习的方式和方法、新知识的理解和掌握以及新知识在工程实践中的应用等；第三，知识更新和应用要与职业发展密切挂钩：一方面伴随新经济出现的新技术、新产业、新业态和新模式形成了对所在行业产业的挑战，另一方面行业产业自身的发展需要多学科专业之间的交叉融合形成了新趋势，因此，必须根据这些挑战和新趋势决定在职业发展过程中需要更新并在工作中应用的业务知识；第四，在上述三方面的基础上，使及时更新的知识转化为自身在工程工作上的优势，能够动态适应迅速变化的外部环境，更好地履行岗位职责，甚至成为本领域的领军人物。

本条标准与《华盛顿协议》标准及CEEAA标准中相关部分“终身学习”不同的是，强调终身学习与职业发展的关系，并将二者定位在“动态适应迅速变化的外部环境”上。

16.【创新发展】具有网络化能力、创新创业能力和跨界整合能力，能够应对未来行业市场竞争、促进行业和产业发展。

本条标准是从面向未来行业市场竞争和产业发展的角度对卓越工程人才的三方面能力提出要求，是国内外具有影响的几种工程人才培养标准中所没有的。

网络化能力是在信息网络高度发展时代解决复杂工程问题所必须具备的，也是创新创业能力和跨界整合能力的基础。网络化能力是指能够通过互联网平台，按照一定的网络协议相互沟通，与相关各方共享硬件、软件、数据资源和思路方案，以达到共同分析和解决工程问题的能力。网络化能力是以信息化能力为基础，信息化能力是“未来工程发展趋势及特征分析”中“信息化”特征所要求的，指的是掌握和运用信息技术和信息化工具，处理、分析和解决各种工程实际问题的能力。信息化能力又以数字化能力为基础，数字化能力是指将各种与工程问题相关的复杂多变的资料信息转变为可以度量的数字和数据，而后建立起数字化模型，再引入计算机内部进行处理的能力。

创新创业能力是应对行业产业领域未来市场竞争并赢得竞争优势的关键性能力。创新能力是一种主要由知识视野、创新意识、创新思维、创新技能和创新素质等要素构成并相互作用而形成的综合能力，具体而言是指人们在丰富的知识和开阔的视野的基础上，在创新意识的驱动和创新素质的作用下，通过创新性的思维活动，发现新问题，提出解决问题的新思路、新途径，在创造性的实践活动中通过运用创新技能，产生新产品、新技术或新事物的能力[14]。创业能力就是人们发挥创新精神、运用创新思维和创新能力，对自己掌握或拥有的各种资源进行优化整合，开发或创造出新事物能力，这些新事物包括新企业、新产品、新方法、新市场、新管理模式、新组织形式、新体制机制等。创新与创业之间相互关联，创新创业能力是一个整体：一方面创新是创业的基础，没有创新就无创业可言，另一方面创业是创新的动力，成就事业的创业动机将激励创新行为[15]。

跨界整合能力是新产业形态、新产业模式和新产业的形成及其持续发展所需要的。一方面，以产业链整合替代传统专业化分工是新经济发展路径，“互联网＋”的产业创新模式要求对当前的上下游多个关联产业进行改造和整合以形成新的产业；另一方面，互联网技术强大的跨界渗透力支持产业整合和改造，新的产业形态和新的产业发展模式的出现也要求对现有的产业进行跨界改造、完善或整合，以保证产业能够以最佳的形态和有效的模式持续发展。由此可见，作为面向未来的卓越工程人才不仅要在本行业领域专精，而且要具备以跨行业、跨学科知识和能力为基础的跨界整合能力[2]。

4.5.10 新工科教育质量通用标准汇总

表4.5汇总了上述9方面共16条新工科通用标准。

表4.5 新工科教育质量通用标准

一	学科专业知识	1.【基础知识】具有从事工程工作所需的数学、自然科学以及经济管理等人文与社会科学知识； 2.【专业知识】掌握解决复杂工程问题所需的工程基础、工程专业和相关学科知识，了解本学科专业的前沿发展现状和趋势； 3.【工具使用】能够针对复杂工程问题，包括对其预测和模拟，开发、选择与使用恰当的技术、资源、现代工程工具和信息技术工具，并理解其局限性。
二	职业素质	4. 具有家国情怀、全球视野、人文社会科学素养、批判性思维、跨学科和系统思维、追求卓越的态度、勤勉敬业和艰苦奋斗精神。
三	复杂工程问题分析	5. 能够应用数学、自然科学、工程科学和相关学科的基本原理，识别、表达、研究文献和分析复杂工程问题，得出被证实的结论。
四	复杂工程问题研究	6. 能够开展对复杂工程问题的研究，包括通过文献研究、实验设计、数据分析和解释以及信息综合等研究方法，以得到有效的结论。
五	复杂工程问题解决方案	7. 熟悉专业相关领域的技术标准、相关行业产业政策、法律和法规，能够设计复杂工程问题的解决方案以及设计和开发满足特定需求的系统、部件或工艺流程，注重质量和效益，充分考虑公共健康、安全、文化、社会、环境等因素。
六	工程师责任和伦理	8.【工程影响】能够应用相关背景知识进行论证分析，评价专业工程实践和复杂工程问题解决方案对社会、健康、安全、法律和文化问题的影响及产生的责任； 9.【可持续发展】能够理解和评价针对复杂工程问题解决方案的专业工程工作对环境和社会可持续性发展的影响； 10.【工程伦理】具有工程伦理意识、社会责任感，能够在工程活动中遵守职业道德和规范，平衡各方利益并承担工程的自然及社会责任。
七	沟通与团队工作	11.【沟通交流】能够在复杂工程活动中与工程界和全社会进行有效的交流沟通； 12.【团队工作】能够在不同团队和多学科环境中有效地发挥个体、成员和领导角色的作用； 13.【全球胜任力】能够在跨文化环境下进行交流、竞争和合作。

续表

八	工程领导力	14. 能够参与或负责工程项目管理、工程决策以及危机与突发事件处理。
九	终身学习和创新发展	15.【终身学习】具有终身学习意识，能够及时获取信息、更新和应用新知识，以动态适应迅速变化的外部环境。 16.【创新发展】具有网络化能力、创新创业能力和跨界整合能力，能够应对未来行业市场竞争、促进行业和产业发展。

总体而言，遵循“追求质量卓越”“面向未来发展”和“满足国际要求”的制定原则，新工科通用标准在充分保留或完善“卓越计划”本科工程型人才培养通用标准11条的基础上，补充和增加了与时俱进的条款，拓展到9方面共16条。

与《华盛顿协议》标准规定的12项毕业要求相比较，新工科通用标准在内涵构成以及标准的新增和补充上也有大幅度的提升。在内涵构成上：（1）将【基础知识】【专业知识】和【工具使用】整合成“学科专业知识”；（2）增加“职业素质”“全球胜任力”和“创新发展”方面；（3）突出了“复杂工程问题”的分析、研究和解决；（4）强化了“工程伦理”；（5）将“项目管理”拓展为“工程领导力”。在标准的新增和补充上，突出表现在10条标准的11处上：（1）在【基础知识】中增加了“经济管理等人文与社会科学知识”；（2）在【专业知识】中增加了本学科专业“相关学科”的知识；（3）专门增加“具有家国情怀、全球视野、人文社会科学素养、批判性思维、跨学科和系统思维、追求卓越的态度、勤勉敬业和艰苦奋斗精神”作为“职业素质”的要求；（4）在“复杂工程问题分析”中增加了本学科专业“相关学科”的基本原理；（5）在“复杂工程问题解决方案”中增加了“熟悉专业相关领域的技术标准、相关行业产业政策、法律和法规”和“注重质量和效益”；（6）在【工程伦理】中增加了“工程伦理意识、社会责任感”和“平衡各方利益”；（7）增加了“能够在跨文化环境下进行交流、竞争和合作”作为【全球胜任力】的要求；（8）在“工程领导力”中增加了“工程决策以及危机与突发事件处理”；（9）在【终身学习】中增加了“动态适应迅速变化的外部环境”作为“动态适应能力”的要求；（10）增加了“具有网络化能力、创新创业能力和跨界整合能力，能够应对未来行业市场竞争、促进行业和产业发展”作为【创新发展】的要求。

参考文献

[1] 教育部高等学校教学指导委员会 编. 普通高等学校本科专业类教学质量国家标准（上）（下）[M]. 北京：高等教育出版社，2018.

[2] 林健. 面向未来的中国新工科建设 [J]. 清华大学教育研究，2017（2）.

[3] 林健. 国家高等教育质量标准体系及其构建 [J]. 中国高等教育，2014（6）.

[4] 林健."卓越工程师教育培养计划"通用标准研制 [J]. 高等工程教育研究，2010（4）.

[5] 林健."卓越工程师教育培养计划"通用标准诠释 [J]. 高等工程教育研究，2014（1）.

[6] 教育部. 中国工程院关于印发《卓越工程师教育培养计划通用标准》的通知. 教高函 [2013] 15号，2013年11月28日。

[7] 林健. 如何理解和解决复杂工程问题 [J]. 高等工程教育研究，2016（5）.

[8] 林健. 第四次工业革命浪潮下的传统工科专业转型升级 [J]. 高等工程教育研究，2018（4）.

[9] International Engineering Alliance. Graduate Attributes, 25 Years Washington Accord (1989–2014), 14–17. 国际工程联盟网站.

[10] Guide to the FEANI EUR ING Register ("EUR ING GUIDE"). Approved by the General Assembly on 4 October 2013 欧洲工程师协会联盟网站.

[11] Engineering Accreditation Commission. ABET, Criteria for Accrediting Engineering Programs, 2020–2021. ABET 网站.

[12] 中国工程教育专业认证协会秘书处.《工程教育认证通用标准解读及使用指南》（2020版，试行）3. 毕业要求.

[13] 李正风. 工程伦理 [M]. 北京：清华大学出版社，2016.

[14] 林健. 卓越工程师创新能力培养，高等工程教育研究，2012年第5期。

[15] 林健. 一流本科教育：建设原则、建设重点和保障机制 [J]. 清华大学教育研究，2019（2）.

参考文献 [3]：国家高等教育质量标准体系及其构建

参考文献 [4]："卓越工程师教育培养计划"通用标准研制

参考文献［5］："卓越工程师教育培养计划"通用标准诠释

参考文献［15］：一流本科教育：建设原则、建设重点和保障机制

附件：卓越工程师教育培养计划通用标准

本通用标准规定卓越计划各类工程型人才培养应达到的基本要求，是制订行业标准和学校标准的宏观指导性标准。本通用标准分为本科、硕士和博士三个层次。

一、本科工程型人才培养通用标准

1. 具有良好的工程职业道德、追求卓越的态度、爱国敬业和艰苦奋斗精神、较强的社会责任感和较好的人文素养；

2. 具有从事工程工作所需的相关数学、自然科学知识以及一定的经济管理等人文社会科学知识；

3. 具有良好的质量、安全、效益、环境、职业健康和服务意识；

4. 掌握扎实的工程基础知识和本专业的基本理论知识，了解生产工艺、设备与制造系统，了解本专业的发展现状和趋势；

5. 具有分析、提出方案并解决工程实际问题的能力，能够参与生产及运作系统的设计，并具有运行和维护能力；

6. 具有较强的创新意识和进行产品开发和设计、技术改造与创新的初步能力；

7. 具有信息获取和职业发展学习能力；

8. 了解本专业领域技术标准，相关行业的政策、法律和法规；

9. 具有较好的组织管理能力，较强的交流沟通、环境适应和团队合作的能力；

10. 应对危机与突发事件的初步能力；

11. 具有一定的国际视野和跨文化环境下的交流、竞争与合作的初步能力。

二、工程硕士人才培养通用标准

1. 具有良好的工程职业道德、追求卓越的态度、爱国敬业和艰苦奋斗精神、较强的社会责任感和较好的人文素养；

2. 具有良好的市场、质量、职业健康和安全意识，注重环境保护、生态平衡和可持续发展；

3. 具有从事工程开发和设计所需的相关数学、自然科学、经济管理等人文社会科学知识；

4. 掌握扎实的工程原理、工程技术和本专业的理论知识，了解新材料、新工艺、新设备和先进生产方式以及本专业的前沿发展现状和趋势；

5. 具有创新性思维和系统性思维的能力；

6. 具有综合运用所学科学理论、分析与解决问题的方法和技术手段，独立地解决较复杂工程问题的能力；

7. 具有开拓创新意识和进行产品开发和设计的能力，以及工程项目集成的基本能力；

8. 具有工程技术创新和开发的基本能力和处理工程与社会和自然和谐的基本能力；

9. 具有信息获取、知识更新和终身学习的能力；

10. 熟悉本专业领域技术标准，相关行业的政策、法律和法规；

11. 具有良好的组织管理能力、较强的交流沟通、环境适应和团队合作的能力；

12. 具有应对危机与突发事件的基本能力和一定的领导意识；

13. 具有国际视野和跨文化环境下的交流、竞争与合作的基本能力。

三、工程博士人才培养通用标准

1. 具有良好的工程职业道德、追求卓越的态度、爱国敬业和艰苦奋斗精神、较强的社会责任感和较好的人文素养；

2. 具有良好的市场、质量、职业健康和安全意识，注重环境保护、生态平衡、社会和谐和可持续发展；

3. 具有从事大型工程研究和开发、工程科学研究所需的相关数学、自然科学、经济管理等人文社会科学知识；

4. 系统深入地掌握工程原理、工程技术、工程科学和本专业的理论知识，熟悉新材料、新工艺、新设备和先进制造系统以及本专业的最新发展状况和趋势；

5. 具有战略性思维、创新性思维和系统性思维的能力；

6. 具有综合运用所学科学理论、分析与解决问题的方法和技术手段，独立地解决复杂工程问题的能力；

7. 具有复杂产品开发和设计能力、复杂工程项目集成能力以及处理工程与社会和自然和谐的能力；

8. 具有工程项目研究和开发能力、工程技术创新和开发的能力和工程科学研究能力；

9. 具有知识更新、知识创造和终身学习的能力；

10. 熟悉本专业领域技术标准，相关行业的政策、法律和法规；

11. 具有大型工程系统的组织管理能力、较强的交流沟通、环境适应和团队合作的能力；

12. 具有应对危机与突发事件的能力和一定的领导能力；

13. 具有宽阔的国际视野和跨文化环境下的交流、竞争与合作能力。

（教育部中国工程院2013年11月28日发布）

第5章 第四次工业革命浪潮下的传统工科专业转型升级

【本章导读】

第四次工业革命是指以互联网产业化、工业智能化、工业一体化为代表，以人工智能、清洁能源、无人控制技术、量子信息技术、虚拟现实技术以及生物技术为主的全新的技术革命，是继以蒸汽机技术为标志的第一次工业革命、以电力技术革命为标志的第二次工业革命、以计算机及信息技术革命为标志的第三次工业革命之后的又一次全球范围内的科技革命浪潮。

为积极应对第四次工业革命带来的挑战和变革，世界主要国家相继推出了国家战略，对各自国家的工业和制造业的发展做出了规划。美国2012年颁布的“国家制造创新网络”战略计划，德国2013年推出的“工业4.0”战略，英国2013年提出的“英国工业2050战略”，法国2013年提出的“新工业法国”战略，我国在2015年推出的《中国制造2025》战略计划等。这些规划从总体反映出第四次工业革命浪潮下全球工业的发展趋势，包括信息化、智能化和一体化等。

第四次工业革命的浪潮迫使传统工科专业必须进行转型升级成为新型工科专业，这项艰巨任务的完成首先需要分析相关传统产业所面临的挑战、传统工科专业受到的影响以及影响新型工科专业建设的相关技术，然后制定传统工科专业转型升级的原则，研究需要开展的一些基础性工作，而后讨论培养方案的制定、课程体系的构建以及实践实训条件的升级改造，最后分析新型工科专业建设的工程伦理问题。本章正是按照以上思路对传统工科专业转型升级展开分析、讨论和研究，以期为相关院校开展新型工科专业建设提供一定的参考和借鉴。

Chapter 5 The Transformation and Upgrading of Traditional Engineering Programmes under the Wave of the Fourth Industrial Revolution

【Introduction of this Chapter】 The fourth industrial revolution refers to a whole new technological revolution, which take the Internet industrialization, industrial intelligence, industrial integration as the representative, and is dominated by artificial intelligence, clean energy, unmanned control technology, quantum information technology, virtual reality technology and biotechnology, is another wave of scientific and technological revolution in the global scope, following the first industrial revolution marked by steam engine technology, the second industrial revolution marked by electric power technology, and the third industrial revolution marked by computer and information technology.

In order to actively respond to the challenges and changes brought about by the fourth industrial revolution, major countries in the world have launched national strategies and made plans for the development of their respective industries and manufacturing industries. United States issued the strategic plan of "national manufacturing innovation network" in 2012, Germany launched the "industry 4.0" strategy in 2013, United Kingdom proposed the "British industry 2050 strategy" in 2013, France proposed the "new industry France" strategy in 2013, and China launched the "made in China 2025" strategic plan in 2015.These plans generally reflect the development trend of global industry under the tide of the fourth industrial revolution, including informatization, intelligentization and integration, etc.

The fourth industrial revolution forces traditional engineering programs (TEPs) transformation and upgrading into new engineering programs (NEPs). To complete the formidable task, it requires, firstly, to analyze the challenge facing by traditional industries, the influence which TEPs are suffering and the relevant technologies which will impact the construction of NEPs, then work out the principles of TEPs transformation and upgrading, study the foundational works need to carry out, thirdly discuss the formulation of training scheme, the construction of curriculum system and the upgrading and reconstruction of practice and training condition, finally analyze engineering ethics while constructing NEPs. This chapter discusses and analyzes the transformation and upgrading of TEPs based on above thought, in order to provide the reference for NEPs constructions in relevant high education institutes.

5.1 引言

第四次工业革命是指以互联网产业化、工业智能化、工业一体化为代表，以人工智能、清洁能源、无人控制技术、量子信息技术、虚拟现实技术以及生物技术为主的全新的技术革命，是继以蒸汽机技术为标志的第一次工业革命、以电力技术革命为标志的第二次工业革命、以计算机及信息技术革命为标志的第三次工业革命之后的又一次全球范围内的科技革命浪潮。

全球性工业革命的结果是改变世界经济版图和政治格局。前三次工业革命中的每一次工业革命不仅带来全球经济和社会的重大变革，也使得世界各国国家实力与国际地位发生了变化。抓住机遇，一些国家从中崛起；错失机遇，一些国家则由强变衰。因此，把握住第四次工业革命的发展机遇，积极参与全球新一轮科技竞赛，紧紧跟上新技术时代的步伐，关系到“两个一百年”奋斗目标和中华民族伟大复兴的中国梦的实现。

第四次工业革命正在引领着世界范围的工业发展和产业变革、改变着全球各个行业和产业的发展模式，使得支撑工业变革和发展的工程教育面临着前所未有的挑战。与前三次工业革命相类似的是，工程教育必须为第四次工业革命进程的推进发挥着人力资源保障作用。与前三次工业革命不同的是，工程教育在第四次工业革命进程中还应该为新技术、新产业、新业态和新模式的形成和发展发挥着促进甚至引领作用。

在第四次工业革命（以下简称“新工业革命”）浪潮下当前工程教育面临的最严峻的挑战是传统工科专业的转型、改造和升级成为新型工科专业以及多个不同工程学科交叉复合或由工程学科与其他学科交叉融合形成新生工科专业，这两大类工科专业与新兴工科专业一道构成了新工科完整的学科专业结构[1, 2]。

传统工科专业的转型升级即新型工科专业建设的主要特点是：学科专业建设总体上是围绕着传统工科专业这个基本不变的主体进行转型升级，虽然存在着少数传统工科专业在转型升级的过程中被弱化或被取代的现象。新型工科专业建设的学科障碍是：学科专业长期形成的观念、边界、内涵等方面的固化。因此，传统工科专业的转型升级更需要改变人们的传统观念、突破学科专业的界限。

本章试图就新型工科专业建设展开全过程分析和深入探讨。在依次分析传统产业面临的挑战、传统工科专业受到的影响以及影响新型工科专业建设的信息技术和人工智能后，提出了传统工科专业转型升级的原则并研究了需要开展的几项基础性工作，而后讨论了培养方案的制定、课程体系的构建以及实践实训条件的升级改造，最后分析了新型工科专业建设的工程伦理问题，以期为相关高校提供一定的借鉴和参考。

需要指出的是，由于同样具有与其他学科交叉融合的特点，因此，新生工科专业建设的一些原则、方法、措施和建议能够为新型工科专业建设所借鉴和参考，主要涉及培养方案的制定、课程体系建设、教学内容更新、实践教育教学体系构建和创新创业教育体系构建等方面[3]，本文在这些方面就不予以重复。

5.2　新工业革命浪潮下传统产业面临的新挑战

5.2.1　新工业革命浪潮下的全球工业发展趋势

为积极应对新工业革命带来的挑战和变革，世界主要国家相继推出了国家战略，对各自国家的工业和制造业的发展做出了规划。美国2012年颁布的“国家制造创新网络”战略计划，德国2013年推出的“工业4.0”战略，英国2013年提出的“英国工业2050战略”，法国2013年提出的“新工业法国”战略，我国在2015年推出的《中国制造2025》[4]战略计划等。这些规划虽从各自国家的角度出发各有侧重，但总体反映出新工业革命浪潮下全球工业的发展趋势，归纳起来有以下几个方面。

（1）信息化。以计算机和信息技术革命为标志的第三次工业革命使得信息化成为当今时代发展的大趋势，信息化对工业的影响主要是通过信息技术和互联网，体现在从产品的研发、生产、销售到服务的全过程，涉及整个产业链以及多产业领域的跨界融合。

（2）智能化。传统工业产业以往的研发模式、生产方式和产销平台已经远远不能满足人们对产品不断变化的要求。借助人工智能、信息技术和互联网，传统产业智能化将打破制约传统产业发展的瓶颈，改造提升传统产业从设计、研发、生产、管理、销售到服务的全生命周期，提高传统产业的效率和效能。

（3）一体化。信息化和智能化既使得传统工业全过程各环节相互渗透，也使得的产业链得到拓展，还使得原有不同产业领域的界限变得模糊不清，这一方面打破了传统产业内部的分工界限，使得不同环节之间合作更加紧密甚至融为一体，另一方面也突破了不同产业间的界限，使相互之间成为目标一致的利益共同体。

5.2.2 信息技术对传统产业的影响

信息技术是主要用于管理和处理信息所采用的各种技术的总称。包括信息的产生、收集、交换、存储、传输、显示、识别、提取、控制、加工和利用等技术。它主要是应用计算机科学和通信技术来设计、开发、安装和实施信息系统及应用软件。

信息技术的广泛应用及信息化不仅可以更高效地进行资源整合和优化配置，打破时空界限，而且能够为传统产业注入新的发展动力，从而推动传统产业不断升级，提高社会劳动生产率和社会运行效率。具体而言，信息技术在以下几方面推动传统产业升级：

（1）产品设计方面：① 运用计算机辅助设计和网络设计技术，提高企业的技术创新能力；② 利用数字化研发设计工具，依托互联网开展合作研发、联合设计，提高产品研发设计的协同化程度；③ 通过将信息技术嵌入传统产品中，提高产品的科技含量和附加值。

（2）生产装备方面：信息化与工业化的深度融合将加速生产装备更新换代，提高装备数控化水平，提高产品质量和生产效率。这是我国制造业迈向高端的必由之路，也是信息化推动制造业转型升级的必然要求。

（3）生产过程方面：信息化改造传统产业生产方式，提高传统产业的劳动生产率。如“互联网＋制造业”，工业云、大数据等新一代信息技术在制造业领域的广泛应用，不仅提高生产过程控制的自动化水平，而且使生产过程呈现智能化、网络化、敏捷化、柔性化的特征。

（4）生产服务方面：信息化创新制造业生产服务方式，增强个性化服务能力。信息技术能够及时准确地获得消费者信息，并对消费需求变化做出迅速应答，使得传统的大批量、规格化的工业化生产向客户需求导向型生产转变，实现大规模制造的高效率和手工作坊个性化的融合，提高了生产环节与消费环节的融合水平，增强企业满足消费者的多样化、个性化服务要求。

（5）经营管理方面：① 运用信息系统管理传统产业的人力物力和资金资源，提高生产效率、降低生产成本、减少费用支出、实现管理创新，提高企业的管理效率和经济效益；② 借助互联网平台开展电子商务，扩大企业的营销能力、市场竞争能力和服务水平。

（6）系统集成方面：信息化构建现代制造业集成系统，提升系统集成化水平。构建制造类企业信息化集成系统是新工业革命的切入点，企业通过纵向集成和横向集成两种方式提高信息化系统的集成化水平。

（7）产业链重构方面：信息技术向产业链价值创造环节的渗透，特别是向产品研发设计和生产制造等环节的渗透，推动了传统制造业的产业链重构，从而出现了一系列融合创新的新领域、新的业态和新趋势。

除了推动传统的单一产业升级外，信息技术也促进多元产业的跨界融合和重构，这将成为传统产业发展的新趋势。信息技术在不同产业之间的应用，将改变原有产业的技术路线、生产方式、经营模式和市场需求，使得原有产业边界逐渐模糊、产业间相互渗透甚至融合，进而生成新产品、新服务乃至新产业和新业态，最终促进产业结构高级化，推动产业转型升级。

5.2.3 人工智能推动传统产业变革

人工智能的发展和应用离不开计算能力、互联网、信息技术和大数据的发展，人工智能通过淘汰一些低端的传统劳动力，相应地创造一些高端的新型劳动力，从而对传统产业进行转型升级，目前主要在以下领域：

（1）生产制造领域。人工智能技术应用主要聚焦在智能制造，它是基于新一代信息通信技术与先进制造技术的深度融合，是贯穿于设计、生产、管理、服务等制造活动的各个环节，具有自感知、自学习、自决策、自执行、自适应功能的新型生产方式。在智能制造实现进程中，工业机器人是人工智能的集中体现。智能制造已成为全球制造业发展趋势，是新一轮产业发展的核心技术[5]。

（2）物质流通领域。人工智能技术的应用主要聚焦在智能搜索、模式识别、自动分流和配送机器人等领域，以改变物流行业传统的配送模式，优化物流环节，提高物流效率，为用户带来更好的服务体验。

（3）自动驾驶领域。自动驾驶汽车利用传感器、摄像头和雷达感知环境，使用定位系统确定自身位置，通过接收和处理交通信息等数据，向控制系统发出指令实现各种驾驶操作。自动驾驶技术汇聚了人工智能技术的最新成果，不仅将引发汽车产业结构的深刻变革，而且将催生新的产业形态和商业模式，是各国优先发展的领域之一。

（4）智能医疗领域。医疗健康是人工智能最热门的投资领域之一，目前人工智能技术在医疗利用的应用主要集中在以下五个方面：医疗机器人、智能药物研发、智能诊疗、智能医学影像以及智能健康管理[6]。

（5）智能住宅领域。智能化住宅将成为住宅市场的主流，包括小区物业综合管理系统和家居智能管理系统。前者包括社区安防、信息服务、计量收费，后者包括家居安防、家居信息服务和家居智能化控制等。

总之，随着人工智能技术的不断发展及其应用的逐步深化，人工智能将给传统产业带来更多翻天覆地的变革。

5.3　新工业革命对传统工程学科和专业的影响

5.3.1　新工业革命对传统工程学科的影响

新工业革命的核心特征是各项技术的融合，包括传统技术与新技术的融合、交叉学科的融合等。以信息化（互联网）、智能化和一体化为主要趋势的新工业革命对传统工程学科的影响主要源于两方面因素：一是通过信息技术和人工智能对传统工程学科的渗透和融合；二是工业一体化促使传统工程学科的整合和重组。

信息技术、人工智能以及其他学科的渗透和融合将改变传统工程学科的内涵和边界，对传统工程学科将形成以下几方面的影响：

（1）学科方向和研究领域的拓展；

（2）学科理论体系的重构；

（3）学科知识产生方式的变化；

（4）学科队伍的建设；

（5）学科基地的完善和充实。

工业一体化促使传统工程学科与其他学科的整合和重组，将产生以下结果：

（1）以某一传统工程学科为核心，学科边界拓展到工业产业链中的上下游学科；

（2）工业产业链中的若干相邻传统工程学科的融合形成新的或综合性学科。

在对传统工程学科进行转型和改造时，要充分考虑上述影响和可以产生的结果。

5.3.2 新工业革命对工科专业人才的新要求

新工业革命浪潮下，全球工业发展趋势及其对传统产业的影响，对工科专业人才在能力上提出新的要求，也就是说，除了原有需要具备的知识、能力和素质外，工科专业人才还必须具备以下能力，以应对新工业革命的挑战。

（1）数字化能力：将各种与工程问题相关的复杂多变的资料信息转变为可以度量的数字和数据，而后建立起数字化模型，再引入计算机内部进行处理的能力。

（2）信息化能力：掌握和运用信息技术和信息化工具，处理、分析和解决各种工程实际问题的能力。一般认为，数字化能力是信息化能力的基础。

（3）网络化能力：能够通过互联网平台，按照一定的网络协议相互沟通，与相关各方共享硬件、软件、数据资源和思路方案，以达到共同分析和解决工程问题的能力。

（4）智能化能力：综合应用信息技术、网络技术、智能控制技术和工程学科专业技术处理、分析和解决各种工程问题的能力。

（5）综合化能力：综合地解决各种跨学科领域、涉及多学科知识和技术的复杂工程问题的能力。

上述能力应该体现在工程系统和产品的整个构思－设计－实现－运行的全过程中。

5.3.3 新工业革命对传统工科专业的影响

伴随着新工业革命对传统工程学科的上述影响以及新工业革命对工科专业人才的新要求，以学科为基础的传统工科专业在顺应所属工程学科转型发展的同时还需要满足新工业革命对工科人才的新要求，主要表现在以下几方面：

（1）培养目标和培养标准；

（2）专业培养方案；

（3）课程体系和教学内容；

（4）人才培养模式；

（5）实验实训资源；

（6）教师队伍。

新工业革命对传统工科专业在上述多方面的影响使得新型工科专业建设面临着巨大的挑战，成为一项名副其实的系统工程：一方面需要建立在所属工程学科转型发展的基础上，另一方面需要对专业建设的主要环节进行系统性的重构。

5.4 影响新型工科专业建设的信息技术和人工智能

作为新工业革命最核心的技术，信息和数据技术以及人工智能不仅能够打通不同学科之间的传统壁垒，成为不同学科之间的桥梁和纽带，而且更重要的是将渗透和融合到各种学科和专业之中，深刻影响着这些学科和专业的建设。

5.4.1 相关信息和数据技术

未来社会不仅是信息时代，也是数据时代，因此，以大数据、云计算、移动互联网、物联网、区块链等技术为代表的信息技术和数据技术（data technology）的发展，使工业企业的业务流程更加直面市场并融入整个社会经济生态体系，这些信息技术和数据技术能够提供更准确客观的决策支持并直接满足客户个性化需求，平台经济、共享经济、协同制造、产业互联网等各种新的业务模式也得以实现，这些将对传统产业的转型升级产生巨大的影响。因此，应该考虑将这些信息技术和数据技术作为传统工科专业转型升级时需要渗透和融入的内容，作为新型工科专业人才需要熟悉和利用的技术。

（1）大数据（big data）：是指无法用常规软件工具进行获取、管理和处理的海量、高增长率和多样化的信息资源以及分析、处理这些巨量数据集合的工具和方法。通过对大数据的分析，人们可以揭示事物发展隐性的规律、未知的联系、市场的趋势、潜在的客户和顾客的偏好等商业信息，既可以为传统产业和企业的转型升级提供准确的市场和产品信息，把握发展方向和机会；也可以为处于竞争状态的工业企业改进产品设计、生产模式、管理决策和用户服务提供充分的信息。

（2）云计算（cloud computing）：是基于Internet的超级计算模式，在远程数据中心，成千上万台电脑和服务器连接成一片电脑云，能够提供每秒10万亿次的运算能力，用户通过电脑、笔记本、手机等方式接入数据中心，按自己的需求获得计算能力、数据库存储、应用程序和其他 IT 资源。云计算平台不仅能够避免企业在建设、运行和维护数据或信息中心所必须花费的大量资金，而且能够为企业在产品设计、研发和试验过程中提供及时、高效和灵活的海量数据计算和分析服务。

（3）物联网（internet of things，IoT）：是通过智能感知、识别技术与普适计算等通信感知技术，在互联网基础上将用户端延伸和拓展到任何物品与物品之间，实现物与物、物与人，所有的物品与网络的连接，进行信息交换和通信，方便识别、管理和控制。物联网将新一代信息技术充分运用到各行各业中，不仅能够将感应器嵌入大型工业和工程系统的各种物体中，实现人员、机器、设备和设施的实时管理和控制，而且能够以更加精细和动态的方式管理生产过程、监测企业运营状态、跟踪产品售后运行等。因此，物联网为各行各业的智能化，尤其是传统产业的转型升级提供重要的基础和平台。

（4）区块链（block chain）：是利用块链式数据结构来验证与存储数据、利用分布式节点共识算法来生成和更新数据、利用密码学的方式保证数据传输和访问的安全、利用由自动化脚本代码组成的智能合约来编程和操作数据的一种全新的分布式基础架构与计算方式[7]。由于区块链的数据信息不可篡改，并具有极高的稳定性和可靠性，数据交互无须通过公开身份的方式让对方信任自己，因此，作为构造信任的机器，区块链可能彻底改变人类社会价值传递的方式，在各行各业具有巨大的应用前景。

5.4.2 人工智能的应用领域[6, 8, 9]

一般认为，人工智能是研究、开发用于模拟、延伸和拓展人的智能的理论、方法、技术及应用系统的一门技术科学[9]。与其他学科一样，人工智能有着多个不同的研究与应用领域，在这些领域中，能够对包括传统学科专业在内的工程学科专业的发展和建设产生影响的主要有以下几方面：

（1）问题求解。人工智能的最早实践是问题求解，就是通过搜索的方法，在满足问题的各种约束条件情况下，按照一定的规则或算法寻求目标解。问题求解的核心是搜索技术，核心技术的关键在于寻找合理有效的搜索规则。问题求解在支持工程师寻求工程问题的满意解（最优解往往不可能）甚至复杂工程问题解决方案上具有积极的作用。

（2）专家系统。专家系统是在某一领域具有大量专家知识和经验的计算机程序系统，能够根据人类专家提供的知识和经验进行推理和判断，模拟人类专家的决策过程，解决一些需要专家解决的复杂问题。专家系统能够有效地支持工程师借助以往人类在工程领域丰富的经验解决复杂工程问题。

（3）机器学习。机器学习是计算机模拟人类的学习功能，从大量的数据中发现规律、提取知识，并在实践中自动获取新的数据、更新推理算法，在不断重复的工作中增强和改进自身能力，提高执行同样任务的效率。机器学习能够充分挖掘和利用大量数据和知识，发现和提取有助于工程师解决实际工程问题的知识，找出人们对所需问题的解答。

（4）神经网络。神经网络是抽象和模拟人脑和自然神经网络的机理，进行直觉和形象思维信息的处理，一般用于难以应用严格解析方法的场合，包括特征提取、联想记忆、低层次感知、模式分类以及自适应控制等。

（5）计算智能。计算智能主要借鉴仿生学的思想，涉及模糊计算、神经计算、进化计算、免疫计算和人工生命等，前3个领域发展相对比较成熟。模糊计算是用模糊逻辑去模拟人类的智能行为；神经计算即神经网络。进化计算是一种模拟自然生物进化过程与机制，进行问题求解的自组织、自适应的随机搜索技术。

（6）模式识别。模式识别是指用计算机模拟人类对外部环境的感知能力，它对给定的事物进行识别和分类，将其归纳入与之相同或相近的模式中。目前，模式识别的应用领域包括语音识别、手迹识别、图像识别、指纹识别、信号识别、车辆导航、染色体识别等，能够帮助工程师分析外部环境、识别和理解周围信息。

（7）智能控制。智能控制是一类无需或尽可能少的人的干预就能够独立完成任务的自动控制，是传统的自动控制和人工智能以及系统科学的某些分支结合起来，形成的一种适合复杂系统的控制理论和技术，其核心在于对实际环境或过程的决策和规划。智能控制目前涉及的领域有智能机器人规划与控制、智能过程规划与控制、专家控制系统、语音控制以及智能仪器。

（8）智能调度。智能调度是确定最佳调度或组合的问题，代表性的是旅行推销员问题。智能调度已被应用于汽车运输调度、列车编组和指挥、空中交通管制等系统。

除了以上八个方面，数据挖掘、计算机视觉和自然语音处理等人工智能领域也可能影响新型工科专业建设。

5.5 传统工科专业转型升级的原则

传统工科专业转型、改造和升级为新型工科专业需要密切结合相关产业发展的趋势、注重工程学科和专业的特点、并遵循学科专业建设的基本规律。总体而言，以下原则需要贯彻在新型工科专业建设的全过程。

（1）面向未来需求原则。要以高校各自的服务面向区域未来产业发展对专业人才的需求为导向开展专业建设、培养专业人才。这方面与以往学科专业建设上的根本差异在于强调“未来”需求而不是“当前”需求，这是因为新技术、新产业、新业态、新模式的更新和迭代周期将越来越短，产业和行业对工程人才要求的变化频率也将加快，如果只考虑当前人才市场的需要，那么，不可缩短的学科专业建设和人才培养周期将使得工程专业毕业生严重滞后于产业和行业的需要。因此，面向长远发展需要、面向未来产业需求，才能使新型工科专业培养的人才超前于市场需求并能够引领未来产业发展[10]。

（2）突出学生中心原则。强调在专业建设和人才培养全过程的各个环节均要坚持以学生能力培养、直接受益和最终成才为中心。这项原则不是简单的教育理念或口号，其包括的具体内涵主要有：培养目标要满足经济社会发展对人才的需要；培养标准要使学生成为行业企业所需要的人才；课程体系和教学内容要满足学生终身的职业发展需要；教学组织形式和教学方法要能够激发学生的学习兴趣和潜能；教育教学资源的投入和配置要有利于学生能力和素质的培养；教师队伍建设要围绕着人才培养目标和培养标准的实现进行。

（3）密切多方合作原则。多方合作包括校外行业企业和校内相关学科专业两方面。与校外方的合作应该始于新型工科专业人才培养目标和培养标准的制定，而后延续到人才培养全过程中，最终到毕业设计的答辩。这样既能动态及时地调整人才培养的目标和标准，又能使人才培养方案的具体实施不会偏离行业企业的要求。校内合作方主要是与信息技术和人工智能相关的院系和专业，目的在于多方共同努力、协同实现传统工科专业的成功转型升级。

（4）坚实学科支撑原则。学科是专业建设和人才培养的重要基础，一方面，在传统工科专业转型升级之初，就要注重转型后所属新型工程学科的研究和建设，为工科专业转型提供坚实的基础和依托；另一方面，在转型升级后，仍需坚持对该学科的研究和发展，为工科专业建设和人才培养提供丰富的内涵和最新的成果。

5.6 传统工科专业转型升级的基础

在新工业革命浪潮下传统工科专业的转型、改造和升级不可能一蹴而就，而需要首先完成以下几项基础性工作：（1）研究和预测相关产业未来人才需求；（2）调整人才培养目标和培养标准；（3）开展新型工程学科建设，包括教师队伍建设和传统工程学科信息化、智能化和一体化研究。

5.6.1 研究和预测相关产业未来人才需求和发展趋势

学科专业建设的首要任务是要清晰地把握相关产业未来人才需求和发展趋势，为学科专业建设和人才培养明确方向。这项工作由研究和预测两方面组成。

在研究未来人才需求方面，需要做好三项研究工作。（1）分析国家和高校服务面向区域经济社会发展战略及相关产业发展规划，以掌握国家和区域相关产业未来人才需求情况；（2）研究全球相关产业发展趋势和未来走向，以了解全球相关产业未来人才需求趋势；（3）调研服务面向区域行业产业龙头企业、创新企业对产业未来人才的需求，以清楚行业企业界对产业未来人才的预期。在完成上述工作的基础上，通过比较、分析和归纳得出相关产业未来人才需求的层次、类型、规格和变化等结果。

在预测未来人才需求方面，主要是根据上述研究结果，结合服务面向区域产业发展趋势，采用相关预测工具和方法，科学预测相关产业未来人才需求。为了提高预测的准确性，需要将预测结果与政府或行业规划部门以及代表性企业进行多次交流、沟通和修订，使得最终结果既满足产业发展规划的预期，又符合服务面向区域行业企业的实际，能够用于传统工科专业转型升级的后续工作。

5.6.2 调整传统工科专业人才培养目标和培养标准

人才培养目标决定着专业建设方向和人才培养定位。一般而言，人才培养目标要能够反映毕业生的主要就业领域、岗位性质和竞争优势，以及毕业后5年左右事业发展预期，还要突出本专业的人才培养优势和特色。就新型工科专业而言，人才培养目标还要突出人才培养面向产业信息化、智能化和一体化的需要。从发展的角度，人才培养目标还应该涵盖经济社会和产业发展对多样化人才的需求。从实现的角度，人才培养目标要做到具体、明确、可行，能够有效地指导人才培养全过程。

需要强调两点，一是要建立人才培养目标定期评估和动态修订机制，以保证培养目标始终满足相关产业未来人才需求；二是人才培养的调整、评估和动态修订过程要有行业企业的专家实质性的参与。

人才培养标准是培养目标的细化，必须能够有效地支持培养目标的实现。人才培养标准基本上由知识、能力和素质三方面构成，其中能力和素质是培养标准的重点，知识是能力培养和素质养成的基础。就新型工科专业而言，人才培养标准还应该包含数字化、信息化、网络化、智能化及综合化能力。

5.6.3 新型工程学科教师队伍建设

与其他学科专业建设相同的是，教师队伍建设是新型工程学科和专业建设的重要内容；与其他学科专业建设有区别的是，新型工程学科师资队伍建设的重点在教师个体学科专业学术水平的提升和教师队伍结构的调整两方面。

教师个体学科专业学术水平的提升在于改造和更新教师自身的知识体系和构成，即按照传统工科专业转型升级的趋势——信息化、智能化和一体化，将相关信息技术、人工智能和关联学科的知识渗透或融合到教师原先所具有的传统工程学科专业知识体系中，使每位教师能够胜任日后新型工科专业人才培养的任务。实现这一目标的有效方式是加强原有传统工科专业教师与其他相关学科专业教师的交流与合作，在过程中相互学习、相互融合。

教师队伍结构的调整重点在于队伍的年龄和专业结构，一方面重视提高中青年教师的比例，使他们在自己的教师生涯中有足够的时间和充沛的精力，更新和提高自己的知识体系和学术水平，迅速成长成为未来新型工科专业的骨干；另一方面要注重引进与信息技术和人工智能相关专业的教师充实教师队伍，改变原有队伍的专业结构，使他们在影响原有传统工科专业教师的同时也接受这些教师的改造，共同成为胜任新型工科专业人才培养的教师。

5.6.4 传统工程学科信息化、智能化和一体化研究

与教师队伍建设同样重要的是开展学科主要领域的科学研究，在新型工科专业建设中的研究重点是传统工程学科信息化、智能化和一体化。目前，我国本科有92个专业类和587个专业，其中工科专业类和专业数分别为31个和169个[11]，占比约1/3，而传统工科专业又是工科专业的主体，不同专业类及专业之间在培养目标、培养规格和课程体系等方面存在较大差异[12]，加上服务面向和人才培养定位的不同，因此，需要高校根据本校传统工科专业转型升级的实际情况和产业需求确定研究方向、研究内容、研究重点及采用的研究手段和方法。

对传统工程学科信息化、智能化和一体化研究的主要作用有三：一是有助于传统工程学科专业与相关信息技术、人工智能和其他关联学科专业的实质性的渗透和融合。这是因为通过研究能够更好地找到学科间渗透或融合的节点、方式和方法。二是确定新型工程学科和专业的发展方向和路径，提高建设效率并丰富建设效果。这是因为学科间相互渗透和融合之处往往是新学科的发展方向，通过研究能够将这些可能的方向予以确认并进一步细化发展路径。三是研究成果将为新型工科专业课程体系建设和教学内容的更新提供充分的素材和重要的资源。

5.7 培养方案的制定和课程体系的构建

在完成了上述大量的工作后，传统工科专业转型、改造和升级工作需要落实在培养方案和课程体系上。必须按照信息化和智能化时代的思维方式，对传统工科专业的培养方案进行调整，对相应的课程体系进行重构，以建设满足时代需要、符合未来发展的新型工科专业。

5.7.1 制定新型工科专业培养方案

由于新型工科专业建设也具备多学科交叉融合的特点，因此，新生工科专业培养方案制定的思路和要求一样适合新型工科专业培养方案的制定，包括培养标准的具体落实、制定柔性化的培养方案、制定适合大类专业的培养方案和形成多方协同育人的培养方案等[3]。与此同时，在新型工科专业培养方案制定时还必须注意以下两点。

（1）基于整体教育观的理念，将课外各种学习环节纳入培养方案统筹考虑，以充分发挥课外学习对人才培养不可或缺的作用。事实上，有限的教学总学时对于有着较长发展历史的传统学科专业而言往往显得捉襟见肘，加上需要进行转型、改造和升级，容易使教师们感到不易在课堂上完成新型工科专业的人才培养任务；而各种课外活动，如学科竞赛、创新创业训练等，对课堂教学的互补性没有被充分认识，既没有在培养方案中得到体现，更没有与课堂教学形成合力。

（2）不同高校传统工科专业在转型升级后的专业优势和人才培养特色在人才培养方案中的突显和强化。这方面对于新型工科专业能否得到健康发展显得尤其重要，事实上，相同的专业在不同类型和区域的高校中有着大量的专业点，这些专业点毕业生能否得到行业企业的认可和接受的关键在于各自是否具有与众不同的优势和特色，这既是避免人才培养同质化的核心，也是经济社会发展对人才培养多样化的要求。

专业培养方案的制定要改变目前普遍存在的“闭门造车”和“足不出户”的现象，可以通过成立专业指导委员会或通过调研、访谈和座谈等方式使行业企业专家、相关学科专业教师和在本行业领域有造诣校友参与到专业培养方案的整个制定过程，从而保证专业培养目标和培养标准的充分落实。

此外，在制定培养方案时还必须明确两点：一是各种信息化、智能化和一体化的教育教学资源有保证；二是相关实践教学条件的可行性，尤其是校外基地的使用有保障。

5.7.2 构建新型工科专业课程体系

构建新型工科专业课程体系的原则是：以全面落实专业培养目标和培养标准为目标，调整、改革或构建课程体系。具体包括两方面工作，一是落实培养标准并形成课程体系；二是建设课程模块和课程。

培养标准的落实和课程体系的形成是采用“自顶向下”的方式完成，大体有以下三个步骤：

（1）将专业培养标准整理或分解（如果需要）成若干条在内涵上相对独立的条目，使各条目能够作为课程模块的目标，从而确定出构成课程体系的课程模块；

（2）将培养标准各条目落实到相应的课程模块作为课程模块目标，并确定各模块的课时或学分比重；

（3）将每个课程模块目标进一步分解成在要求上相对独立的标准点，使得一个或几个标准点能够作为一门课程的目标，从而确定出组成每个课程模块的各门课程及其目标。

培养标准的整理或分解细化中所强调的相对独立的条目和标准点的主要目的是避免各个课程模块之间所设课程的重复和模块内各门课程之间教学内容的重复。

新型工科专业课程模块和课程建设的重心在于各个课程模块内每门课程的建设，而每门课程建设的核心在于根据课程目标选择课程教学内容，以保证分解细化后的培养标准的最终落实。

新型工科专业课程体系的建设由于受到所属学科建设和教师队伍建设滞后的影响可能不易做的一步到位，而需要分步推进才能完成，因此，从现实可行性角度出发，可以考虑由简单到复杂采取以下几个步骤渐进地建成新型工科专业课程体系。

（1）在传统工科专业课程体系的基础上，开设信息技术和人工智能方面的通识教育课程和专业选修课程；

（2）在（1）基础上，实现信息技术和人工智能课程与相关专业课程进行整合重组，形成新型工科专业课程体系的雏形；

（3）在（2）基础上，实现信息技术和人工智能对传统工科专业的渗透，基本建成新工科专业的课程体系；

（4）在（3）基础上，实现信息技术和人工智能与传统工科专业的融合，完成新型工科专业课程体系的构建。

在课程体系构建时还需要处理好理论课程与实践课程的关系。首先，要合理安排理论课时和实践课时的比例，努力提高实践教学课时，保证实践类课程在总学分中占足够比例；其次，除了必要的验证性实验外，综合性、设计性和研究性实验应成为实验教学的主要部分，使课堂教学内容能够得到整体的、系统的和创新性的应用；第三，在完成每个课程模块的课堂教学任务后，应该有综合性实验或实践环节，以促进课程模块中各门课程理论知识的交叉复合及整体应用。

5.8　实践实训条件的升级改造

新型工科专业建设需要完整充分的实践实训条件予以支撑，这些条件必须满足两方面要求：（1）功能完备，能够满足从基础训练、综合实验、专业训练、专业实践和毕业设计等各种不同环节和类型实践实训的需要；（2）装备先进，能够满足专业培养目标和培养标准对学生工程素养和多种能力培养的要求。因此，在对传统工科专业的实践实训条件进行升级改造之前需要进行调研和研究，一方面瞄准传统产业未来发展对工程师职业岗位的各种能力要求；另一方面要深入研究新型工科专业在各种实践实训内容和方式上的不同要求。在此基础上，才能对实践实训条件的升级改造提出明确的定位、制定具体规划和做出详细设计，继而开展以下几项升级改造工作。

5.8.1　资源重组，整合相关学科专业的基础实践教育教学资源

出于新型工科专业建设的需要，必须将传统工科专业原有的基础实践教育资源进行整合重组，以满足新型工科专业部分基础性实践教学和学生实训的需要。因此，重点要做好以下两方面工作：（1）按照新型工科专业基础实践教学的需要，将分散的各种基础性实践实训资源整合成整体和综合的资源。这种整合既不是物理空

间的简单叠加，也不是仪器设备的简单集中，而是需要对这些仪器设备进行必要的改造和连接，以提高它们的作用和性能。（2）按照新型工科专业学生工程基础能力培养的需要，设计与课堂教学内容关联的实验内容，增加设计性和综合性实验，调整和完善学生实验实训方式，加强对学生实验实训的指导。

5.8.2 升级改造，建设数字化、智能化和综合性实验室

除了基础实验室外，新型工科专业还需要有相应的专业实验室以满足学生实践能力和专业能力培养的需要。这就要将传统工科专业原有的实践教育教学资源与其他相关学科专业的实践教学资源进行整合，而后通过升级改造成为数字化、智能化和综合性实验室。

这类专业实验室的建设除了要有基本的实验室改造建设经费外，还需要传统工科专业教师与信息技术、人工智能等相关学科专业的教师，甚至包括一些行业企业的专家一起研讨，拿出功能明确、切实可行、满足需要的整体的实验室升级改造的建设方案。

数字化、智能化和综合性实验室可以包括数字化车间、智能化工厂和综合性实验中心等几个部分。前两者分别是针对相应的传统产业信息化和智能化的需要，后者既可以综合满足信息化和智能化的混合需要，也可以满足传统产业一体化的需要。

人才培养的优势和特色最终主要表现在学生所具有的能力和素质上，数字化、智能化和综合性实验室的建设需要有效地体现高校新型工科专业人才培养的优势和特色。在硬件建设上，可以体现在实验室仪器设备的功能和效用上；在软件建设上，可以体现在实验内容、实验设计、实验方式上。

5.8.3 校企合作，建立稳定持久的校外实习实践基地

新型工科专业的人才培养需要一定数量、不同类型的校外实习实践基地，以满足学生专业实践、综合训练和毕业实习的需要。高校与企业合作在校外建立工程实

践教育中心或基地是解决高校实践教育资源不足和充分发挥企业在人才培养上作用的有效措施。尽管多年来各级政府尤其是《国务院办公厅关于深化产教融合的若干意见》[13]的发布实施，较大幅度地调动了企业参与校企合作的积极性，但校企合作建设实习实践基地仍需本着“互惠共赢”和“重在实效”的原则，才能保证校企合作共建的校外实习实践基地的有效性和持久性。

“互惠共赢”原则强调的是合作双方在合作过程中在满足自身需求的同时也要努力满足对方的需要。具体而言，高校可以将自身的新型工科专业建设与行业企业的传统产业转型升级相结合；高校可以与企业一道围绕产业关键技术、核心工艺和实际需求共同开展协同创新和成果转化；高校可以在企业职工继续教育、骨干技术人员技能提升以及转岗人员再就业培训等方面发挥优势等。

“重在实效”原则强调的是校外实习实践基地的建设应该根据校企双方的实际条件和资源情况，不图形式，不追求高大上，而是注重实际成效。首先，可以充分利用企业现有的厂房、场地和仪器设备而不单纯“另起炉灶”；其次，可以将企业的研发中心和职工培训基地与校外实习实践基地建设结合起来；第三，可以充分发挥企业整体环境在培养学生工程意识和企业思维上的影响作用；第四，对于具备动手能力和一定工程实践能力的高年级学生，可以安排他们在生产一线顶岗实习。

5.8.4 学研合作，充分利用研究院所先进的实验条件

与产业转型升级相关的科研院所具备研究新一代信息技术、人工智能和产业转型升级的研究人员、技术设备和环境条件，对产业转型升级和技术改造有深入的研究并积累了丰富的资料信息，这些均是传统工科专业转型升级所需要的，是高校与科研院所开展合作教育的目的所在。

学研合作可以从两方面开展：一是教师与科研院所的研究人员开展新型工程学科的研究。这是基于科研院所能够为高校教师提供开展相关研究所需要的良好的研究条件、资料和合作伙伴。二是新型工科专业的高年级学生充分运用科研院所的实验条件和信息资料，参与产业转型升级研究项目、培养创新创业能力和完成毕业设计任务。

与校企合作一样，学研合作的目的也在于争取各种社会教育资源，构建多方合作的新型工科专业协同育人模式和多主体参与的新型工科专业人才培养共同体。

5.9 新型工科专业建设中的工程伦理问题

新工业革命，尤其是信息技术和智能科学与技术的迅速发展，加上人们道德价值取向的转变、工程问题的复杂性提升以及工程活动的利益相关者增加，使得工程实践中将面临着越来越多的工程伦理问题。由于工程伦理问题往往源于工程专业自身和工程实践的主体，因此需要在新型工科专业建设及其人才培养过程中予以足够的重视。

工程伦理主要由三个方面问题构成：工程的技术伦理问题、工程的利益伦理问题和工程的责任伦理问题[14]。

在工程的技术伦理上，工程师作为道德的主体，在工程实践中有选择运用何种技术、如何运用技术及在何种环境下运用技术的主动权和自由，技术运用的结果就离不开道德评判和干预，道德评价标准就成为工程实践活动的一项基本标准。例如，同一种技术在不同地区或环境下的运用将产生不同的技术伦理问题

在工程的利益伦理上，工程师在工程活动中要平衡好各方利益，在追求利益最大化的同时，协调好工程内外部各方的利益关系，兼顾效益和公平两个方面，这就成为衡量工程实践活动好坏的另一项标准。例如，信息技术和人工智能的介入将使得传统工程活动的利益相关方大幅度增加，从而形成原本不存在的利益伦理问题。

在工程的责任伦理上，工程师作为重要的主体，不仅要遵循职业规范、遵守岗位责任和职业良知，而且还要在工程活动所涉及的环境保护、资源有效利用、可持续发展、人与自然和谐等方面承担自然责任，在经济、政治、文化等领域甚至对整个经济社会发展承担社会责任，这方面也成为评价工程活动优劣的又一项标准。

工程伦理问题的出现往往是由于伦理意识缺失、对工程活动后果估计不足、工程各方利益冲突、社会责任和自然责任意识淡薄等方面的因素造成的。这些需要在新型工科专业建设及其人才培养过程中予以重视和培养。

首先，具备工程伦理意识和承担自然及社会责任应该作为专业培养标准的一项内容。

其次，在课程体系建设上重视工程伦理教育。在通识教育课程中强化工程伦理意识，在专业教育课程中注重对工程伦理问题的辨识、处理工程伦理问题的原则和解决工程伦理问题的思路和办法。

第三，在教学活动中结合具体的工程活动案例和问题，针对性地加强工程伦理教育、培养社会责任和自然责任意识、提升应对和解决工程伦理问题的能力。

传统工科专业转型、改造升级成为新型工科专业是一项涉及面广、影响面大的复杂工程，它不是一个简单的学科建设或专业建设的问题，不是仅靠一个学科专业就能够完成的，而是既需要全校上下各级领导、相关学科专业、职能部门与传统工科专业院系全体教师的共同努力，也需要校外行业组织、工业企业和科研院所的协同合作，期望本文的研究能够为有关高校提供一定的启发和借鉴，有利于相关新工科研究与实践项目的推进。

参考文献

[1] 林健. 面向未来的中国新工科建设[J]. 清华大学教育研究，2017（2）：26-35.

[2] 林健. 新工科建设：强势打造“卓越计划”升级版[J]. 高等工程教育研究，2017（3）：7-14.

[3] 林健. 多学科交叉融合的新生工科专业建设[J]. 高等工程教育研究，2018（1）：32-45.

[4] 中国制造2025，http://www.gov.cn/zhengce/content/2015-05/19/content_9784.htm。

[5] 智能制造发展规划（2016—2020），http://www.miit.gov.cn/n1146295/n1652858/n1652930/n3757018/c5406111/content.html。

[6] 腾讯研究院等. 人工智能——国家人工智能战略行动抓手[M]. 北京：中国人民大学出版社，2017.

[7] 袁勇，王飞跃. 区块链技术发展现在与展望[J]. 自动化学报，2016（4）.

[8] 蔡自兴等. 人工智能及其应用[M]. 5版. 北京：清华大学出版社，2016.

[9] 尚文倩. 人工智能[M]. 北京：清华大学出版社，2017.

[10] 林健. 引领高等教育改革的新工科建设[J]. 中国高等教育，2017（13/14）.

[11] 林健，郑丽娜. 从大国迈向强国：改革开放40年中国工程教育[J]. 清华大学教

育研究，2018（1）：1–17.
［12］教育部高等学校教学指导委员会　编．普通高等学校本科专业类教学质量国家标准（上）（下）［M］．北京：高等教育出版社，2018.
［13］国务院办公厅关于深化产教融合的若干意见，国办发［2017］95号，2017年12月5日．
［14］李正风等．工程伦理［M］．北京：清华大学出版社，2016.

参考文献［1］：面向未来的中国新工科建设

参考文献［10］：引领高等教育改革的新工科建设

参考文献［11］：从大国迈向强国：改革开放40年中国工程教育

第6章 多学科交叉融合的新生工科专业建设

【本章导读】

多学科交叉融合是现代学科专业发展的最主要特征和趋势，是不以人的意志为改变的客观事实，这在新工科建设中尤其突出。

新生工科专业是指由不同工程学科的交叉复合或由工程学科与其他学科的交叉融合而产生的新的工科专业，新生工科专业建设是新工科建设中一项十分复杂的核心工作，对新工科中其他类型的学科专业建设以及高等教育其他学科专业领域的新专业建设具有重要的参考和示范作用。新生工科专业建设内容主要包括专业设置、专业培养方案制定、课程体系建设和教学内容形成、实践教育教学体系构建、创新创业教育体系构建等方面。与此同时，在新生工科专业建设时还需要重视科学研究对新生工科专业建设和人才培养的支撑作用。本章以新生工科专业建设为主题，依次对上述六方面内容进行讨论和分析，以期为相关院校开展新工科建设提供参考和借鉴。

Chapter 6 New Produced Engineering Specialty Construction with Multidisciplinary Cross and Fusion

【**Introduction of this Chapter**】Multidisciplinary integration, which is particularly prominent in the construction of new engineering disciplines, is the most important feature and trend of modern discipline and specialty development, and it is an objective fact that does not change with the will of human beings.

New produced engineering specialties (NPESs) refer to those created by the cross and composite of different engineering disciplines or by the cross and fusion of engineering discipline and other disciplines, the construction of NPESs is a very complicated core work of new engineering disciplines (NEDs) construction, and has a very important reference and demonstration effect for the constructions of other kind of discipline specialties of NEDs and new specialties of other fields of disciplines in higher education. The main contents of construction of NPESs consist of major setup, the formulation of major cultivation program, the construction of curriculum and teaching content, the construction of practical education system, and the construction of innovation and entrepreneurship. At the same time, the construction of NPESs should also pay attention to the supportive role of the scientific research to the construction of NPESs. Taking the new NPESs construction as the theme, this chapter discusses and analyses above six aspects, in order to provide the reference for relative institutions carrying out NEDs construction.

6.1 引言

为了适应全球范围内新一轮科技革命、产业变革、新经济发展以及人类社会未来面临问题的复杂性程度的不断提高，需要现有多个不同学科甚至过去毫无关系的学科之间的交叉融合，在此基础上产生新技术，形成新产业，培养出具有跨学科能力和创新创业能力的各种类型的高素质人才，推动和引领未来技术、产业和经济社会的发展。事实上，在高度分化基础上的现代科学和工程技术正在呈现高度综合的趋势，不同学科的知识、理论、方法、技术、手段的交叉渗透正发生在广泛的学科领域，人类社会已经步入了多学科交叉融合的时代。

多学科交叉融合是指由两门及以上的学科通过相互渗透并融合而形成的一种新的综合学科体系。这些不同学科之间的交叉融合不是简单的叠加与拼凑，也不是停留在简单的学科跨越上或者是个别理论、原理或方法的相互引用上，而是基于社会、经济、产业和技术发展的当前和未来需要，在这些学科之间出现前所未有的内在的逻辑关系，促使这些学科在知识、理论、方法、技术和手段等方面相互渗透、有机结合和相互融合，进而形成满足当前和未来需要的新的综合学科。

学科是现代高等教育的重要基础，大学是围绕学科构建起来的，在新经济背景下，多学科交叉融合教育成为全球高等教育发展的必然趋势，占高等教育主体的工程学科专业的各种形式和方式的多学科交叉融合将成为高等教育发展的引领和示范，其中最具代表性的是新工科建设中的新生工科专业。

新工科的学科专业结构由新型工科专业、新生工科专业和新兴工科专业组成，其中新生工科专业（以下简称“新生专业”）是指由不同工程学科的交叉复合或由工程学科与其他学科的交叉融合而产生的新的工科专业，旨在培养满足和引领产业当前和未来发展需要的卓越工程科技人才[1，2]。多学科交叉融合是新生专业的最主要特征，需要将这个特征贯穿于该类专业建设和人才培养的整个过程，需要围绕着实现这一特征而开展连续不断的工作，以保证建设好的专业和培养出的人才是多学科交叉融合的。

新生专业建设是一项极具挑战性、高难度、全校性的系统性工作，不仅需要打破传统的学科分类界限、突破传统的专业培养制度的阻碍、营造多学科交叉和融合的氛围，还要深入研究不同学科间的关联性和相互作用，找到多学科交叉融合的契合点、着力点和支撑点，更要从未来发展的角度，面对不确定性和动态变化的未来需要，产生并形成多学科交叉融合的放大效应。

本章以新生专业的整个建设过程为主线，以新生专业赖以产生的多学科专业之间根本性的交叉融合为追求，探索在新生专业建设的各个主要环节中如何有效地在相关学科专业间进行从基本交叉到深度融合的方式、方法和措施，以期为相关新专业的建设提供一定的参考和借鉴。

6.2　面向未来的新生工科专业设置

与新工科其他类专业一样，新生专业建设首先要进行的是专业设置，主要包括依次做好五方面工作：预测未来人才需求，确定待建新生专业，搭建新生专业平台，明确专业培养目标，制定专业培养标准。

（1）预测未来人才需求。新生专业主要面向新技术、新产业以及未来技术和产业发展的需要，因此，需要从两个方面研究和预测国家和区域未来新技术和新产业的发展方向及其对各类工程科技人才的需求。一是研究国家发展战略及相关产业发展规划，如《"十三五"国家战略性新兴产业发展规划》《中国制造2025》《制造业人才发展规划指南》等；二是研究和预测新技术和新产业发展的前沿领域和未来趋势。从当前的发展趋势看，新一代信息技术、网络安全、集成电路、智能制造、高端装备、机器人、人工智能、虚拟现实、生物医药、现代交通运输、高效物流、节能环保、新能源、智慧城市、智慧建筑等为数众多的产业领域均需要多学科专业的交叉融合。

（2）确定待建新生专业。与传统专业设置不同的是，确定待建新生专业需要高校层面打破现有的学科专业界限，统筹考虑和分析全校各种教育教学资源及其与产业行业的合作关系，在与服务面向区域内同类型高校可能设置的新生专业进行比较分析后，从中选出本校具有明显优势和特色专业进行可行性分析论证，使最终确定的待建新生专业能够与新技术、新产业或未来技术和产业发展直接对接，既能够实质性地整合相关学科专业，又要有可持续的建设资源保障，还要有稳定的政产学研协同育人合作关系。

（3）搭建新生专业平台。新生专业建设的平台既可以是传统的院系实体模式，也可以是由构成新生专业的相关院系和学科专业相互关联形成的、多学科交叉融合的、非实体的新型组织架构[1, 2]。实体模式和非实体模式各有优势和要求，究竟采取何种模式需要高校综合分析各种因素，包括学科专业交叉的数量、相关院系合作的氛围、新生专业建设的复杂性以及高校校院两级管理模式等。但无论采取何种组织机构建设新生专业，都需要机构运行机制、资源共享机制、院系合作机制以及学校管理体制上的突破和创新。

（4）明确专业培养目标。新工科学科专业建设的主要目标可以表述为“主动布局、设置和建设服务国家战略、满足产业需求、面向未来发展的工程学科与专业，培养造就一批具有创新创业能力、动态适应能力、高素质的各类交叉复合型卓越工程科技人才”[1, 2]。具体到新生专业的培养目标，首先必须具有多学科专业交叉融合的特征，不能是多个学科专业原有培养目标的简单叠加；其次，要符合高校的办学定位；第三，既要满足服务面向区域经济社会和产业发展的需要，又要着眼于新技术、新产业以及未来技术和产业发展的需要，做到服务满足与支撑引领产业行业发展并重。

（5）制定专业培养标准。新生专业的人才培养标准体系应该由国家标准、产业标准和学校标准构成，其中学校标准既是国家标准和产业标准在学校层面的具体化，也是新生专业培养目标的具体落实，应能够支持新生专业培养目标的实现。具体而言，学校标准既要在国家标准的指导下，以产业标准为基础制定，又要有效地支持新生专业培养目标的实现，即一方面要清晰地体现多学科交叉融合的特征，另一方面要突显学校人才培养定位和特色，还必须是可行、可实现和可评估检查的。

必须指出的是，新生专业设置全过程的上述五个环节不仅要有产业和行业专家的深度参与，也要有政府产业部门和研究院所的专家积极参加，多方参与的目的不仅在于准确把握新技术和新产业当前对人才的需求，而且在于清晰地掌握未来技术和产业的发展趋势。事实上，在新经济背景下高层次人才培养已经不是高校自身的事情，需要包括行业产业、研究院所、政府部门等利益相关各方共同参与，因此，必须也只有从专业设置开始就邀请相关各方产业参与，才能使全过程多方协同育人有良好的开端。

6.3 新生工科专业培养方案的制定

制定出新生专业培养标准后，就可以着手制定新生专业培养方案。专业培养方案制定的核心是将培养标准的实现落到实处，使相对宏观的培养标准能够落实到具体的课程和教学环节上。这就需要做好两方面的工作：一是将培养标准分解细化为知识能力大纲；二是通过将相应的知识能力大纲落实到具体的课程和教学环节，建立培养标准实现矩阵。每条标准需要分解细化为若干个表现知识、能力或素质的标准点，这些标准点均能够与具体的课程和教学环节相对应，成为课程和教学环节的教学目标，由此形成培养标准实现矩阵，使得培养标准的每一条要求能够通过相应的课程和教学环节的实施得以最终实现。[3，4]

当前工科专业培养方案普遍存在的问题有：（1）培养目标较为单一，培养方案过于刚性，毕业生的适应面较窄，不能够很好地适应行业产业对不同类型工程人才的需求；（2）培养方案的制定和实施缺乏包括相关学科专业、行业产业、科研院所及其他用人单位等利益相关各方的有效参与，使得一方面培养方案不能很好地反映行业产业对当前和未来对人才的需要，另一方面培养方案的实施难以取得预期效果。鉴于上述问题，为了达到多学科交叉融合的目的，新生专业培养方案的制定需要做好以下三方面工作。

6.3.1 制定柔性化的专业培养方案

为什么要“柔性化”？构成新生专业的多学科不是一成不变的，由于新技术和新产业形成和发展的周期在不断缩短，构成专业的原有的个别学科可能被替代，新的学科需要被加入，这使得新生专业相对应的行业未来对人才的需求更加多样化、相对应的产业发展动态变化的周期更加短平快、对产业行业未来人才的培养更加强调个性化，等等这些要求新生专业的培养方案应该是柔性化的。

如何表现“柔性化”？新生专业培养方案的柔性化需要淡化专业的实体性色彩，主要表现在以下三方面：（1）能够用同一方案培养出在跨学科产业链上需要的不同类型的工程师后备人才，如通过课程的组合、专业方向的选择和培养计划的制定可以培养出诸如技术工程师、企业工程师或社会工程师等后备人才；（2）能够用同一方案培养出适应产业发展变化和引领未来产业发展的后备产业骨干和领军人物，包括通过课程的调整、交叉及前沿性课程的开设、创新创业能力和领导力的培养等；（3）允许学生在学业指导教师或顾问的指导下根据自己的专业兴趣和职业规划自主组合课程、自主制定培养计划、自主构建新专业，以充分发挥学生的天赋和特长，实现真正意义上的个性化人才培养。

“柔性化”需要什么？柔性化的培养方案需要具备三方面的条件。首先，丰富多样的课程和教学资源。这就要求各院系的课程最大化地对全校学生开放，学生可以根据自身的兴趣选择相关的课程。对于课程和教学资源不足的高校，可以通过校际合作，允许学生跨校选课并认定学分以解决问题。其次，各类课程的学分认定。这些课程必须超越新生专业所在学院开设的课程，甚至包括外校开设的课程，因此，培养方案要有针对各类课程的明确的学分认定规定和具体的实施细则。第三，新专业的认可机制。在满足专业总学分和不同类型课程构成比例（或称课程结构）等基本要求的情况下，注重整体性和层次性，规范性和灵活性相结合，本着“要求相当”原则，允许认定既符合学生专业兴趣又适应产业发展趋势的新专业。在现阶段，对认定后的新专业可以采取在现有专业名称之后附上新专业名称的变通方式予以确认。

6.3.2　制定适合大类专业的培养方案

世界一流大学本科低年级阶段大多不分专业，在通识教育阶段实施大类培养，其作用主要有二：一是在大类通识教育过程中帮助学生培养和发现自己的学习兴趣和特长，有利于学生的个性化培养；二是启发学生从不同的角度看待客观世界、发现问题和思考问题，为专业教育打下宽阔的通识基础。

新生专业的构成具备大类专业的特点，不仅在通识教育阶段，而且在专业教育阶段，即在整个培养过程，均应该实施大类培养。全过程大类培养的作用较通识教育阶段大类培养增加了两个：一是能够更好地加强通识教育和专业教育的融合，促进专业教育教学的改革；二是有利于学生在大类专业平台上选择和组合多学科课程、融会贯通多学科知识，培养学生解决复杂工程问题和未来问题的能力。

大类培养的上述作用对新生专业培养方案提出如下要求：（1）通识教育需要覆盖人文和社会科学、数学、自然科学和工程技术基础等方面，要给予学生足够大的选择范围，以大幅度开阔学生学术视野，培养文化素养和科学精神，促进健全人格和价值观的形成；（2）专业教育不仅要涵盖构成新生专业的各个学科专业，还要覆盖其他可能关联的学科专业，既要注重与通识教育的有效衔接，更要注重不同相关学科专业的交叉、整合和融合；（3）注重不同类型各种课程的多样性和替代性，使专业培养标准细化后的每个标准点可以在不同课程和教学环节上得到落实；（4）在选课机制上，鼓励学生选修不同学科专业中涵盖其基本知识、基本原理、基本规律和基本方法的核心课程以及问题导向和前沿性课程，以利于学生扩大思维空间、丰富解决问题思路、提高解决各种问题的能力。

6.3.3 形成多方协同育人的培养方案

新生专业多学科交叉融合的特征使得新生专业人才培养离不开相关学科专业、行业产业、科研院所以及可能的国际教育组织等多方密切配合和共同努力，因此，需要有融入多方携手合作、体现多方协同育人的培养方案。

相关学科专业的协同育人作用主要表现在：（1）参与新生专业课程体系的建立以及教学内容的选择，主要涉及通识教育课程、跨专业课程、学科交叉课程以及实验实训教学环节等；（2）提供、共享或整合实施培养方案需要的跨院系、跨学科、跨专业的课程和实践教育教学资源；（3）准备并开设培养方案规定的相关课程。

行业产业及用人单位的协同育人作用主要表现在：（1）参与新生专业实践创新教育教学体系的建立，主要涉及实践性课程和教学环节的设计以及相关教学内容的确定；（2）按照实施培养方案的需要与学校一道共建校外实习实训基地或工程实践教育中心；（3）准备并开展培养方案规定的实践性教育教学活动。

研究院所的协同育人作用主要表现在：（1）参与新生专业前沿性课程、学科交叉课程等课程的设计以及相关教学内容的选择；（2）提供实施培养方案需要的先进的实验条件和研究设备；（3）开展培养方案规定的前沿性课程教学和交叉学科问题研究。

国际教育组织的协同育人作用主要是提供优质的课程资源、先进的教育教学理念和手段、先进的实践创新平台以及高水平的师资等，以支持培养方案的实施。

在新生专业培养方案中要明确各方在协同育人中的上述作用，包括具体明确的责任、需要承担的任务、清晰的目标、完成的时间和相关要求等，使其成为各方协同育人的指南和行动方案。

6.4　新生工科专业课程体系建设和教学内容形成

课程体系是人才培养的主要载体，关系到人才培养目标的实现和专业培养标准的落实。课程教学内容关系到成为课程目标的源于培养标准细化的标准点能否真正得以达成。因此课程体系建设和各门课程教学内容的形成就成为任何一个新专业建设的重中之重，新生专业也不例外。

6.4.1　新生专业课程体系设计

新生专业课程体系的设计应该围绕着相关专业培养目标和培养标准的实现而展开，整个课程体系可以由通识教育和专业教育两部分组成。通识教育包括通识基础课程群和学科专业基础课程群，专业教育包括专业核心课程和专业拓展课程群，除了专业核心课程外，其他三个课程群均由必修课和选修课构成，如图6.1所示。

1. 通识教育部分

通识基础课程群主要为新生专业学生提供适应面广的人文社会科学、数学和计算机基础等课程，主要有人文系列和数理系列2个课程模块。人文系列课程模块主要包括人文科学、社会科学、经济管理、思想政治、外国语言、体育军事等方面的课程；数理系列课程模块主要包括高等数学、工程数学、概率统计、计算机基础等方面的课程。通识基础课程群要注重培养学生的人文素养、团队合作意识、创新意识、社会责任感、家国情怀、全球视野以及数字化思维等。

学科专业基础课程群需要从未来技术、产业和经济社会发展的角度为新生专业人才提供宽广的学科基础和专业基础，主要有学科基础系列课程模块和专业基础系列课程模块。学科基础系列课程模块要为新生专业学生的长远发展提供坚实的学科和科学基础，因此应该主要由与新生专业相关的各学科的基础的核心课程组成。专业基础系列课程模块要从新生专业未来的发展和变化两方面为学生的职业发展提供大类专业基础和专业方向基础，因此应该包括大类专业共享的基础性课程和各个可能专业方向需要的基础课程。学科专业基础课程群要注重培养学生的团队合作意识、创新意识、现代工程意识、批判性思维、跨学科和系统思维、数字化能力等，并重视工程伦理和职业道德等方面的教育。

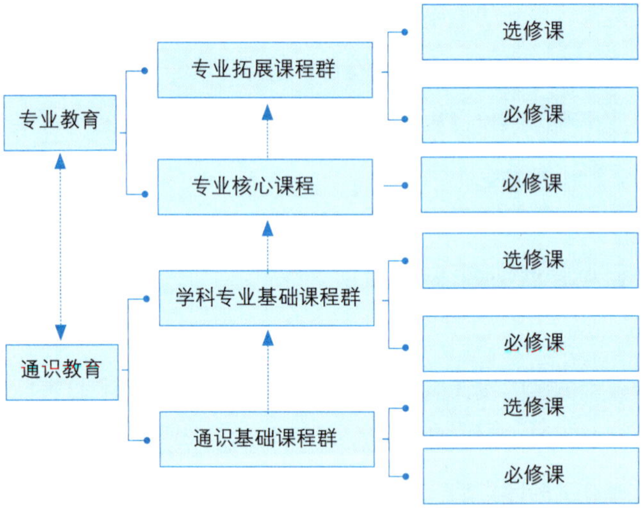

图6.1　新生工科专业课程体系

2. 专业教育部分

专业核心课程需要面向未来为新生专业学生提供在本专业领域发展不可或缺的

专业理论、方法和技术，一般由少量精品课程组成，可以分为1 ~ 2个课程模块。与其他类型课程相比，专业核心课程应更具有系统性、方向性和综合性，应能够协调课程体系中的其他类型课程，密切相互联系，起到承上启下的作用。专业核心课程往往需要较大的投入进行开发，包括需要有在与课程内容相关领域方面一定的研究成果，而不能仅靠对现有相关课程进行整合和重组，但必须注重在课程中凸显本校在新生专业上独具的特色。专业核心课程要注重培养学生的复杂工程问题解决能力、非结构化解决问题的能力、多学科团队协作能力、研究和开发能力以及创新能力等。

专业拓展课程群旨在为新生专业学生的职业和个性发展提供宽阔的平台，主要由专业方向系列课程模块、专业训练系列课程模块和前沿发展课程模块组成。专业方向系列模块由新生专业未来发展的多个可能的、潜在的方向模块组成，每个专业方向的确定需要通过对新技术和未来产业发展的研究和预测，每个模块要有若干骨干课程支撑。专业训练系列模块可能包括以实践和设计为主的综合训练、以项目研究和开发为主的工程训练、以交叉学科问题和复杂性问题为研究对象的科研训练。前沿发展课程模块关注的是新生专业未来发展的前沿领域，由若干门课程组成，重点在新生专业的发展趋势、最新理论方法和前沿技术等方面内容。专业拓展课程群要注重培养学生复杂工程问题解决能力、多学科团队协作能力、创新创业能力、动态适应能力、工程领导力、全球胜任力等。

6.4.2 新生专业课程体系建设

与“卓越工程师教育培养计划”（以下简称“卓越计划”）相同的是，新生专业的课程体系也应当具备四方面的价值取向：（1）满足培养目标的根本价值；（2）体现学科专业领域整体的继承和发展价值；（3）反映高校人才培养独有的特色价值；（4）体现学生主体发展的最终价值[5]。与传统的学科专业不同的是，新生专业的课程体系必须在“卓越计划”课程体系四个方面价值取向的基础上进一步突出多学科交叉融合和综合化两大特征。与此同时，新生专业课程体系的建设也必须强调模块化。

1. 课程的多学科交叉融合

新生专业课程体系中的课程基本上是需要通过对原有学科专业课程的交叉融合而形成的。课程的多学科交叉融合不是对相关学科专业现有课程的简单“拼盘”或叠加，因此既要避免将原有不同学科专业的课程简单地添加到课程体系中，也要避免通过减少单门课程课时数来增加课程门数的细分课程的现象，而是需要按照实现新生专业培养方案中确定的课程目标的需要，或者对相关课程进行交叉或融合，或者开发全新的课程。这里相关课程的交叉主要指的是对这些课程教学内容进行相互渗透、整合、重组和优化；相关课程的融合则指的是对这些课程教学内容先进行交叉，而后相互渗透，最后实质性地融合成新的课程；全新课程的开发是针对已经基本成熟的新的专业方向或领域，需要在这些方向或领域有一定的研究积累和成果，足以成为课程的核心内容，与此同时，课程内容的更新会成为这些课程的常态。

总体而言，新生专业的通识基础课程的形成需要通过对现有的一些通识课程进行交叉；而新生专业的学科专业基础课程的形成则需要对构成新生专业相关学科和专业的基础课程进行交叉或融合；新生专业的专业核心课程往往需要或者对构成新生专业相关学科专业原有的核心课程进行融合，或者开发全新的核心课程；新生专业的专业拓展课程一般是专题性和动态变化的，这些课程不强调自身的完整性，而注重内容的创新性和前沿性。

在具体开展新生专业课程建设时需要注意几点：（1）一门课程的多学科交叉融合往往要经历先整合重组、再交叉渗透，最终才能实现实质性融合；（2）对于涉及不同学科专业的多门课程的整合重组或交叉融合需要不同学科专业的教师组成多学科教学团队共同开发；（3）每门课程的建设既要重视通识教育课程对专业教育课程的基础和支撑作用，也要重视专业教育课程对通识教育课程的延伸和深入作用。

2. 课程的综合化

新生专业课程体系建设还需要重视课程的综合化。课程的综合化是世界一流大学课程建设和改革的重点，对提高课程教学效果和教学质量具有显著的作用。所谓课程的综合化就是将两门及以上相互关联的课程整合重组成一门新的综合性课程。综合化的课程有三个特点：（1）课程学时较长，可能需要跨学期完成；（2）往往不是一个教师能够完成课程教学任务；（3）有利于开展基于项目的学习和对复杂问题的探究，培养学生多方面的能力。

课程的综合化对新生专业建设的重要性表现在三方面：（1）从产业角度看，需要将过去多个不关联的产业环节整合成一个相互关联的综合体，以满足新产业、新业态和新模式的发展；（2）从课程体系建设看，构成新生专业的原有学科专业较多，需要对相互关联的课程进行合并、整合、重组和优化，以压缩课时、避免课程内容重复；（3）从教学效果看，综合化后的课程既有利于提高学生的学习效果，又有利于学生综合运用课程内容解决问题；（4）从能力培养看，综合化后的课程有利于扩大学生的思维空间，培养系统思维和整体思维以及解决复杂问题的综合能力。

3. 课程的模块化[5]

模块化是现代课程体系建设的基本要求，模块化课程体系是指整个课程体系是由若干个完整的课程模块构成，每一个模块又由若干门课程组成，这些课程一般分为必修课和选修课两类，也有分为必修课、限选课和任选课，少数模块可以或者只有必修课或者都是选修课。模块化课程体系的下述主要优点十分符合新生专业课程体系建设的需要：

（1）能够在模块内实现多门课程的交叉整合。由于每个课程模块的目标都是源于专业培养标准或毕业要求的分解，没有学科与专业的烙印，对构成模块的课程的学科、专业、性质和类型没有要求，只是要求通过模块内课程的共同作用能够实现模块目标。因此，课程模块的设计和组织十分灵活，不受学科专业领域界限的限制，不同学科专业的课程能够简单地组合在同一模块内，这就使得那些难以整合重组成一门课程的多门课程可以在一个课程模块内通过选课的组合实现在学习过程中的交叉或整合。

（2）可以满足学生的全面发展和个性发展需要。既可以设计覆盖面广、跨越多个学科专业的通识教育系列课程模块，为学生提供广泛的选课面，打下宽广坚实的学科专业基础，以满足学生全面发展的需要；还可以设计由不同专业方向组成的专业方向系列课程模块，为学生提供多种可能的兴趣爱好和职业发展选择，以支持学生的个性化发展。这些都是面向未来培养新生专业人才所需要的。

（3）具有很强的适应性、开放性和实用性。课程体系由若干模块组成，虽然各模块之间存在着一定的逻辑关系，但每个模块具有各自的功能，模块之间相对独立，因此，对一个或几个模块进行调整和修改，包括模块中课程内容更新和模块课时比例的增减，不会影响其他模块和各个模块之间的关系，这就能够很好地对课程体系及时进行针对性的调整、充实和更新，以适应新技术、新产业和经济社会发展的需求。

（4）每个课程模块的目标明确、学生容易实现。这不仅有利于增强学生的学习热情和信心，提高学习的积极性，增强学习效果；也有利于学生尽可能多地选择感兴趣和需要的课程模块学习，实现课程模块选择的多样化，从更大范围和层面上通过多课程模块的交叉增强多学科专业的交叉融合。此外，这一优点也有利于进行模块实施效果的评价。

除了在课程建设上对相关课程进行交叉融合和综合化以及构建模块化的课程体系外，还可以通过提高选修课的比重以及不同课程的组合推动新生专业的多学科交叉融合。首先，通过在课程体系中减少必修课的学分要求、提高选修课的比重，如图6.1所示，以增加学生选修不同学科和专业课程的机会，形成更加灵活和更大范围的学科交叉和融合的平台。其次，在教师的学业和职业发展指导下，鼓励学生组合不同学科和专业的课程，甚至外院系或外校课程，实现多学科交叉融合的个性化。

6.4.3　新生专业教学内容形成

一门课程教学内容的选择在当下比以往任何时候都更需要谨慎。根据统计，在“知识爆炸”的今天，知识老化的速度在不断加快，新的技术信息的量每两年要翻倍，这意味着对四年制本科生而言，他们第一年所学习东西的一半到第三年将过时。根据分析，今天的学生到40岁时将需要经历10 ～ 14个工作，而当前市场上最热门的工作10年前就不存在。从长远看，高等教育要为学生胜任目前不存在的工作做准备，包括运用目前还没有被开发的技术去解决人们还不知道的问题。更有甚者，多学科交叉使得新生专业可以选择的教学内容大幅度上升。上述因素使得如何在有限学时内精心选择新生专业每门课程的教学内容显得尤为重要。

1. 课程教学内容的选择

组成新生专业每门课程的教学内容要具有有效性、稳定性[5]、系统性和前沿性。有效性表现在学生所学知识、理论和方法在日后的职业发展和终身学习中是基本的、无可代替的和必不可少的，包括基本规律、基本原理、基本技能。稳定性是指学生所学的课程内容是不易老化和长期有效的，能够在学生日后较长的职业生涯中发挥作用。系统性是针对整门课程的教学内容而言，要求形成每一门课程的全部教学内容是相对独立、完整的系统，其核心内容应该包括基本原理或基本理论、基本方法或基本技术以及最新进展等。前沿性是指课程教学内容中包含新生专业及其相关学科专业的前沿知识和最新发展，以开拓学生视野，掌握学科专业发展动向。

达到上述要求的课程教学内容的选择既要通过广泛的调研，又要有精心的比较，还要有研究成果的支持。首先，需要通过在产业和行业领域处于领先地位的企业、研究院所和产业部门的调研，通过问卷调查，通过毕业生的反馈，了解新生专业毕业生在毕业5年或更长时间必须掌握哪些基本知识、理论和方法，必须具备哪些核心能力和素质；其次，在调研的基础上对可能作为新生专业教学内容的各种知识、理论、方法和技术进行充分的比较分析，按照有效性和稳定性的要求选择并确定教学内容；第三，尽可能获取新生专业领域，尤其是相关学科交叉方面的各种研究成果，经过认真的分析和筛选，按照系统性和前沿性的要求，选择一些内容充实到教学内容，从而形成最终的课程教学内容。

2. 课程教学内容的更新

一门课程的教学内容形成并确定后，还需要在日后的人才培养过程中及时地将相关学科专业的最新成果引入课程，使教学内容始终处于“新”的状态。教学内容的更新不能“一刀切”，应该根据最新成果的成熟度予以区别对待。首先，对于成熟的基本原理和基本理论，可以将这些成果作为课程的主要内容，要求学生系统深入地学习并掌握；其次，对于比较成熟但仍在发展的内容，可以将这些成果作为课程的前沿进展，让学生通过阅读相关资料有全面的了解，可以鼓励有兴趣的学生进行深入的学习和研究；最后，对于还处在研究的热点领域，可以选择一些专题进行重点研讨或作为学生的课程作业，以培养学生的研究和创新能力。

6.5 新生工科专业实践教育教学体系的构建

实践是工程的本质，实践是创新的基础，实践促进多学科交叉融合，实践教育教学体系是新生专业建设的重要组成部分，其中最核心部分是实践教育教学模块和实践教育教学平台。

6.5.1 实践教育教学与多学科交叉融合

实践教育教学最大的特点在于其应用性和综合性。应用性表现在应用学生所学的知识理论于具体的实践活动中，以使得这些知识理论能够得到更好的理解、深化和掌握，并在实践教育教学过程中培养和提高了学生的实践能力。综合性表现在两个方面：一是单门学科内部知识理论的综合运用；二是不同学科跨学科知识理论的综合运用。综合性是实践教育教学活动中能够培养和提高学生综合能力的原因所在。

实践教育教学是多学科交叉融合的最有效形式。实践教育教学活动是围绕实践项目展开的，这些项目往往涉及多个学科和专业，需要综合地运用多门学科的知识、理论、方法和技术，这就为那些原本可能相对独立、互不关联的不同学科专业之间建立起联系和交叉的桥梁。学生在完成实践项目的过程中，不仅要充分地理解多门学科的基本原理和核心概念，还要掌握相关的理论和知识，更要综合地运用相关学科的方法和技术去克服困难、解决问题，进而完成实践项目。由此可见，实践项目的完成有利于学生整合多学科的知识，形成更加全面和开放的合理的知识结构，是多学科知识、理论、方法和技术实质性交叉和融合运用的过程，对新生专业人才培养具有不可替代的作用。

实践对新生专业建设和人才培养的重要性要求工程实践要贯穿于工程人才培养的全过程。一方面，在总学分一定的情况下，要压缩理论教学课时，以提高实践教学课时的比例；另一方面，尽可能在所有课程中安排课程实践实验，尤其是必修课等主要课程和教学环节。

6.5.2 新生专业实践教育教学模块

按照循序渐进的原则，实践内容应该由浅入深、实践覆盖面应该由窄到宽，因此可以将新生专业实践教育教学活动分为三个层次或类型，分别构成新生专业实践教育教学体系中的三个模块。

1. 基础实践模块

基础实践模块主要由学科专业基础课程群的课程实验和工程基础训练等基础实践教学环节组成，旨在培养学生的实际动手能力、基本操作能力、工程意识和工程素质，为学生工程实践能力的培养打下良好的基础。这个层次实践教学的内容需要注意与通识基础课程群教学内容的充分融合，为后续实践教育打下良好的基础。

2. 专业实践模块

专业实践模块主要由专业核心课程的实验和设计、企业生产实习、工程实践训练、毕业实习等专业实践教育环节构成，旨在培养学生解决专题问题和复杂问题的工程实践能力、设计能力和创新意识。

源于专业核心课程的课程设计是这个层次实践教学的主要内容，虽然是以相关课程教学内容为背景，但是课程设计应该在通识教育和基础实践教学的基础上，既充分考虑当前相关学科间的交叉与融合，以及与其他核心课程教学内容的交叉，又要考虑与相关产业发展趋势相关联的其他学科的交叉，从未来发展的角度提出课程设计的内容。

3. 综合实践模块

综合实践模块主要由专业拓展课程群的课程设计、综合性实验、研究性实验、设计性实验、工程项目研究、毕业设计等综合性的实践教育教学环节构成，旨在全面系统地培养学生的综合素质、复杂工程问题解决能力、工程创新和创业能力、动态适应能力和以团队合作为主的社会能力。

综合实践教育教学在新生专业人才培养中的地位毋庸置疑，是在专业实践教育的基础上对学生的全面、系统、综合的训练，既要在中观上做到跨学科、跨领域、跨课程的融合，又要在微观上做到来自不同方面的概念、理论、方法、工具、信息和数据的融合，还要做到课程理论与实践实验和工程实际的融合。

综合实践模块中最具代表性的是毕业设计，设计目标融合了多学科的要素，需要学生具备融合思维，在多学科相互交叉、渗透、融合过程中完成整个毕业设计任务，实现学生多种综合能力和素质的培养和提升。毕业设计选题应该有几种类型：（1）现实问题；（2）前沿问题；（3）未来问题。现实问题是行业产业当前发展中的问题，源于产业领先企业以及教师的纵横向研究项目；前沿问题是新技术、新产业、新业态和新模式发展过程中的热点问题或方向性问题；未来问题涉及新一代技术的研究和开发以及未来产业的研究和设计。

6.5.3 新生专业实践教育教学平台的构建

新生专业的各种实践教育教学活动需要在相应的平台上开展。一般高校在院系层面建有基础实验室和专业实验室，在学校层面建有校级工程训练中心，在企业建有“卓越计划”工程实践教育中心，这些作为构成新生专业的原有学科专业的实践教育教学资源，为新生专业实践教育教学平台的建设打下了基础，但仍需要根据新生专业多学科交叉融合的特征要求予以改造和拓展。不仅如此，还应该搭建以下三种平台，以共同形成完整的新生专业实践教育教学体系。

1. 跨学科专业的综合实验室

这种实验室的综合不是简单的单门课程教学内容的综合，而是跨越多个学科专业内涵的综合，因此，参与实验室建设的单位涉及构成新生专业的原有相关学科专业以及新生专业未来发展可能关联到的学科专业。在组织上，需要高校层面协同、沟通和组织相关各方的积极参与，以达到齐心协力以及各种资源的共享和充分利用。在设计上，应该以综合性功能为导向，注重弥补已有各种实验室在“综合”上的不足，同时充分考虑并预留实验室未来拓展和发展的空间和余地。在管理上，既要做到对全体学生充分开放，又要在时间安排和制度规定上符合学生的学习特点和作息规律，使学生的受益达到最大化。

2.“学科交叉综合训练”课程

作为专门针对新生专业设置的实践性课程平台，“学科交叉综合训练”课程应该作为专业拓展课程群中专业训练系列课程模块中的课程来设计，并在跨学科专业的综合实验室上实施。该课程面向高年级学生，共4学分，开设时间可连续两个学期，采取项目参与为主，案例研讨和课堂讲授为辅的教学方式，课程的核心在于选择具备多学科交叉的案例和需要学生综合运用多学科知识、理论和方法进行设计的项目。根据项目的复杂性和每位学生均有任务分工的要求将选课的学生分为若干综合训练小组，每个小组指派一位专业教师负责，与相关交叉学科的教师共同指导学生的项目设计。项目的完成均要经历分工、合作、交流、研讨和指导的多次循环过程。

3. 产学合作协同育人平台

由于学科专业的“新”，使得实践教育教学资源不足往往成为新生专业建设过程中高校普遍面临的问题，解决的有效途径之一就是搭建产学合作协同育人平台。高校应该针对本校新生专业实践教育教学资源不足的状况和建设的需要，积极参与由教育部高教司推动、企业支持的产学合作协同育人项目的申报，主动与相关企业联系，充分利用企业的资源和条件，完善校内实践教育教学条件、建设好校外新生专业实践教育基地。需要强调的是，在与企业合作过程中，高校必须遵循优势互补、成果共享、互惠共赢的原则，以与企业保证长期稳定的合作关系。

6.6　新生工科专业创新创业教育体系的构建

新生专业是由多学科交叉融合产生的，多学科交叉融合是创新的重要源泉，不仅能够产生新的学科专业、新的学科发展方向和增长点，而且能够产生新的研究成果、发明专利、工程产品、先进技术并推动新产业的形成，由此可见，新生专业为创新创业教育提供了得天独厚的学科和专业条件。

6.6.1　新生专业人才培养与创新创业教育

培养服务和引领未来新技术和新产业发展的高素质交叉复合型卓越工程科技人才是新生专业建设的主要目标，因此，创新创业能力培养在新生专业人才培养中具有异乎寻常的地位。但是目前在创新创业教育上存在的主要问题有二：一是创新创业教育被作为专业教育之外的部分，仍处于相对割裂的状态；二是接受创新创业教育的主要是有创业意向的学生，没有做到面向全体学生的创新创业能力的培养。事实上，创新创业能力不可能仅通过一门或几门课程的实施就能实现，创新创业教育必须与专业教育深度结合、融入专业培养方案；就实现新生专业人才培养目标而言，创新创业教育必须真正做到面向本学科专业全体学生。

针对创新创业教育存在的上述问题，可以尝试以下改革措施。一是在所有新生专业课程教学内容中努力发现多学科交叉融合可能隐含的创新元素，包括学科交叉点和增长点，以此为切入口，训练学生的创新意识和创新思维；二是将课程教学内容与未来市场需求和行业产业发展相结合，寻找可能的创新内容和方向，作为创新创业教育的起点；三是通过行业企业调研和研究，整理和编写各种创新创业的实际案例，作为相关课程的教学内容；四是聘请成功的企业家和创业者担任学生创新创业导师，引导学生在实践中学习创新创业。

就创新创业教育而言，要重视以跨界交叉问题、综合复杂问题和未来前沿问题等为导向，把问题意识、危机意识、创新精神、创新思维、创新创业技能和素质的培养贯穿新生专业人才培养的全过程，通过营造创新创业教育氛围，全方位推动创新创业教育深层次融入整个专业教育。就支持系统而言，要建立支持工程综合能力训练、系统性创新思维训练、创意原型产品开发和技术成果转化等三创生态系统，向学生提供全方位的创意实现服务，鼓励学生跨界学习、交叉合作、面向未来、挑战学科前沿问题，支持学生实现创意设计、形成创新产品、产业化创新成果。

新生专业的创新创业教育体系中最核心的构成是创新创业教育课程体系、创新创业实践教育活动和创新创业实践教育平台。

6.6.2　新生专业创新创业教育课程体系

创新创业教育课程体系是为学生创新创业能力的培养提供了理论基础、实践内容和实施方案，其主要功能在于支持学生创新意识的形成、创新思维的训练、创新创业技能的获得和创新创业素质的养成。

新生专业多学科交叉融合的特征使其与其他学科专业最显著的区别之一在于可以不开设或少开设专门的创新教育方面的课程，而是将创新教育融入整个专业的课程体系，为此需要做好4方面工作：（1）扩大通识教育课程的覆盖面，精选多学科领域的核心知识；（2）重视多学科的交叉融合，开设综合性的专业课程；（3）注重学生个性发展的需要，加大选修课程的比重；（4）以未来需求和发展为导向，开设研讨相关学科专业前沿发展的专题课程[6]。在创业教育方面，需要关注新技术和新产业发展趋势和变化规律，专门开设创业基础和创业引导课程，以培养学生的创业意识、创业综合能力，为创业奠定基础。

总之，在新生专业创新创业教育课程体系建设过程中，要重视设置综合性课程、交叉学科研讨课程、问题导向课程、挑战性课程、创业引导课程和学科前沿课程等。

6.6.3　新生专业创新创业实践教育活动

新生专业创新创业实践教育活动可以分为创新性实验、创新创业训练项目和创新创业竞赛三种类型。

1. 创新性实验[6]

创新性实验主要指开放性、探索性和研究性实验，是使学生的新的想法、思路或创意得到验证或付诸实现的一类实验活动。这类实验既可以作为专业教育中课程要求的实践环节，也可以由学生自发提出和设计。作为课程要求的实验，教师要重视将新生专业相关领域在技术、产业、项目、产品、生产和经营等方面出现的新问题和新要求转化为创新性实验的主题，同时激发学生通过实验探究未知世界的兴趣爱好。作为学生自发提出的实验，要鼓励学生按照自己的兴趣和对新生专业相关的前沿问题、交叉问题和未来问题的关注，自主构思、自主设计、自主开展专业培养方案之外的实验，使学生成为主动求新求异的探索者。

事实上，多学科交叉融合的特征使得前述的新生专业综合实践教育教学活动也属于创新实践教育或创新性实验，应该重视发挥综合实践教育教学活动在培养和提升学生创新能力上的作用。

2. 创新创业训练项目

最规范的创新创业训练项目是指国家“本科教学工程”中大学生创新创业训练计划中的创新训练项目、创业训练项目和创业实践项目等，以此为参照，高校可以设计符合本校实际和满足新生专业人才培养需要的校级创新创业训练项目。为了充分发挥这类项目在学生创新创业能力培养上的作用，需要做好以下几方面：首先，在项目要求上，应该将这类项目作为选修课纳入新生专业培养方案；其次，在项目内容上，应该要求关注新生专业相关领域的创新问题，强调新颖性、创新性和探索性；第三，在经费支持上，应该有专项的支持和配套经费；第四，在指导教师上，应在双向选择的基础上，为学生配备专业导师；第五，在项目团队上，要鼓励学生自主形成创新团队，开展团队合作，完成创新任务。

3. 创新创业竞赛

创新创业竞赛是效果十分显著的创新创业活动，包括高校层面的学科竞赛、学校和地方政府组织的创业计划大赛、国家级的创新创业大赛等。其中国家级赛事得到除高校之外的越来越多的政府部门、行业企业和社会团体的重视和参与。这类竞赛活动虽然不在专业培养方案之中，但应该纳入新生专业创新创业教育体系，作为专业培养方案的重要补充。高校应该通过科学合理的竞赛机制的建立，充分调动学生参加竞赛的积极性，使创新创业竞赛成为学生创新精神、创业意识、创新创业能力培养的有效载体。

虽然获奖是竞赛的一个主要追求，但参加创新创业竞赛应该强调“重在参与、注重效果”。首先，要鼓励更多的学生和教师参与各类竞赛活动，把提高创新创业能力作为主要目标；其次，要鼓励学生勇于挑战经济社会发展和人们对美好生活不断追求提出的新问题和新要求；第三，要鼓励学生运用多学科的思路、方法和手段去创造性地设计参赛项目，培养融合创新思维和跨学科整合能力；第四，要鼓励学生运用新技术、新材料和新工艺去制作和完成参赛项目，培养动态适应和创新实践能力；第五，要借助竞赛平台建立新生专业需要的更广泛、更紧密的政产学研合作关系。

6.6.4 新生专业创新创业实践教育平台

新生专业创新创业实践教育平台大体可以分为实训平台、实践平台和实现平台三种类型。不论何种类型的平台建设都需要强调三点：一是学生在平台上要有经验丰富导师的指导；二是学生能够近距离接触并参与产品和技术创新或者企业创办和经营的全过程，获得最直接的感受和体验；三是鼓励学生根据兴趣特长和学科背景自主组织团队，合作开展创新创业实践活动。

1. 创新创业实训平台

创新创业实训平台主要指那些对创新创业知识和技能进行专门训练的各种类型的创新创业实验班、训练营、训练项目和训练计划等，一般在学校、企业、科技园、创业园等地方实施。主要鼓励对创新，尤其是创业有兴趣的学生在主修本专业课程和开展毕业设计的同时辅修创新创业类课程、进行创新创业训练。这类平台一般包括课程教学和实训两部分，课程主要有创业领导力、商业计划书撰写、产业市场分析等课程，往往由成功创业人士、知名校友和企业家讲授并担任创业导师；实训方面主要是对创业全过程进行模拟训练，包括参观各种类型处于初创期的企业，听创业专题报告，根据自己的兴趣和职业发展规划提出创业计划，对创业过程出现的问题进行研讨、分析和处理，以及创业计划的实施等。

2. 创新创业实践平台

创新创业实践平台与创新创业实训平台的主要差别在于前者没有课程教学，而只是在创新创业方面进行更加深入具体的实践活动，因此在创新创业实践平台上需要有相对具体完整的创新设计或创业计划，既可以是全新的创新或创业项目，也可以是学生在参与创新创业实践教育活动所取得成果的基础上对创新成果的改进、充实和完善或对创业计划的修改、调整和进一步实施。开展创新创业实践活动的场地主要有大学创新创业中心、由多种实践资源和社区网络组成的用于分享知识和创造新事物的创客空间（hackerspace）、与行业产业共建的创新创业基地以及前述的新生专业实践教育教学平台等。

3. 创新创业实现平台

创新创业实现平台主要功能在于为学生提供创新成果转化和创业计划实现的平

台。主要有与企业和科研院所共建的各种大学科技园、各种跨行业跨界的创业孵化基地、针对有市场潜力的创新项目和商业模式上有特色的创业项目的孵化器等。这些平台往往有经费的支持，帮助学生实现创新创业成果的孵化、转化、中试甚至产业化。

从弥补高校创新创业实践教育资源不足的角度，新生专业创新创业实践教育平台的建设要走出校园、走出国门。一方面应该鼓励高校与在产业行业处于领先地位、具有创新优势的企业、研究院所、国家级实验室合作共建共管创新创业园区、学科交叉特色学院、现代产业学院、未来技术学院；另一方面要支持和鼓励高校与境外高水平大学、国际著名实验室和研究机构合作共建跨国界的创新创业组织、创新创业研究机构和学科前沿研究院等。

6.7 科学研究支撑新生工科专业建设和人才培养

6.7.1 科研对新生专业建设和人才培养的重要作用

严格地说，科研是高层次的实践和创新，科学研究除了具备实践教育教学应用性和综合性的特点外，还具有发展性的特点，表现在科学研究对学生发展和促进相关学科专业建设和发展上的贡献。总体而言，科研活动对不同层次人才培养、多学科交叉融合以及学科和专业的建设和发展等方面均具有重要的作用。与新生专业相关的研究主要聚集在其对应的学科即新生工程学科（以下简称“新生学科”）层面上，以新生学科为主要对象的科研对新生专业建设和人才培养的重要支撑作用可以从以下几方面体现。

1. 科研能够提高师生对新生专业的认同和兴趣

在任何新专业建设和发展的初期均可能存在着认识上不足、未知因素多、前景不确定等消极因素，这些对高水平教师和优质生源的吸引和稳定有着负面影响。针对新生学科的科研将有利于教师和学生进一步了解学科专业的本质内涵、重要价值和发展前景，提高对新生专业的认同感。新生专业多学科交叉融合可能产生的在传统学科专业缺乏的创新方向、创业领域和发展趋势，容易引发教师和学生的兴趣和参与新生专业建设和发展的冲动。

2. 科研支持新生专业课程建设

作为全新的学科专业，新生专业的骨干课程及其教学内容在专业建设初期难以迅速在短时间内达到真正意义上的多学科交叉融合，一些课程缺乏教材，课程教学内容只能是相关学科知识的初步整合。解决新生专业课程建设问题的最有效途径是加强对新生学科和专业的研究，包括学科的形成和发展规律、学科的研究领域或对象、学科的理论体系、学科知识的生产方式、专业的培养目标、专业的课程体系等，将不断产生的研究成果作为教学内容不断地充实到相关课程中。根据新生专业的特点，在开展这些研究时需要注意几点：一是要面向未来，立足于满足和引领未来新技术和新产业发展的需要；二是不仅要有校内构成新生专业相关学科和专业的跨学科教师参加，还要有行业产业的专家参与；三是要注重研究新生专业的形成和发展规律，即构成新生专业相关学科专业如何相互交叉、怎么相互渗透、怎样才能融合，以及新生专业未来发展的方向和重点等。

3. 科研支持学生复杂工程能力的培养

与用于课堂教学的工程问题、案例和项目比较，学生参与的科研项目具有两个显著特点。（1）真实性：科研任务是源于行业、产业、企业当前和未来面临的工程问题；（2）复杂性：这是由新生学科的多学科交叉融合特征所决定的。通过参与这些真实复杂工程问题的研究，学生能够潜移默化地掌握工程概念和工程原理，学会用工程思维方法分析和研究复杂工程问题，掌握处理工程数据和解决复杂工程问题的技术和手段，训练复杂工程系统的设计和维护、现代工业产品开发和设计、工程项目的研发和集成以及工程技术的创新和开发等方面的能力。上述各方面的工程能力在传统的课堂教学中难以得到全面系统的培养，正是科研这种独特的学习方式才能够弥补课程教学对学生复杂工程能力培养的严重不足。

4. 科研有利于学生社会能力的提升

科研活动的进行离不开学生之间的合作、学生与老师之间的互动、学生与校内外与项目相关人员的沟通，这为学生社会能力的培养和提升提供了真实自然的实践和训练环境。首先，在人际交往上，学生要学会善于表达自己观点、接纳不同意见、协调各方面关系，达到求同存异、兼容并包、共同完成科研任务，这就使得学生的交流、沟通和协同努力得到提升。其次，在团队合作上，学生在与同学和教师合作开展科研的过程中，会逐渐认识到团队合作在现代经济社会发展中的重要性，学会处理好分工与合作、个人与集体、局部与整体的关系，培养自己的团队意识和集体观念，这就使得学生的团队意识和团队合作能力得到培养。第三，在组织管理上，可以通过安排学生在科研团队中轮流担任不同的组织、管理、领导和参与的角色，包括任务分工、进度安排、日常管理、活动组织等使学生的组织能力得到锻炼。

5. 科研有利于学生综合素质的养成

科研活动需要在教师指导下完成，教师对学生科研的指导以及言传身教，均能有效地促进学生综合素质的养成和提升。一方面，现代工程问题的研究无不涉及环境保护、生态平衡与可持续发展，需要综合考虑社会、健康、安全、法律、文化以及环境等多方面因素，处理好区域与全局、当前与长远、经济效益与社会影响等方面的关系，这些对于培养学生的社会责任意识和职业道德具有直接的作用。另一方面，教师对工程问题认真负责的态度、对科研工作兢兢业业的精神、对研究成果不断完善的追求，将有利于学生职业道德、追求卓越的态度和爱岗敬业精神的培养。

6. 科研提升学生的创新能力

新生学科的科研活动必然涉及原先的多个学科，多学科交叉融合的科研活动是培养学生创新能力的重要途径。首先，科研活动能够激发学生的学习热情，促使学生渴望从课程教学中获得解决科研问题的理论和方法，尤其是前沿的和多学科交叉融合的理论和方法；其次，在分析问题过程中，科研活动能够培养学生的问题意识、系统思维、跨学科思维，以及构成创新思维的发散思维、逆向思维和批判性思维等；第三，在解决科研问题过程中，学生需要对相关学科知识理论的本质、优势和缺陷等有更深入的理解，既可能促进学生修正、充实和完善现有的理论方法体系，又可能促使学生创造性地综合运用多学科的知识、理论和方法，从而培养和提高学生的创新能力。因此，科研活动对激发学生学习多学科理论方法的热情，培养学生的创新思维和创新能力均具有显著的作用。

7. 科研推动教师队伍建设

任何新专业建设初期，教师队伍建设均是一项十分重要而艰巨的工作，对于新生专业而言更是如此。常见的方式是从相关学科专业调整一些有意向和潜力的教师转到新生专业，即便如此，仍然需要这些教师尽快“转型”，使自己融入新生专业之中。通过安排教师承担和从事新生学科方面的项目研究是推动新生专业教师队伍建设的快捷途径。首先，新生学科问题的研究将促使教师跨越多个学科专业领域，学习过去可能不熟悉的其他学科知识，将相关学科知识进行灵活的交叉和应用；其次，新生学科问题的解决过程是相关学科知识进一步融合的过程，往往也成为新生学科的知识体系形成的过程，在这个过程中，教师将从原本相对单一学科专业的专家逐渐成为跨学科领域直至新生学科专业领域的专家。

8. 科研有利于学科专业组织建设

学科专业组织的建设一般是以学科专业方向为基础，以构成有利于整个学科专业发展的完整的学科专业体系为最终目标。新生专业建设初期存在着学科专业方向不清晰以及教师个人的研究领域和专业方向不明的状况，在新生专业建成后的发展时期还需要对新生专业方向进行动态的调整和更新，等等这些均需要开展针对新生学科和专业的研究，以凝聚学科方向、培养教师研究兴趣、探索学科专业发展规律，从而在新生学科专业的专业团队组建、组织机构设置、组织运行机制和管理制度建设等方面发挥积极的作用。

9. 科研促进新生专业的发展

如上所述，新生专业的建立离不开对新生学科和专业的研究，但新生专业的发展也是如此。从学科专业发展的角度看，开展新生学科研究有三方面作用：（1）充实、更新、发展和完善新生专业的学科专业知识体系，从内涵上丰富和发展了新生专业；（2）通过前沿和未来问题研究或者推动新生专业在现有方向上的继续深入发展，或者开拓了新的发展方向；（3）根据对未来技术和产业发展的需要和预测，在现有学科专业构成中加入其他学科专业的元素，赋予新生专业新的内涵和发展空间。

6.7.2 充分发挥科研作用的建议

为了充分发挥科研在新生专业建设和人才培养上的作用，建议做好以下工作。

1. 鼓励教师教学与科研相互间紧密结合

教学与科研本应是相辅相成的，世界一流大学成功的经验是：教学推动科研，科研引领教学，教学与科研协同发展。一方面将在教学过程中发现的问题作为新生学科和专业研究的选题，通过科研予以解决；另一方面将科研成果不断地充实到新生专业课程教学内容之中，引领教学的深入进行。应该承认，新生专业教师教学水平的高低取决于其在新生学科领域研究成果水平的高低。鼓励教学与科研结合既需要学校层面调整对教师的考核评价指标和标准，也需要学校出台专门的、行之有效的激励和保障措施，以最终形成制度。

2. 建立鼓励本科生参与科研的机制和制度

首先，实行本科生导师制，在双向选择的基础上，为每位新生专业学生配备学业导师，以便学生更好地参与导师的科研项目团队。其次，实行科研学分制，把参加新生学科方面的科研活动作为选修课对待，按照学生投入的时间和取得的成效给予学分，提高学生参与科研的积极性。需要指出的是，鼓励本科生参与新生学科相关的研究活动，主要目的在于培养和提升他们的工程实践能力、工程创新能力，加深对新生专业内涵、本质及相关知识的理解和掌握，而不必过于追求他们做出多大的科研成果。

3. 大力推行研究性学习和挑战性学习

研究性学习和挑战性学习这两种教学方式能够有效地将科研元素融入课程教学活动中，在新生专业人才培养过程中尤其值得推崇。首先，这两种教学方式所采用的问题属于不同层次的科研问题。用于研究性学习的问题、案例和项目应该源于行业产业和企业实际或教师的纵横向科研项目，用于挑战性学习的问题往往是学科前沿领域的问题，包括看似不可能解决的问题，强调的是学业的挑战度。其次，这两种教学方式均是以学生为中心，将学生作为学习的主体，学生在整个学习过程中是积极主动的问题研究者和知识学习者；第三，这两种学习方式均是以批判性思维的方式研究问题、探索未知，通过不断的提出问题、分析问题和解决问题的循环，在研究问题的过程中加深对学科专业知识的了解，培养和提升学生多方面的能力和素质。

新生专业的建设是新工科建设中的一项十分复杂的核心工作，对新型工科专业和新兴工科专业的建设具有重要的借鉴价值，在高等教育其他学科专业领域当前和未来发展进程中具有典型性和代表性。新生专业建设的历史不长、积累有限、成果不多，期待本文的研究能够起到抛砖引玉的作用，引发参与新工科建设的高校的高度重视，产生出丰硕多样的新工科专业建设的实施成果，进而培养出一大批新经济发展需要的各类高素质交叉复合型工程科技人才。

参考文献

[1] 林健. 面向未来的中国新工科建设 [J]. 清华大学教育研究，2017 (2).

[2] 林健. 新工科建设：强势打造“卓越计划”升级版 [J]. 高等工程教育研究. 2017 (3).

[3] 林健.“卓越工程师教育培养计划”专业培养方案研究 [J]. 清华大学教育研究，2011 (2).

[4] 林健.“卓越工程师教育培养计划”专业培养方案再研究 [J]. 高等工程教育研究，2011 (4).

[5] 林健. 面向卓越工程师培养的课程体系和教学内容改革 [J]. 高等工程教育研究，2011 (5).

[6] 林健. 卓越工程师创新能力的培养 [J]. 高等工程教育研究，2012 (5).

参考文献 [2]：新工科建设：强势打造“卓越计划”升级版

参考文献 [4]：“卓越工程师教育培养计划”专业培养方案再研究

第7章 新工科专业课程体系改革和课程建设

【本章导读】

课程体系是指根据人才培养目标和培养标准而设计和构建的由既相互独立又相互关联的若干组课程所构成的有机整体，人才培养目标的实现和培养标准的落实需要通过课程体系作为载体和桥梁。人才培养目标是对培养对象在毕业5年左右能够达到的职业和专业成就的总体描述，包括所从业的专业领域、职业特征和胜任职业工作所具备的核心能力和素质等，应体现德智体美劳全面发展的社会主义事业合格建设者和可靠接班人的总目标；人才培养标准具体规定了培养对象毕业后所必须具有的知识、能力和素质结构及其具体内涵；课程体系的设计、构建和改革要围绕着如何有效实现人才培养目标及落实人才培养标准这一根本而展开。

作为构成课程体系的基本单元，每一门课程建设的目标在于实现经过分解细化后的培养标准中的一个或若干个标准点。课程建设是一项与时俱进的工作，不仅要重视课程教学内容的改革和更新，还要充分考虑学科专业特点以及课程之间的关系，更要注重解决或避免当前课程建设存在的各种问题。

新工科的内涵及特征使得新工科专业课程体

系改革和课程建设较其他专业而言难度更大、挑战度更高，使其成为新工科专业建设必须完成的一项关键性、全局性、系统性和复杂性的工作。本章基于新工科的内涵及特征，密切结合我国新工科建设的具体实际，充分考虑当前工程教育改革与发展中存在的问题，借鉴发达国家工程教育改革的成功经验，依次重点分析和研究新工科专业课程体系改革和课程建设中的主要任务和核心工作，以期为我国高校新工科专业课程体系改革和课程建设提供借鉴和参考，为卓越工程人才培养奠定重要的基础。

Chapter 7 The Curriculum System Reform and Courses Construction of New Engineering Majors

【 **Introduction of this Chapter** 】 The curriculum system is an organic whole which is designed and constructed according to the training objectives and standards of talents, and which is composed of several groups of courses which are both independent and interrelated. The realization of the talent training objectives and the implementation of the training standards need to be carried out through the curriculum system as a carrier and a bridge. The talent training objective is an overall description of the career and professional achievements that the students can achieve about 5 years after graduation, including the professional field, professional characteristics and core competence and quality for the professional work, etc., It should embody the overall goal of qualified builders and reliable successors of the socialist cause with all-round development of morality, intelligence, physique, aesthetics and labor; The talent training standard specifies the knowledge, ability and quality structure and its specific connotation that the cultivated object must have after graduation. The design, construction and reform of the curriculum system should focus on how to effectively achieve the objective of talent training and the implementation of talent training standards.

As the basic unit of the curriculum system, a course goal is to realize one or several standard points in the training standards after decomposition and refinement. Curriculum construction is a work that keeps pace with

The Times. We should not only pay attention to the reform and update of curriculum teaching content, but also take into full consideration the characteristics of subjects and the relationship between courses, and pay more attention to solve or avoid various problems existing in the current curriculum construction.

The connotation and characteristics of new engineering disciplines make the curriculum system construction and courses reform of new engineering majors more difficult and more challenging than other majors, and make it a key, overall, systematic and complex work that must be completed in the construction of new engineering major. This chapter, based on the connotation and characteristics of new engineering, closely combining with the actual situation of new engineering disciplines construction in our country, giving full consideration to the current problems existing in the engineering education reform and development, drawing on the successful experience of developed countries engineering education reform, in turn, focus on the analysis and research of the main tasks and core works in the curriculum system reform and courses construction of new engineering majors, in order to provide reference for the curriculum system reform and courses construction of new engineering majors in universities and colleges, and form the importance basis for training outstanding engineering talents.

课程体系及其课程是人才培养的主要载体，是专业培养方案的核心内容，关系到人才培养目标的实现和专业培养标准的落实。新工科的内涵及特征使得新工科专业课程体系改革和课程建设较其他专业而言难度更大、挑战度更高，使其成为新工科专业建设必须完成的一项关键性、全局性、系统性和复杂性的工作，也将成为我国高等教育其他学科专业课程体系改革和课程建设的引领和示范。

新工科专业课程体系改革和课程建设需要兼顾好四方面的关系：一是既要充分考虑新工科专业的工程教育属性，又不能忽视其高等教育属性；二是既要满足新工科专业建设的总体要求，又要注重不同高校新工科专业优势和特色的发挥；三是既要适应当前行业产业发展的变化，更要满足未来行业产业发展的需求；四是既要学习借鉴发达国家的成功经验，更要结合我国工程教育发展和高校的具体实际。

本章基于新工科的内涵及特征[1]，密切结合我国新工科建设的具体实际，充分考虑当前工程教育改革与发展中存在的问题，借鉴发达国家工程教育改革的成功经验，依次重点分析和研究新工科专业课程体系改革和课程建设中的主要任务和核心工作，包括新工科专业课程体系的设计，新工科专业课程体系的建设，新工科专业课程建设的重点，新工科专业课程建设的其他重要方面，新工科专业课程教学内容的改革与更新等，以期为我国高校新工科专业课程体系改革和课程建设提供借鉴和参考，为卓越工程人才培养奠定重要的基础。

7.1　新工科专业课程体系的设计

7.1.1　课程体系的价值取向

“卓越工程师教育培养计划”（以下简称“卓越计划”）1.0提出了满足卓越工程师培养需要的课程体系应当具备四个方面的价值取向：（1）满足培养目标需要的根本价值；（2）体现学科专业领域整体的继承和发展价值；（3）反映高校人才培养独有的特色价值；（4）体现学生主体发展的最终价值[2]。作为“卓越计划”2.0，新工科专业课程体系的价值取向应该增加“（5）适应经济社会发展的未来价值”，这是由新工科的内涵与特征及新工科建设的主要目标所决定的[1]，重点强调新工科专业课程体系改革要面向未来，要适应国家经济社会未来发展需要，体现培养未来卓越工程人才的价值，这也是“卓越计划”2.0在“卓越计划”1.0基础上的主要拓展之处。

在上述价值取向中需要专门强调的是“反映高校人才培养独有的特色价值”。这一价值取向要求新工科专业课程体系做到：体现高校的教育理念，针对高校的服务面向，突出高校的办学优势，强调高校的行业背景。这四方面决定着一所高校课程体系区别于其他高校的特色之处，反过来说，一所高校的人才培养特色要通过其课程体系来体现，构建独具特色的课程体系应该成为每个新工科专业的努力追求。

课程体系的价值取向的实现要贯穿到新工科课程体系设计和建设的整个过程。也就是说，最终形成的课程体系要满足新工科专业人才培养目标的实现，要使学生系统全面地掌握新工科相关学科和专业领域的知识和精髓，要反映出每一所高校各自的工程人才培养特色，要满足学生自身的职业和终身发展需要，要适应经济社会发展对培养未来卓越工程人才的需要。

7.1.2 课程体系的构成要素

新工科专业整个课程体系可以由通识教育和专业教育两部分组成。通识教育包括通识基础课程群和学科专业基础课程群，专业教育包括专业核心课程和专业拓展课程群，如图7.1所示。其中，除了专业核心课程外，其他三个课程群均由必修课和选修课构成。

1. 通识教育部分

通识基础课程群主要为新工科专业学生提供适应面广的人文社会科学、数学和计算机基础等课程，主要有人文系列课程和数理系列课程。该课程群注重培养学生的人文素养、团队合作精神、创新创业意识、社会责任感、家国情怀、全球视野以及数字化思维等。

学科专业基础课程群要从未来技术、产业和经济社会发展的角度为新工科专业人才提供宽广的学科基础和专业基础，主要有学科基础系列课程和专业基础系列课程。该课程群注重培养学生的团队合作意识、创新意识、现代工程意识、批判性思维、跨学科和系统思维、数字化能力等，并重视工程伦理和职业道德等方面的教育。

2. 专业教育部分

专业核心课程需要面向未来为新工科专业学生提供在本专业领域发展不可或缺的专业理论、方法和技术。这类课程应更具有系统性、方向性和综合性，往往需要较大的投入进行开发，包括需要在与课程内容相关学科领域方面有一定的研究成果，同时注重在课程中凸显本校在新工科专业上独具的特色。专业核心课程要注重培养学生的复杂工程问题解决能力、非结构化解决问题的能力、多学科团队协作能力、研究和开发能力以及创新能力等。

专业拓展课程群旨在为新工科专业学生的职业和个性发展提供宽阔的平台，主要由专业方向系列课程、专业训练系列课程和前沿发展课程组成。该课程群注重培养学生复杂工程问题解决能力、多学科团队协作能力、创新创业能力、动态适应能力、工程领导力、全球胜任力等。

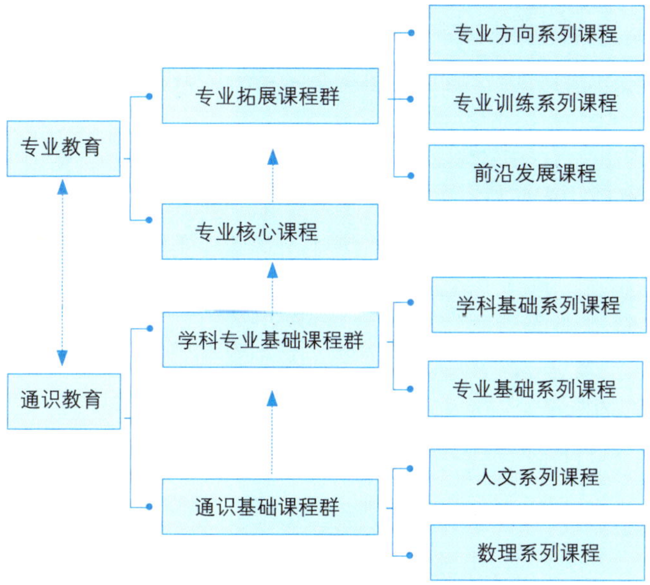

图7.1 新工科专业课程体系的构成要素

7.1.3 模块化的课程体系

模块化是现代课程体系建设的基本要求，模块化课程体系是指整个课程体系是由若干个完整的课程模块构成，每一个模块又由若干门课程组成，这些课程一般分为必修课和选修课两类，少数模块可以都是必修课或者都是选修课。模块化课程体系中模块的数量和大小的确定应以有利于新工科人才培养为准则，模块化课程体系的下述主要优点十分符合新工科专业课程体系改革的需要：

（1）能够在模块内实现多门课程的交叉整合。课程模块的设计和组织不受学科专业领域界限的限制，不同学科专业的课程能够简单地组合在同一模块内，这就使得那些难以整合重组成一门课程的多门课程可以在一个课程模块内通过选课的组合实现在学习过程中的交叉或整合。

（2）可以满足学生的全面发展和个性发展需要。既可以设计覆盖面广、跨越多个学科专业的通识教育系列课程模块，以满足学生全面发展的需要；又可以设计由不同专业方向组成的专业方向系列课程模块，以支持学生的个性化发展。

（3）具有很强的适应性、开放性和实用性。课程体系内每个模块具有各自的功能，模块之间相对独立，因此，对一个或几个模块进行调整和修改不会影响其他模块和各个模块之间的关系，这就能够对课程体系及时进行调整、充实和更新。

（4）每个课程模块的目标明确、学生容易实现。这不仅有利于增强学生的学习热情和信心，提高学习的积极性，增强学习效果；也有利于学生尽可能多地选择感兴趣和需要的课程模块学习，实现课程模块选择的多样化。

（5）每个课程模块是相互独立、功能各异的课程实施与评价单位。可以在不影响其他课程模块的情况下，针对经济社会发展的需要、行业产业的未来变化以及新工科相关学科的发展，对相关课程模块内的课程设置进行调整，或对课程教学内容进行完善、充实和更新。

7.1.4 培养标准的分解落实

新工科专业人才培养目标的实现必须通过培养标准的实现或达成来完成，而培养标准的实现需要课程体系的有效支撑和每一门课程的具体贡献。在课程体系设计阶段，需要采取“自顶向下”的方式，通过以下步骤将培养标准逐层分解最后落实到每门课程上。

步骤1：将专业培养标准逐条整理或分解（如果需要）成若干条在内涵上相对独立的条目，使各条目能够作为课程模块的目标，从而确定出构成课程体系的课程模块；

步骤2：将培养标准各条目落实到相应的课程模块作为课程模块目标，并根据其在整个培养标准中的重要性程度确定各模块的课时或学分比重；

步骤3：将每个课程模块目标进一步分解成在要求上相对独立的标准点，使得一个或几个标准点能够作为一门课程的目标，从而确定组成每个课程模块的各门课程及其目标。

培养标准的整理或分解细化中，强调相对独立的条目和标准点的主要目的是避免各个课程模块之间所设课程的重复和模块内各门课程之间教学内容的重复。

新工科专业课程模块建设的重心在于各个课程模块内每门课程的建设，而每门课程建设的核心在于根据课程目标选择课程教学内容，以保证分解细化后的培养标准的最终落实。因此，每门课程的课程目标既是对该课程的培养要求，也是对该课程的考核要求。

新工科专业培养标准的分解落实过程如图7.2所示。通过图7.2，可以进一步看出课程与培养标准之间存在如下密切关系：

（1）每一门课程能够为多条培养标准的实现做贡献。一门课程的功用是多元的，这不仅是因为课程目标可能源于多条培养标准，担负着不同程度上实现相关培养标准的任务，而且还由于该课程作为先导课程的延续和后续课程的基础，发挥着“承前启后”的作用，因此，也间接为其他培养标准的实现做贡献。

（2）一条培养标准的实现需要多门课程按照一定的逻辑顺序的有效实施才能达到。一条培养标准的实现即使可以以一门课程的实施为主，但仍然需要多门关联课程按照一定的逻辑顺序的连续实施，通过这些课程的相互配合、持续作用和不断强化，以最终达成该条培养标准。事实上，在课程体系设计时，往往将这几门关联的课程置于一个课程模块之中，以共同实现某条培养标准。

课程体系的设计和建设离不开企业或行业专家的参与。企业或行业专家不仅最清楚当前和未来社会对工程人才的需求，包括人才层次、类型、结构和规格等，而且十分清楚目前高校工科毕业生在知识、能力和素质上存在的不足和需要完善的地方，因此，他们的参与不仅能够对专业培养目标和培养标准提出更加符合实际的建议和意见，而且能够对培养方案、课程设置、教学内容、理论联系实际、学校与企业结合等提出切合实际的建议和意见。

还需要注意的是，承载着培养标准的课程体系只有通过其中每一门课程的有效实施才能最终实现培养标准，而一门课程的有效实施至少需要做到两点：（1）必须采用与课程教学内容相适应的教学组织形式和教学方法；（2）需要有与教学内容和教学方式相应的评价方式，以检验一门课程的实施是否达到预期效果。

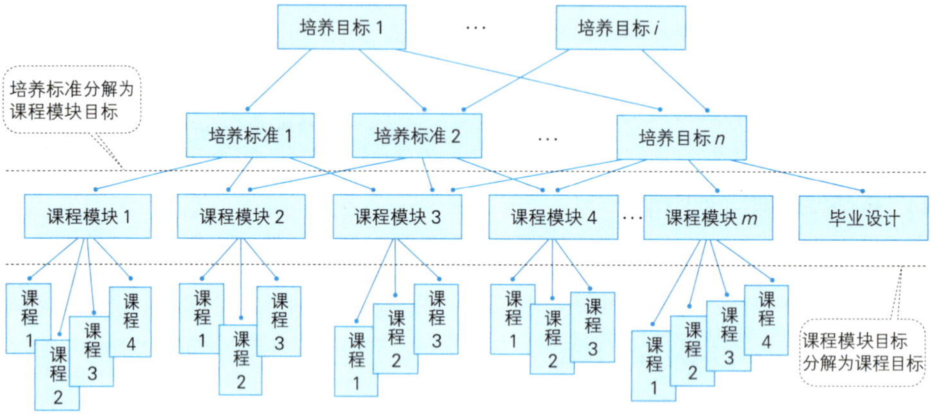

图7.2　新工科专业培养标准的分解落实

7.1.5　新工科专业课程体系的形成

在图7.1所示新工科专业课程体系的构成要素的基础上，通过图7.2所示的新工科专业培养标准的逐步分解和详实具体的落实过程，包括根据培养标准的分解情况确定课程模块、按照课程模块目标的分解确定构成模块的各门课程等，就能够形成新工科专业完整的课程体系。

在通识基础课程群中，人文系列课程可以由几个课程模块构成，主要包括人文科学、社会科学、经济管理、思想政治、外国语言、体育军事等课程；构成数理系列课程的模块主要包括高等数学、工程数学、概率统计、计算机基础等方面的课程。

在学科专业基础课程群中，构成学科基础系列课程的模块要为新工科专业学生长远发展提供坚实的学科和科学基础，应该主要由与新工科专业相关的各学科的基础的核心课程组成；构成专业基础系列课程的模块要从新生专业未来的发展和变化两方面为学生的职业发展提供大类专业基础和专业方向基础，因此应该包括大类专业共享的基础性课程和各个可能专业方向需要的基础课程。

专业核心课程是由新工科专业的核心知识体系所构成，可以有1 ~ 2个课程模块，由少量精品课程组成，主要涉及本专业领域发展最核心的知识、原理、规律和方法等。

在专业拓展课程群中，专业方向系列的若干模块由新工科专业未来发展的多个可能的、潜在的方向模块组成，每个专业方向的确定需要对新技术和未来产业发展的研究和预测，每个模块有若干骨干课程支撑；构成专业训练系列的模块可能包括以实践和设计为主的综合训练、以项目研究和开发为主的工程训练、以交叉学科问题和复杂性问题为研究对象的科研训练；前沿发展课程模块关注的是新工科专业未来发展的前沿领域，重点在新工科专业的发展趋势、最新理论方法和前沿技术等方面内容。

新工科专业课程体系具有多样性的特征，表现在每一个新工科专业的课程体系没有统一的模式，包括构成课程体系的模块数量、每个模块内课程门数、各个模块在整个课程体系中的学时比重等。这一特征要求：新工科专业课程体系的改革不能简单地复制其他专业甚至其他高校相同专业的课程体系，而应该以实现本专业培养目标和培养标准为根本进行课程体系的设计和建设。图7.3进一步说明了课程体系与人才培养方案和培养标准实现的关系。

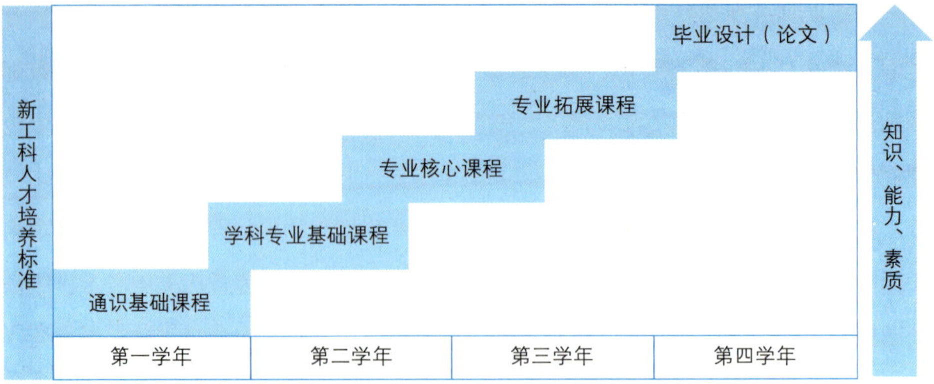

图7.3　新工科专业课程体系与人才培养方案和培养标准实现的关系

7.2　新工科专业课程体系的建设

新工科专业课程体系的建设是按照前文设计好的架构开展，在建设过程中可能遇到的主要问题包括：通识教育课程与专业教育课程的联系，理论课程与实践课程的结合，将创新能力培养贯穿于整个课程体系，合作共建课程模块等。

7.2.1　通识教育课程与专业教育课程的联系

通识性和专业性的矛盾是大学课程的基本矛盾之一，通识教育与专业教育的人为隔离且各自为政是目前我国高校普遍存在的一种现象。一方面，专业教育改革的参与者往往仅是从事专业教育的教师，鲜见从事通识教育的教师的参与；另一方面，从事通识教育的教师在时间和主观上没能投入更多的时间精力熟悉和了解所教各专业的性质和要求。然而，在新工科专业课程体系的建设中，应该针对通识教育和专业教育不同的价值取向，注重二者的紧密衔接，重视二者的相互融合，以支持新工科专业培养目标和培养标准的实现。

通识教育课程在知识内容上具有比较明显的跨学科和专业的特点，强调基础知识、技能和素质的综合性，对学生基本知识的学习、基本技能的掌握、基本素质的提升、价值观的形成和人的全面发展上具有根本的作用。专业教育课程聚焦本学科专业领域知识体系的传承和发展，强调专业知识和能力的系统性和完整性，注重专业知识的学习、专业能力的培养、社会能力的加强、综合素质的提升，在培养高素质专业人才上具有主导的作用。

新工科专业多学科交叉融合要求注重通识教育课程与专业教育课程之间的紧密衔接。一方面要使通识教育课程为专业教育课程的实施打下基础，使其在人文知识传授、个性品质训练、公民意识陶冶、核心价值观形成等方面成为开展专业教育的前提；另一方面要使专业教育课程不仅是专业知识的传授、专业能力的培养和训练，而且是在通识教育课程基础上学生综合能力培养和全面素质提升的延续。

新工科专业多学科交叉融合强调重视通识教育课程与专业教育课程之间的相互融合。一方面两者之间的相互融合能够促进相关知识的一体化，有利于形成将知识学习、能力培养和素质提升融为一体的培养方式，提高人才培养的效率；另一方面两者之间的相互融合能够加强两类教师之间的交流与合作，促进通识教育课程和专业教育课程的建设，在优势互补的过程中更加聚焦培养标准的实现，降低人才培养成本。

7.2.2 理论课程与实践课程的结合

重理论轻实践仍然是目前我国高校在工程教育上存在的另一普遍问题。现实情况是：课程体系充满理论课程，理论学习效果不佳；实践环节课时不足，学生实践创新能力难以达标。因此，在新工科专业课程体系建设中，要注重理论课程与实践课程的结合，提高理论课程学习效果，提升学生的工程实践能力。

（1）要借助现代信息技术、优质教育资源和先进教学方式，减少理论课程的课时数，增加实践课程的课时数，保证实践类课程在总学分中占足够比例。

（2）对每一门理论课程，尤其是核心课程，应该提出对实践环节的明确要求，包括与之关联的实践课程或实践类型，实践课程实施方式及所需的实践课时等。

（3）在完成每个课程模块内课程的教学任务后，应该有综合性实验或相关实践环节，以促进课程模块中各门课程理论知识的交叉复合及整体应用。

（4）除了必要的验证性实验外，综合性、设计性和研究性实验应成为实践课程教学的主要部分，使课堂教学内容能够整体、系统和创新性地得到应用。

（5）要加大对实践教育教学资源的投入，开放各种科研资源，尤其是校内外不同层次的科研实验室、研发基地和创新平台，以满足实践课程教学和学生自主开展实践活动的需要。

7.2.3 将创新能力的培养贯穿于整个课程体系

创新能力培养是衡量一所高校人才培养质量的关键因素，新工科专业人才培养更是如此。虽然新工科专业的每一门课程均有来自培养标准分解细化后形成的课程目标，但是基于新工科的属性和特征，所有课程，不论是通识课程还是专业课程，均应该注重对学生创新能力的培养，这不仅仅是因为创新能力是包括新工科人才在内的各级各类人才的一项核心能力，也是因为创新能力的培养需要贯穿于人才培养全过程，需要课程体系内各门课程的共同努力。

创新能力是现代社会对人才的普遍要求，是一种复杂的能力，主要是由知识视野、创新意识、创新思维、创新技能和创新素质等要素构成并相互作用而形成的综合能力[5]。新工科专业的每一门课程在实现本课程目标的同时，要根据各自在整个课程体系中的定位以及与前导课程和后续课程的逻辑关系，明确本课程在学生创新能力培养上的责任，努力在创新能力的一个或多个构成要素的形成和培养上做出应有的贡献。

总体而言，通识教育类课程应该在学生的知识视野、创新意识和创新思维上发挥重要作用。在课程教学内容的选择上要突破以往的主要由人文社会科学基本知识和原理作为课程内容的做法。首先，从丰富知识和开拓视野的角度，注重从多个不同学科中选择多元知识，从各种不同角度展示科学技术发展的进程，为学生创新能力其他要素的培养奠定基础；其次，从培养和形成学生创新意识的角度，将中华民族的发展与个人的理想愿望结合起来，培养学生的价值追求、兴趣爱好、求知欲望和好奇心态，从认识、思想和意念上形成不断追求创新的精神态势；第三，从训练和培养学生创新思维的角度，尽可能让学生了解、熟悉甚至掌握各种不同的思维方式、不同学科解决问题的思路、方式、方法和途径，为创新思维的培养和逐渐形成打下坚实的基础。

专业教育类课程应该在通识教育类课程的基础上，在学生的创新思维、创新技能和创新素质培养上发挥重要作用。进入专业教育阶段，学习和研究对象更加具体和明确，学习环境会拓展到实验室、实训基地和工业企业，对创新能力这三个要素的培养应该更有针对性。首先，在创新思维培养上，结合课程教学中涉及的各自工程问题，鼓励学生从与众不同的角度，综合运用各种思维方式，分析工程问题内部诸多因素的相互关系，抓住主要矛盾，提出解决问题的新思路、途径和方法；其次，在创新技能培养上，专业教育课程要注重以解决工程问题为平台，一方面使学生学习和掌握解决工程问题必须的各种现代的、先进的技术和手段，另一方面要使学生能够运用这些技术和手段成功地解决工程问题；第三，在创新素质培养上，专业教育课程教学应该尽可能推行研究性学习[4]，一方面锻炼和培养学生的信息获取、知识更新和终身学习能力，另一方面通过解决问题、分析案例和研究项目必须的团队合作，培养学生的组织管理能力、交流沟通能力、团队合作能力和关系协调能力等。

7.2.4　合作共建课程模块

在课程体系建设过程中，往往重视了分工而忽视了合作，也就是说，对于具体某门课程的建设，由于分工到位、责任到人，基本上能够保证该门课程的质量，但是，课程之间的相互关系和作用，尤其是关系到课程模块目标实现的课程模块的建设往往得不到重视，因此，每门课程的“优”难以形成所在课程模块的“整体最优”。在新工科专业建设中，由于涉及更多的学科专业教师，这种情况更加凸显，所以，合作共建课程模块就成为新工科专业课程体系建设需要重视的又一问题。

合作共建课程模块的主要任务有五：一是审视课程模块目标的分解和模块内课程的设置和构成，以进一步确定目标分解的合理性和课程设置的有效性；二是确定模块内课程之间的逻辑关系及相互作用，以明确每门课程在模块中的作用和定位；三是平衡模块内课程之间教学内容，避免出现交叉重复的现象；四是联合开发模块内难度大、需要多方合作的多学科交叉课程；五是评价和审定每门课程建设的质量。

参与合作共建课程模块的人员应该包括：（1）课程模块建设负责人；（2）每门课程建设负责人；（3）课程模块涉及的相关学科专业教师；（4）行业企业领域相关专业的专家。作为合作共建团队的召集者，课程模块建设负责人需要与参与人员保持密切的沟通，开展经常性的交流，研讨模块建设过程中可能出现的问题，既保证每门课程按照各自目标要求建设，又要落实模块内各门课程的定位及其相互关系，还要保证所有课程均围绕着模块目标要求建设。

7.2.5　课程体系改革成功的关键要素

事实上，课程体系改革是一项复杂的系统工程，改革能否成功主要取决于以下六方面关键要素：

（1）培养目标：面向未来准确的新工科专业人才培养目标定位。

（2）培养标准：实现培养目标的新工科专业人才培养标准（毕业要求）。

（3）标准落实：培养标准都能够完全落实到课程之中，作为课程教学目标，由此形成课程目标体系。

（4）教学方法：每门课程的教学方法能够有效地支持课程教学目标的实现。

（5）评价方法：每门课程的评价方法具有针对性，能够准确评价课程教学目标的实现情况。

（6）重视投入：需要任课教师、专业负责人、教务部门管理人员的高度重视和投入。

7.3　新工科专业课程建设的重点

新工科专业课程建设的重点应该围绕着当前我国工科专业在课程建设上存在的问题展开。我国高校工科专业，尤其是开设时间较长的专业，在课程建设上普遍存在六方面的问题：一是仅用增设不同学科专业课程的方式反映现有学科专业的发展受到其他学科的影响，而不是采取与其他学科专业课程交叉融合的方式，从本质上反映现有学科专业与其他学科的融合发展；二是课程细分，构成课程体系的基本上都是不超过2学分的众多课程，这既容易造成学科专业知识体系的人为分割，又容易使得每门课程没有足够的课时围绕课程目标进行系统深入的探究；三是课程之间存在着内容重复交叉的现象，“时髦”的内容容易出现在不同课程中，使得原本紧张的总课时愈发捉襟见肘；四是课程教学实际效果与课程目标及行业企业的期盼存在明显差距；五是课程教学内容主要是对已有成熟知识理论的讲授，而缺乏对前沿性问题和发展性问题的分析和挑战；六是课程教学内容往往缺乏与实践教学环节或实际问题的密切结合。

上述第一方面问题可以通过课程的交融性得以解决，第二、三方面的问题可以通过课程的综合化予以解决，第四方面的问题可以通过课程的项目化得到解决；第五方面的问题需要注重课程的挑战性，第六方面的问题需要重视课程的应用性和实践性。

7.3.1 课程的交融性

多数新工科专业的课程需要通过交叉融合多学科专业的知识、原理和方法等而形成的，体现出课程的交融性，这是由新工科交融性和跨界性的特征所决定的[1]。课程的多学科交叉融合不是对相关学科专业现有课程的简单“拼盘”或叠加，而是需要按照实现课程目标的需要，或者对相关课程内容进行交叉或融合，或者开发全新的课程。这里相关课程的交叉主要指的是对这些课程教学内容进行相互渗透、整合、重组和优化；相关课程的融合则指的是对这些课程教学内容先进行交叉，而后相互渗透，最后实质性地融合成新的课程；全新课程的开发是针对已经基本成熟的新的专业方向或领域，需要在这些方向或领域有一定的研究积累和成果，足以成为课程的核心内容。

不同类型新工科专业的课程建设需要根据各类专业的性质特征开展。新型工科专业的课程建设需要在传统工科专业课程的基础上融入与改造、转型和升级传统工科专业所需要和关联的各种理念、知识、理论和技术等，如信息技术、人工智能、互联网技术等。新生工科专业的课程建设则往往需要对构成新生专业相关学科和专业的同类课程进行交叉并融合，其中，由不同工程学科专业交叉融合形成的新生工科专业的课程就需要对这些学科专业原有的同类课程进行整合重组，由工科专业与其他学科交叉融合形成的新生工科专业的课程就需要将该工科专业原有课程与其他学科专业的课程进行对应的交叉融合；需要指出的是，新生工科专业的性质特征决定着其课程建设不可能全部由相关学科专业课程交叉融合而成，如核心课程的建设，因此还需要考虑开发全新的课程。新兴工科专业的课程建设需要围绕着新技术产业化这一主线开展研究，研究基于该项新技术的新产业的形成过程及所兴起的新学科，找到新学科与现有学科可能的背景关系，明确新学科的内涵、构成和特征，在此基础上开展课程建设。

在具体开展新工科专业课程建设时需要注意几点：（1）一门课程的多学科交叉融合往往不可能一蹴而就，是需要通过多次努力，逐步逼近，经历先整合重组、再交叉渗透，最终才能实现实质性融合；（2）对于具有明显学科专业界限的多门课程的整合重组或交叉融合需要有来自不同学科专业的教师组成多学科教学团队共同努力；（3）每门课程的建设不是孤立的行为，既要重视先修课程对本课程的基础和支撑作用，也要重视后续课程对本课程的延伸和深入作用；（4）新工科的发展性特征[1]决定着新工科每门课程的内容需要根据学科专业和相关产业的发展变化而予以动态、及时的更新和超前调整。

7.3.2　课程的综合化

新工科课程建设需要重视课程的综合化。课程的综合化是世界一流大学课程建设和改革的重点，目的在于将解决一类工程问题所需要的知识、方法和技术等内容整合成为一门综合性的课程，学生通过该门课程的学习不仅能够掌握解决该类工程问题必要的知识和方法，而且具备了解决该类问题的较为完整的能力，从而避免了以往课程学习只注重专业部分知识的学习，而忽视了相关方面必须的能力培养的现象，对于提高课程学习效果，尤其是培养学生解决一类工程问题的能力具有显著的作用。根据新工科专业建设的需要，课程的综合化可以分别从原有课程的整合和新课程的建设两方面来实现：（1）将原有课程内容相互关联的两门及以上课程通过相互渗透融合后整合重组成一门新的综合性课程；（2）按照实现新工科专业培养标准的需要建设覆盖面较广的全新的综合化课程，包括工程学科与人文科学和社会科学的融合贯通等。

综合化的课程有三个特点：（1）课程内容不存在人为割裂的现象，有利于学生系统完整地学习解决复杂工程问题所需要的理论、方法和技术；（2）能够更好地将课堂理论学习与课外实践运用相结合，有利于培养学生复杂工程问题解决能力[3]；（3）支持实施研究性学习等参与式教学方法，在教学过程中探究复杂工程问题、分析实际工程案例以及开展基于项目的学习，有利于培养学生多方面的能力[4]。

课程的综合化对新工科专业建设的重要性表现在五方面：（1）从产业角度看，需要将过去多个不关联的产业环节整合成一个相互关联的综合体，以满足新产业、新业态和新模式的发展；（2）从课程建设看，构成新工科专业的原有学科专业较多，需要对相互关联的课程进行合并、整合、重组和优化，一方面避免原有课程之间教学内容的重复，另一方面减少讲授相同课程内容所需要的课时，为其他课程的开设留出学时；（3）从教学效果看，综合化后的课程能够避免学生碎片化地学习知识，使学生能够系统、完整、全面地掌握工程领域的基本知识、基本原理和基本规律，既有利于提高学生的学习效果，又有利于学生综合运用课程内容解决问题；（4）从能力培养看，综合化后的课程有利于扩大学生的思维空间，培养系统思维和整体思维以及解决复杂问题的综合能力；（5）从应用角度看，能够在课程教学中探究复杂工程问题和现实实际问题的解决，将理论学习与实践应用相结合。

课程的综合化需要多位教师构成的课程建设组来完成。对这些教师的要求是：（1）明确课程目标，将其作为课程内容选择和综合化的依据；（2）对课程相关内容有一定的研究积累或成果，尤其在新工科学科方向上，这样能够将研究成果充实到课程中；（3）富有团队合作精神，在共同分析和研讨的基础上决定课程内容的选择，而不是过于强调自己原先主讲而将被整合的课程。

综合化课程与以往的课程在实施上的区别在于：（1）课程学时较长，一般需要跨学期，甚至要三个学期完成；（2）往往需要多位教师分工合作才能够完成课程教学任务；（3）在实施过程中需要为学生提供配合教学内容开展实践活动的教育教学资源。

7.3.3 课程的项目化

工程师面临的是真实的客观世界，要解决的是当前和未来的实际工程问题，工程教育的目的是培养学生解决实际复杂工程问题的能力以及设计和创造未来世界的创新创造能力。事实上，项目是各种当前和未来复杂工程问题的集合体，因此，以解决项目问题为目标任务，在完成项目的过程中实现课程目标，即培养学生的工程能力和综合素质，是践行“做中学”教育理念，培养新工科人才的最有效的形式之一。

从课程建设角度，课程的项目化应该成为当前和今后新工科专业课程建设的重点之一，尤其是对那些承担专业教育任务的课程。所谓课程的项目化指的是课程是以项目为基础或以项目为中心进行建设和组织实施的。其中“以项目为基础”是将“项目”作为课程设计的基础，学生通过参与项目，以解决实际问题为导向，获得多学科知识，培养工程能力，提升综合素质；“以项目为中心”则将“项目”作为课程设计和实施的中心，课程的设计是以解决项目问题为目标，课程的实施是在项目的真实情境下围绕完成项目任务而开展的，学生在完成项目任务的同时实现了课程目标。二者的关系和区别如表7.1所示。

表7.1 “以项目为基础”与“以项目为中心”的课程比较

	以项目为基础	以项目为中心
项目的性质	实际工程问题/简单工程项目	实际工程项目
项目的作用	支持课程目标实现	保证课程目标实现
学习情境	人工或真实情境	真实情境
学习方式	自学+授课	自学+辅导
对学生的要求	较强的自学能力 团队合作能力	较强的自学能力 一定的工程能力 团队合作能力
学习时间	课外投入时间较多	课外投入大量时间
目标追求	实现课程目标	实现课程目标 更加符合企业要求
对教师的要求	具有工程实践经历 具备解决复杂工程问题的能力	丰富的工程实践经历 具备解决各类复杂工程问题的能力

以项目为基础的课程项目化的本质是基于问题、案例和项目的学习，即研究性学习[4]，在我国已经推行多年，并取得了可喜的成果，但也存在一些问题：(1) 用于研究性学习的实际工程项目偏少，而问题和案例往往不是源于工程实践或企业实际；(2) 主导研究性学习的教师自身的工程实践经历不足，解决复杂工程问题的能力有限；(3) 教师之间缺乏合作，学科之间交叉不足。

以项目为中心的课程项目化在麻省理工学院得到有效实施并取得良好的反馈[7]，其本质是在研究性学习的基础上，中心化实际工程项目在工程人才培养上的作用，课程目标与完成项目直接挂钩，通过在真实的情境下完成高要求的真实的工程项目任务，使学生涉及更多学科领域，对多学科知识有更好的掌握，能够更全面地培养学生成为卓越工程师后备人才。

课程项目化的关键在于项目的选择：一是项目必须源于工程实践或企业实际，只有这样才能使学生在解决真实的项目问题中得到培养和提高；二是项目必须是综合性复杂工程问题，涉及多学科交叉，需要综合运用多学科知识才能解决；三是项目任务的完成能够保证课程目标的实现。

这类课程的组织是对教师工程实践经历和复杂工程问题解决能力的真实检验。首先，要引导学生在循序渐进地解决问题的过程中，不断地学习和提高自己的知识储备；其次，要鼓励学生开展团队合作，在完成项目的过程中，培养社会能力和提升综合素质；第三，要激励学生在学习和掌握前人知识和经验的基础上，在真实的工程情境中密切结合工程项目的实际，批判性地借鉴并创新性地解决复杂工程问题。

7.3.4 课程的挑战性

与发达国家高水平高校工科专业相比较，当前我国高校工科专业的课程普遍存在的问题有：(1) 课程难度不大，学得容易，忘得也快；(2) 学生普遍缺乏学习兴趣和动力，存在隐性逃课现象；(3) 课程教学效果与课程目标要求存在差距。造成这些现象的原因是多方面的，但就课程本身而言，缺乏挑战性是主要原因。

提高课程的挑战性是新工科课程建设需要高度重视的又一项工作。课程的挑战性指的是学生完成课程学习的难度、需要的投入和努力程度等。提高课程挑战性的主要目的有五：一是激发学生的学习兴趣，提高学习效果；二是激发学生挑战问题和困难的勇气；三是培养学生自主学习和终身学习能力；四是培养学生综合运用多学科知识解决复杂工程问题的能力；五是培养学生的创新能力和合作能力。

提高课程的挑战性既能够有效地挖掘青年学生的潜能，又能够满足他们的心理需求。青年学生不甘落后，乐于挑战问题和困难，期望能够超越前人，渴望彰显自身价值，因此，提高课程的挑战性能够充分调动学生学习的积极性和主动性，更好地达成培养标准、实现培养目标。

提高课程的挑战性可以通过增加以下四方面课程内容着手：一是前沿性内容，包括学科专业前沿问题、行业领域前沿发展问题、工业企业未来发展需求等；二是综合性内容，包括跨学科问题、综合性问题、依靠单一学科知识不能解决的问题、当前行业企业发展中的热点和难点问题等；三是研究性内容，包括需要运用工程科学和技术的原理、理论和方法等予以分析、研究才能解决的问题；四是开放性问题，即问题和结果均是开放的，旨在最大限度地允许和鼓励学生不受限制地去探究和发现未知领域。

课程挑战性的难度或称课程挑战度的把握是课程能否取得预期成效的关键。这方面需要做好四方面的工作：一是把握学情，即充分了解选修本门课程学生的认知水平以及分析和解决问题的能力，明确课程挑战的起点；二是确定平均挑战度，本着多数学生通过自身努力能够解决问题，即通过“跳起来能够摘到桃子”这一准则确定适合多数学生的课程平均挑战度；三是修正挑战度，通过提高和降低挑战度确定满足两头学生的课程挑战度；四是调整挑战度，在课程实施过程中根据实际情况动态挑战不同层次学生的课程挑战度。

除了一般课程需要提高挑战性外，具有明显挑战性特征的课程类型主要有挑战性课程、多学科交叉研讨课、复杂工程问题/工程项目导向性课程等。

7.3.5 课程的应用性和实践性

研究表明，即使用人单位参与了高校工程人才培养标准的制定，但二者对其内涵的理解上仍存在差异，这就使得高校培养的工程人才事实上并没有完全满足用人单位的要求，造成这样结果的主要原因在于高校开设的课程缺乏在真实工程问题上的应用性和在真实工程环境下的实践性，也就是说，高校课程教学采用的工程问题往往不是来自行业企业实际，学生解决工程问题的环境也不都是真实的环境。

新工科课程建设需要重视课程的应用性和实践性。这可以从以下几方面着手落实：一是强调理论课程与实践及应用的结合，每门理论课程均有与之对应的联系实践及实际应用环节，使得学生在实践及应用过程中掌握理论、培养能力；二是注重采用源于行业企业实际的真实的工程问题、案例和项目推行研究性学习，以培养学生的工程素养、解决实际复杂工程问题的综合能力；三是重视学生在企业阶段的学习，使学生在真实的企业环境下，学习企业先进技术和先进企业文化，深入采用企业工程实践活动，参与企业的技术创新和工程研发等活动；四是学生必须“真刀真枪”开展毕业设计，也就是说毕业设计选题必须源于行业企业现实和实际的工程问题或项目，毕业设计环节必须在企业进行。

重视课程的应用性和实践性还需要高校学校层面通过政策、机制和制度建设做好三项工作：一是改变工科教师教学投入不足及在一定程度上存在的重理论轻实践的局面；二是加大对工程实践教育教学资源的投入和加强对校外工程实践教育基地的建设；三是丰富高校教师的工程实践经历和提高教师解决实际复杂工程问题的能力。

7.4　新工科专业课程建设的其他重要方面

除了上述新工科专业课程建设的重点外，在新工科专业课程建设方面还需要建设好虚拟仿真实验课程、明确对毕业设计的要求、重视课程的创新性以及将科研引入课程等几方面工作。

7.4.1　虚拟仿真实验课程

虚拟仿真（virtual simulation）就是用仿真（或称模拟）技术模仿一个真实的或虚构的世界，以仿真的方式给用户创造一个实时反映实体对象变化和相互作用的三维虚拟世界，用户可以通过视觉、听觉和触觉等与虚拟世界进行交互，能够直接参与并探索仿真对象在所处的环境中的交互、变化及结果。虚拟仿真的互动性和逼真性给用户带来身临其境的存在感，使用户能够更加深刻、细致、动态地了解、发现、分析和研究实体对象内在的特征、性质及其规律，目前在娱乐、艺术、教育、规划、旅游、工程、医学等多种领域得到广泛应用。

新技术、新产业、新业态和新模式的发展给新工科相关专业实验课程建设带来挑战，包括真实条件不具备、实际运行困难、涉及高危或极端环境、破坏性、高成本、不可逆、高消耗、周期长的各种实验和实训，以及对前沿性、构想性、预测性事物的分析和研究等，这些正是借助虚拟仿真技术的优势能够完成的。虚拟仿真实验具有真实体验感强、人机交互好、利用率高、容易维护、实验成本低、实验效率高、风险低等诸多优点，不仅能够帮助学生完成众多在传统实验室不可能完成的实验，而且还能有助于学生更好地理解实体对象和未来事物的内在特征、性质及其规律，切实提高学习效果，具有难以替代的作用。

虚拟仿真实验课程的建设需要注意五点：一是在实验课程目标上，注重调动学生参与实验教学的主动性和积极性，激发学生的学习兴趣和潜能，提高学生学习的参与度，增强学生的探究和创新能力；二是在实验课程教学内容上，必须充分发挥虚拟仿真实验的上述优点，密切结合新工科专业特色和产业发展最新成果；三是在实验教学方法上，注重创新实验教学资源的呈现方式，注重对线上讨论、线下交流、自主实验的促进作用，探索提升实验教学效果的方式方法；四是在实验技术手段上，要综合运用计算机图形学、人机交互、传感技术、三维建模、人工智能、虚拟现实、增强现实、云计算等技术手段，提高实验课程的吸引力和教学效果；五是在课程实施上，要搭建具有开放性、共享性、拓展性、兼容性和前瞻性的虚拟仿真实验教学运行平台，注重知识产权和个人信息的保护，探索在线虚拟仿真实验课程教学的成效显著、开放共享、面向未来及可持续的运行模式。

7.4.2　毕业设计的要求

毕业设计是一门重要的综合性课程，是学生四年学习期间最重要的一次全面、系统、综合的工程设计训练，是培养学生工程能力、社会能力和综合素质的关键环节，在实现培养标准和培养目标上有着不可替代的作用。但是，目前仍然存在着毕业设计实际执行状况与毕业设计要求不符的现象，从新工科人才培养的角度考虑，毕业设计应该满足五方面要求：

一是选题应该源于行业产业、源于工程实践，这是关系到毕业设计能否发挥应有作用的关键，选题不仅包括行业企业当前面临的各种生产、技术、研发、市场、管理等方面，还可以涉及行业产业未来可能面临的各种生存、发展和挑战性问题；

二是注重培养和提高学生综合运用所学的理论、方法和技术手段解决工程实际问题的能力；

三是注重提升和强化学生的工程意识、职业素养、社会责任、创新能力、团队精神及多学科团队协作能力；

四是要有行业企业专家参与毕业设计的指导和考核评价，这对学生能力和素质的培养至关重要，其作用是校内教师所不能替代的；

五是毕业设计的主要工作应该在行业企业真实的工程环境中完成，这不仅有利于学生深刻理解和把握毕业设计问题的本质和根源，提出更加切合实际的解决问题的思路，还有利于加强学生与企业工程技术人员的沟通，提出符合企业工作流程的毕业设计方案。

此外，为了更好地发挥毕业设计的重要作用，应该避免采用毕业论文的形式替代毕业设计。

7.4.3　课程的创新性

新工科课程建设需要重视课程的创新性。创新性表现在课程内容的构成、课程实施的方式、课程讲授的教师以及课程评价的方式等方面。

在课程内容的构成上，新工科的内涵及其特征决定着其每门课程内容不能简单沿用以往相关课程的内容，而必须做到两点：一是突破现行学科专业的界定，体现多学科思维的融合、新产业技术与新工科学科理论的融合、学生跨学科专业能力的融合以及多学科项目实践的融合，面向未来新工科专业发展和人才培养的需要，精选、组织和整合课程内容，以有效地支持课程目标的实现；二是要随着新技术、新产业、新模式、新业态的发展变化，对课程设置和教学内容进行及时、动态的调整和更新，以保证课程内容始终处于“新”的状态。

在课程实施的方式上，除了要求采用与课程内容相适应的教学组织形式和教学方法外，要通过提高学生的学习兴趣、提高学生学习的参与度，达到提高学生学习效果的目的。在提高学生学习兴趣上，要注重学生的个性特点、学习方式的偏好，精心组织教学内容，大力推进信息技术与教和学的深度融合，采取灵活多样的教学方式，引导学生个性化学习；在提高学生的参与度上，要大力推行基于问题、案例和项目的学习，采取专题研讨式学习和小组合作学习等教学方式，促进学生主动参与和师生间的有效互动，引导学生自主探究式学习。

在课程讲授的教师上，除了具备工科教师的要求外[6]，对担任新工科课程教学的教师还应该做到三点：（1）注重理论学习与实际运用密切结合，着实培养和提高学生的各种能力，以避免学非所用，纸上谈兵的现象；（2）基于新工科课程的多学科交叉融合的特点，重视与其他教师的合作，共同完成课程教学任务，以避免课程教学单打独斗的现象；（3）注重与其他课程的衔接，发挥每门课程的增强效应，以有效实现课程模块或课程群的教学目标，避免课程各自为政的现象。

在课程评价的方式上，要更新教学评价理念，创新评价方式方法，注重评价方式的针对性、有效性和创新性。首先，要针对课程目标的具体要求，选择或创新课程评价方式方法，使之与教学内容和教学方式相适应，避免评价结果偏离课程目标要求；其次，评价方式方法要能够准确、客观地衡量出课程教学效果，能够支持课程教学质量的持续改进和完善，如采取针对学生设计的产品、完成的作品、参与项目的成果的评价方式；第三，要以有利于推动课程评价工作为目标不断创新评价方式方法，提高课程评价的效率和效果，如在课程教学信息的获取和处理上如何充分运用信息技术等。

7.4.4 课程建设与科研

新工科的跨界性和发展性特征[1]对于激发学生参与科研的热情，提高其主动性和积极性具有显著的作用。首先，新工科专业的多学科背景容易促使学生产生浓厚的研究兴趣，形成科研的原动力；其次，新工科专业的多学科交叉融合能够开拓学生的视野，促使他们从多个不同的角度，运用不同的思维方式，采用多种不同的研究方法，获得创新性的研究成果。因此，将科研引入新工科专业的课程建设具有独有的优势和重要的意义。

（1）将科研活动引入课程。科研活动既为学生提供综合的知识应用的机会，更为学生建立了各种能力培养和综合素质提升的平台。将科研活动引入课程就是将课外科研活动与课程教学内容有机结合，将其作为课程的组成部分，使课程教学内容能够在课外科研活动中得到有效充分的应用。可以有两种方式，一是结合课程教学内容有针对性地将学生在课外参与的科研活动引入课程；二是根据课程教学内容针对性地设计课外科研活动。将科研活动引入课程的主要作用有二：一是能够更有效地支持课程目标的实现，这是因为较之课程教学使用的案例和问题，科研活动的内容更加综合和复杂、更具有挑战性、更能激发学生的兴趣和投入，科研活动的参与和完成给予学生更大的自主性和灵活性；二是能够在不增加课程学时的情况下提高课程教学效果，这是因为引入课程的科研活动并不需要在课堂教学时间内完成，可以充分发挥课外学习在人才培养上的作用。

（2）将科研项目引入课程。科研项目包括源于纵向和横向的理论研究或应用研究的项目，将科研项目引入课程与将科研活动引入课程有着两方面的相似之处：① 均以科研为平台；② 科研任务的完成时间主要在课外。但前者与后者的主要区别在于：① 科研项目要作为课程的基础，主导着整个课程的实施，课程教学内容要围绕着科研项目的完成而组织；② 前者课程实施的主要方法是基于项目的学习（project-based learning），这种方法已经得到广泛推行；③ 前者为学生提供更系统综合的平台，包括知识的获取、应用和创新，工程能力的培养和提高，社会能力的培养和提高以及综合素质的养成和提升等[4]。

（3）将科研成果引入课程。新工科专业始终强调要及时更新课程教学内容，使学生始终掌握本学科最新成果、处于学科发展前沿。课程教学内容更新需要鼓励教师开展新工科相关学科领域的研究，并将符合课程目标要求的研究成果，按照知识、能力和素质的形成规律和新工科内在的逻辑顺序引入相关课程中。在将科研成果引入课程的同时，要注重将教师科研问题的提出、分析和解决过程中的经验、教训和启示生动地融入科研成果的讲授之中，从而激发学生的学习兴趣、热情和主动性，培养学生的问题意识、批判性思维和创新性解决问题的能力。

7.5 新工科专业课程教学内容的改革与更新

在新工科课程体系改革和课程建设的同时要做好对相应课程教学内容的改革和更新。一门课程教学内容的选择在当下比以往任何时候都需要更加谨慎。首先，人类面临着知识过时问题。根据统计，人类近30年来产生的信息已超过过去5000年产生信息的总和。在“知识爆炸”的今天，新理论、新材料、新工艺、新方法不断出现，新的技术信息每两年要翻倍，加快了知识老化的速度，这意味着对四年制本科生而言，他们第一年所学习东西的一半到第三年将过时。其次，新工科专业面临着多学科交叉问题。多学科交叉融合使得新工科各专业可以选择的教学内容大幅度上升，如何在有限学时内合理选择教学内容是每位教师不得不面对的问题。第三，新工科面临着胜任力培养问题。解决复杂工程问题和未知工程问题的能力仍然是当前卓越工程人才培养的主要问题，从长远看，高等教育要为学生胜任目前不存在的工作做准备，包括运用目前还没有被开发的技术去解决人们还不知道的问题。上述因素使得精心选择新工科专业每门课程的教学内容并及时更新显得尤为重要。

7.5.1 课程教学内容改革的要求

组成新工科每门课程的教学内容需要具备以下特点。

首先，有效性和稳定性。有效性表现在学生所学知识、理论和方法在日后的职业发展和终身学习中是基本的、无可代替的和必不可少的，包括基本规律、基本原理、基本技能。稳定性是指学生所学的课程内容是不易老化的和长期有效的，能够在学生日后较长的职业生涯中发挥作用。

其次，前沿性和系统性。前沿性是指课程教学内容中必须包含新工科专业及其相关学科的前沿知识、最新成果和发展趋势，以开拓学生视野，关注未来发展、掌握学科专业最新动向。系统性是针对整门课程的教学内容而言，要求形成每一门课程的全部教学内容是相对独立的、完整的系统，其核心内容应该包括基本原理或基本理论、基本方法或基本技术以及最新进展等。

第三，应用性和实践性。应用性和实践性均是针对工程学科专业的属性特征而提出的，既强调学生实际工程能力的培养，又强调对行业产业当前和未来发展的针对性、有效性和适用性。应用性强调新工科专业课程教学内容能够在解决复杂工程问题中发挥作用，得到有效应用，包括在解决问题的思路、方法、手段、途径和关键技术等方面。实践性强调的是课程教学内容能够与工程实践有机结合，或者指导实践，或者支持和推动工程教育实践活动的开展。

7.5.2　课程教学内容改革的步骤

新工科专业课程内容改革需要大体经历以下步骤：

（1）校外调研：到在产业和行业领域处于领先地位的行业企业、研究院所和产业部门开展调研，通过问卷调查、座谈会、毕业生反馈等方式，了解新工科专业毕业生在毕业时必须具备什么样的知识结构，必须掌握哪些基本知识、理论、方法和技能，才能支持本专业培养标准的达成；在此基础上，围绕新工科专业各门课程的目标要求，初步确定由主要知识点构成的每门课程的大纲。

（2）校内比较：在调研的基础上，根据每门课程的大纲，对可能作为新工科专业课程教学内容的各种知识、理论、方法和技术进行充分的比较分析，按照上述课程教学内容需要具备的特点要求和实现课程目标的需要修订和完善课程大纲，选择并确定教学内容；在这个阶段，还需要同时进行相关课程之间的比较，避免课程之间教学内容的重复。

（3）组织编写：由几位可能担任课程教学任务的相关教师组成课程组，着手按照课程大纲和已确定的教学内容进行编写，在编写过程中可以采取分工合作的方式进行，即在分工的基础上还要重视经常性的小组讨论，对教学内容的重点、组织及编排等进行确定，但在这个过程中每位教师始终要坚持根据课程教学内容需要具备的特点对教学内容进行取舍。

（4）集体定稿：完成了一门课程教学内容的编写后，需要组织新工科专业相关教师，尤其是担任与该课程有关联的其他课程教学任务的教师，共同审定、修改而后最终确定课程教学内容，在这个阶段需要重点关注课程教学内容能否保证课程目标的有效实现，同时关注课程教学内容是否与其他课程重复。

为了高质量地完成课程教学内容改革任务，还需要做好两方面工作：一是重视邀请行业企业的专家参与，以从不同的角度审视和保证课程教学内容的有效性、稳定性、应用性和实践性；二是要有新工科相关学科各种研究成果的支持，经过认真的分析和筛选，将一些研究成果充实到课程教学内容，以满足对课程教学内容前沿性和系统性的要求。与此同时，还要彻底改变目前高校仍然存在的因人设课的现象。

7.5.3 课程教学内容的更新

在完成课程教学内容的改革之后，要建立起课程教学内容的更新机制，依据新工科学科前沿动态与社会发展需求动态更新知识体系，持续更新教学内容，使之始终处于“新”的状态。事实上，课程教学内容的更新要基于三方面的变化，一是新工科专业课程现有教学内容的发展变化；二是新工科专业自身发展的变化；三是社会对新工科专业人才培养要求的变化。

对于课程现有教学内容的发展变化，应该根据相关最新成果的成熟度予以区别对待。首先，对于成熟的基本原理和基本理论，可以将这些成果作为课程的主要内容，要求学生系统深入地学习并掌握；其次，对于比较成熟但仍在发展的内容，可以将这些成果作为课程的前沿进展，让学生通过阅读相关资料有全面的了解，可以鼓励有兴趣的学生进行深入的学习和研究；最后，对于还处在研究的热点领域，可以选择一些专题进行重点研讨或作为学生的课程作业，以培养学生的研究和创新能力。

对于新工科专业自身发展的变化，应该将具体的变化内容，包括专业内涵的拓展、其他学科的渗透、发展方向的调整等及时地反映到课程教学内容之中。首先，通过行业组织发布的研究报告、政府部门制定的产业发展规划或高校自身研究成果，确定新工科专业相关产业和学科的变化；其次，从高等学校、研究机构或行业组织针对新工科专业相关产业和学科发展的研究成果中获取课程教学内容更新的素材；第三，按照课程教学内容需要具备的特点，将从素材中精选出的部分更新到课程教学内容之中。

对于社会对新工科专业人才培养要求的变化，则需要调整专业培养目标和培养标准，按照新工科专业课程体系改革的思路，将这些变化落实到具体的课程目标中，而后再对相关的课程教学内容进行整合重组或更新。

新工科专业课程体系和课程建设不可能一蹴而就，往往需要一个不断完善的过程，既需要全体教师的共同努力，也需要高校领导、教务处和院系负责人的重视和支持，但改革和建设的成果必将为本校其他专业提供丰富的经验和重要的参考和借鉴，从而促进全校不同专业课程体系改革和课程建设。

在开展新工科专业课程体系改革和课程建设的同时，必须高度重视与其相对应的教学组织形式和教学方法的改革，只有这样才能保证新工科专业人才培养目标的实现和专业培养标准的落实，有关新工科教学组织形式和教学方法改革，将在第8章予以研讨。

参考文献

[1] 林健. 面向未来的中国新工科建设 [J]. 清华大学教育研究，2017（2）.

[2] 林健. 面向“卓越工程师”培养的课程体系和教学内容改革 [J]. 高等工程教育研究，2011（5）.

[3] 林健. 运用研究性学习培养复杂工程问题解决能力 [J]. 高等工程教育研究，2017（2）.

[4] 林健. 面向卓越工程师培养的研究性学习 [J]. 高等工程教育研究，2011（6）.

[5] 林健. 卓越工程师创新能力的培养 [J]. 高等工程教育研究，2012（5）.

[6] 林健. 胜任卓越工程师培养的工科教师队伍建设 [J]. 高等工程教育研究，2012（1）.

[7] Edward F Crawley, Anette Peko Hosoi, Amitava Babi Mitra. Redesigning Undergraduate Engineering Education at MIT- the New Engineering Education Transformation (NEET) Initiative [C]. 2018 ASEE Annual Conference & Exposition, 2018-04-20.

参考文献［2］：面向“卓越工程师”培养的课程体系和教学内容改革

参考文献［5］：卓越工程师创新能力的培养

第 8 章 面向"六卓越一拔尖"人才培养的挑战性学习

【本章导读】

课程体系改革和课程建设完成后，就需要考虑课程实施或课程教学的方式和方法，以更有效地实现课程目标。教学方式的选择必须和课程目标及课程教学内容相结合，一方面要选择支持实现课程目标的教学方式和方法，另一方面要考虑有利于课程教学内容的组织及学生对课程教学内容的学习。

挑战性学习在改革课程内容、提升课程挑战度、改革教学方式、增强生师互动方面具有显著的作用，是培养和提升卓越拔尖人才核心能力和素质的一种有效课程教学模式。本章以卓越拔尖人才培养为目标，从我国大学普遍存在的教学问题开始，全面系统地分析研讨挑战性学习，包括挑战性学习的内涵及意义、理论基础、课程目标及其制定、问题或任务设计、基本特征、学习模式、教学评价、对师生的要求、需要解决的问题、与研究性学习比较等方面，以期为"六卓越一拔尖"计划2.0的实施提供建议和参考，支持在动态变化、知识爆炸、学科交融的现实环境中，在学制不变的情况下有效地实现卓越拔尖人才培养目标。

Chapter 8 Challenging Based Learning for "Six Excellence and One Top-notch" Talent Training

【 **Introduction of this Chapter** 】 After the reform of curriculum system and the completion of curriculum construction, it is necessary to consider the way and method of curriculum implementation or curriculum teaching in order to achieve the curriculum objectives more effectively. The selection of teaching methods must be combined with the curriculum objectives and teaching contents. On the one hand, the teaching ways and methods that support the realization of the curriculum objectives should be selected. On the other hand, the teaching methods that are conducive to the organization of the curriculum teaching contents and students' learning of the curriculum teaching contents should be considered.

Challenging based learning (CBL) plays a significant role in the reform of curriculum content, the improvement of curriculum challenge degrees, the reform of teaching methods, and the enhancement of interaction between students and teachers, It is an effective teaching mode to cultivate and improve the core competence and quality of excellent and top-notch talents. Taking the excellent talent cultivation as the goal, starting from the universal problems of teaching in university in China, this chapter comprehensively and systematically analyses and studies CBL, including CBL's connotation and significance, theoretical basis, course objective and its formulation, the problem or task design, basic characteristics, learning mode, teaching evaluation, the requirement for the teachers and students, problems that needs to be solved, a comparison with problem/project based learning (PBL), etc, so as to provide the advice and reference for the implementation of the "six excellence and one top-notch" plan 2.0.

8.1 引言

“六卓越一拔尖”计划2.0（以下简称“卓越拔尖”计划）是教育部在原有多个单项卓越人才教育培养计划和拔尖创新人才培养计划基础上综合形成的一个旨在继续深入全面提升我国高等教育质量的重大战略计划。这个计划不再局限于以往少数参与高校，而是希望在更大的范围内、以更高的质量标准，培养国家经济社会发展需要的各类卓越拔尖人才，以期推动我国各级各类高校本科教育教学向一流迈进，支撑国家“双一流”建设，推动我国高等教育强国建设。

“卓越拔尖”计划以工科、理科、医科、农科、文科为主，覆盖几乎所有学科专业，在人才培养目标和标准上有更高的要求。虽然不同学科专业的卓越拔尖人才培养标准有各自的专门要求，但从适应未来经济社会发展的需要角度看，所有学科专业毕业的卓越拔尖人才均应该具备类似的核心能力和素质，包括终身学习能力、挑战困难的勇气、学术自信与自我认同、多学科知识整合应用能力、创新创业能力、动态适应能力、团队合作能力、组织管理能力等，这些构成了各种层次和类型卓越拔尖人才培养的核心标准。

实现卓越拔尖人才培养标准不能简单地沿用现有的人才培养体系，而必须进行全方位系统深入的改革，包括人才培养方案、培养模式、课程体系和教学方式等诸多方面，以保证卓越拔尖人才核心能力和素质的培养与提升。在这些改革中最基础、最本质、最关键的部分是课程内容和教学方式的改革。研究表明，与发达国家同类高校相比，我国高校的课程存在着“通过容易、效果有限”的现象，即课程教学在学生能力素质培养和提升方面的作用与预期有较大差距，主要原因是课程挑战度不够、教学方法单一，反映出我国高校的一些课程在学业挑战度和生师互动水平上与发达国家同类高校存在较大差距。

研究和实践表明，挑战性学习在改革课程内容、提升课程挑战度、改革教学方式、增强生师互动方面具有显著的作用，是培养和提升卓越拔尖人才核心能力和素质的一种有效课程教学模式。本章以卓越拔尖人才培养为目标，在作者主持完成的已有研究成果基础上[1]，从我国大学普遍存在的教学问题开始，全面系统地分析研讨挑战性学习，包括挑战性学习的内涵及意义、理论基础、课程目标及其制定、问题或任务设计、基本特征、学习模式、教学评价、对师生的要求、需要解决的问题、与研究性学习比较等方面，以期为“六卓越一拔尖”计划2.0的实施提供建议和参考，支持在动态变化、知识爆炸、学科交融的现实环境中，在学制不变的情况下有效地实现卓越拔尖人才培养目标，更好地实现其预期目标。

8.2 当前中国大学普遍存在的教学问题

目前中国大学在人才培养过程中普遍存在以下三大教学问题。

8.2.1 课程与教学内容挑战度不够，影响培养目标实现

学业挑战度（level of academic challenge）涉及高阶学习、反思性和整合性学习、学习策略及数量推理等多个方面，是实现高素质、高层次、多样化、创造性人才培养目标的关键着力点。学业挑战度是美国NSSE（National Survey of Student Engagement，全国大学生参与度调查）项目的核心指标之一，强调富有挑战性和创造性的学业任务对学生学习和学业成就的重要意义[2]。学业挑战度在个体和高校两个层面与教育质量和教学效果紧密联系在一起：从个体层面上反映学生的学习行为、学习投入和学习成就；从高校层面上评价培养目标和标准、学业要求和学业支持度等。

目前，在具体体现学业挑战度的课程与教学内容的挑战度上，我国不同类型的高校仍然存在着低于发达国家同类高校的现象，尤其在高年级课程上。挑战度不足主要体现在学生直接感知到的课程难度和学生感知到课程在“分析”“综合”“判断”“应用”等高阶认知目标上体现的两个维度[3]。也就是说，不仅学生没能感知到课程与教学内容的挑战性，激发其学习兴趣和动力，而且无法通过课程教学环节习得跨学科知识，应用相应的学习策略和所学知识解决实际问题，实现反思性和整合性学习，导致学习、探索、应用和创新知识的学习体验缺失，进而影响人才培养目标的实现。此外，由于挑战度不足，课程与教学环节未能形成

对学习者明确、具体的要求，不同基础、兴趣、学科的学生均未能进入各自的“最近发展区”，对自身在知识、能力和创新层面的已有水平和应该实现的学习效果没有形成清晰的认知。

8.2.2 教学过程学生参与度不高，影响学生学习成效

学生在学习过程中的参与度不仅强调学生自身对学习活动的投入，同时强调高校创造鼓励学生积极参与学习的环境的重要性，这就从个体和组织层面为高等教育教学效果的改善和质量的提升提出了要求。然而现实情况是，我国不同类型高校的学生在学习过程中的参与度普遍不高，造成直接的结果是，学习了知识，不知如何运用；有了专业理论，没有专业能力。形成学生参与度不高的直接原因有两方面，一是不少教师仍然习惯于传统的讲授式的教学模式，以完成课程内容的讲授为目标；二是受长期接受传统教学模式的影响，不少学生也习惯于“安静地”听教师讲授，热衷于享受这种“带耳朵听而不需动脑”的学习方式。

事实上，深层次分析学生参与度不高的原因在于，“以学生为中心”的教育教学理念没有得到全面落实。虽然，“以学生为中心”的理念自1952年Rogers提出以来受到广泛关注，尤其是1998年联合国教科文组织明确提出高等教育“以学生为中心”的转向后，“以学生为中心”逐渐成为各个国家和组织高等教育实践的共识，但是，形式上的“以学生为中心”，实际上的“以教师为中心”仍然是当前我国不少高校教育教学活动的主要特征。

目前我国高校在推行“以学生为中心”上主要做了四方面的工作。一是营造支持学生参与教学过程的学习环境，包括改造和新建了一批形式多样、设施齐全、布局可调的各种多功能教室通过学生的参与度；二是改革教学组织形式和教学实施方法，包括通过推行混合式学习、研究性学习、研讨式学习等提高学生的学习效果；三是开设鼓励和提高学生参与度的课程，包括专题研讨课、项目式课程、实践性课程等以培养学生的专业能力和综合素质；四是改革评价方式和评价方法，从过去的结果性评价转向过程性评价和结果性评价相结合，以鼓励学生重视学习过程的参与和投入。

除了继续做好以上四方面的工作，真实落实“以学生为中心”的理念，还需要从本质上做到“以学生为中心”。首先，邀请学生参与培养方案的制定、专业方向的设置、课程体系改革和课程内容更新、教学形式和方法的改革等，改变过去仅由教师单方面参与和决策的局面；其次，关注经济社会和学科专业的发展，了解学生的个性特征和兴趣潜力，掌握学生的学习状况和学习成效，动态及时调整人才培养方案、改革课程体系和教学内容，调整教学组织形式和教学方法。只有这样，才能真正将学生放在主体和中心的位置，既能够了解学生的真实需求和个性特征，又能够引导学生的职业发展，更能够提高学生的学习兴趣和成效。

8.2.3 教学评价作用发挥有限，不利教学质量提升

教学评价必须与教学理念和教学范式的转变相适应，才能真正发挥其保障教育教学效果、提升人才培养质量的目的。然而，目前高校的教学评价在实践中仍面临诸多质疑和批判，认为其在教学过程的改进、教学方法的改革、教学效果的提升和教风学风的改善等方面的作用尚不明显[4]。教学评价未能有效发挥其应有的导向、评估、激励、诊断、改进作用，具体表现在教学评价的形式性和评价体系的滞后性两方面。

一方面，目前我国高校的教学评价往往是重形式而轻作用，主要表现在一般都会邀请学生和教师对每门课程按照既定的标准进行评价，而不重视评价标准和评价结果在改进教学活动和提高教学质量上的作用。事实上，教学评价不应仅是终结性评价，而应该注重形成性评价，这样才能在教师的教和学生的学的过程中及时发挥作用；教学评价标准应该成为引导、规范和改进教学活动的标准，而不仅仅是事后评价教学的标准，只有这样，才能使评价标准在教学设计、准备和实施过程中发挥充分导向作用；教学评价结果不能束之高阁，而应该及时反馈给教师和学生，通过持续改进和监督反馈机制促使师生改进教学活动、提高教学效果；教学评价机制应该能够促进教学管理体系的不断完善，既促进教师重视教研教改，又更好地挖掘学生的学习潜力。

另一方面，教学评价体系的改革相对于学习而言具有滞后性。首先，注重能力

培养、强调自主学习和合作学习、重视终身学习等理念的发展并未伴随着相应评价标准、方式和主体的改进；其次，在教学模式向“学习范式”转变的过程中，没有及时形成“以学生为中心”的评价体系；由此造成的评价理念、评价方法乃至评价体系的滞后性直接影响教学过程的改进和教学质量的提升。因此，要注重教育教学理念的不断更新，重视落实“以学生为中心”，从评价指标、标准、方式、主体、结果等多方面形成相应的评价体系，将教与学和评价联系在一起，促进教学改革和提升教学质量，促进学生、教师和高校的共同发展。

8.3 挑战性学习的内涵及意义

8.3.1 挑战性学习的内涵

挑战性学习（challenge based learning，简称 CBL）的核心是挑战性问题，挑战性学习课程的设计和实施都是围绕挑战性问题展开，通过具有挑战度的问题或任务（项目），激发学生的学习兴趣，挖掘学生的学习潜能，使学生在解决挑战性问题的过程中，综合地接受在价值塑造、能力培养和知识传授等方面的挑战并得到相应的提升，从而获得成就感，增强学术自信和自我认同。

苹果公司（Apple Inc.）2008年发起了Apple Classrooms of Tomorrow—Today（简称ACOT^2）项目，该项目通过与教育团体合作，关注学生、教师和课程之间的关系，以确定21世纪高中的基本设计原则。ACOT^{2}将挑战性学习应用其中，认为挑战性学习是“一个合作学习的过程，鼓励教师和学生参与学习，直面迫切的现实问题，并用多学科的知识和方法认识问题，尝试提出解决问题的办法并采取行动。挑战性学习过程要求学生反思自身所学和自身行动，并将解决问题的成果公之于众[5]”。

2008年，清华大学根据自身本科人才培养定位提出了“挑战性学习”的课堂教学模式，2012年起着手建设了15门校级和一批院系级挑战性学习示范课，其中2012年首门，2013年3门，2015年第二批11门；而后在2016年第三批立项47门。清华大学挑战性学习课程围绕当前全球性挑战问题进行课程设计并采用小班授课，突出学生创新意识和创新能力的培养，是通过提高课程挑战度来实现培养方案和培养模式改革的重要举措。

清华大学的挑战性学习课程“力图通过有趣有价值的挑战性问题吸引学生，激发学生的好奇心和想象力，通过高强度师生互动、生生互动，使学生快速获取新知识并综合运用相关知识，培养学生沟通、合作和创新能力，促进学生敢于善于挑战自我、主动学习，使学生在完成挑战性任务的过程中获得成就感，进而增强作为拔尖学生的勇气、信心和能力[6]”。

挑战性学习的内涵可以由三方面构成：在问题导向上，以具有挑战度、趣味性、综合性、前沿性和应用背景的热点问题为对象，以好奇心和成就感为驱动，引导学生主动学习相关学科理论和方法；在学习过程中，以师生互动和同学合作为平台，在真实的问题情境下，将学习知识与解决问题相结合，通过亲自动手和亲身实践，最大限度地挖掘学生的潜力，创造性地解决课程预设问题；在目标结果上，使学生在解决问题的过程中自主学习和掌握多学科知识，培养和提高实践能力和创新能力，在团队合作和交流沟通过程中形成和提升综合素质，增强学术自信和自我认同感。

8.3.2 挑战性学习的意义

挑战性学习的意义主要有以下几点，其中一些将在学生人生职业发展中发挥重要的作用。

（1）激发学生的学习兴趣，提高课堂时效。挑战性任务是富有情境性和挑战性的，容易引起学生的关注和重视，学生在兴趣的引导下更容易进入参与式的深度学习模式，自觉主动地加大时间投入，付出超越普通课程的精力，从而提高学习效果。

（2）激发学生挑战问题和困难的勇气和能力。挑战性问题往往是看似“不可能”完成的高难度的问题，因此，挑战性学习能够有效地培养学生不畏困难、挑战问题的品质和勇气以及解决复杂问题的能力，在学生一生的发展中将发挥至关重要的作用。

（3）促进学生多学科知识的学习及综合应用[7]。挑战性问题的解决涉及多学科知识、理论和方法的学习及综合应用，这要求学生根据解决问题的需要，一方面选择不同学科知识开展自主学习，另一方面整合集成多学科知识综合应用以解决问题，这些在传统的课程中是难以实现的。

（4）激励学生积极思考，形成良好的课堂氛围。挑战性问题是开放性的，解决问题的途径不是唯一的，这就能够激发学生积极思考，加强与教师及同学的沟通，充分表达自己的想法，力争拿出与众不同的方案，从而形成活跃的课堂氛围。

（5）有利于培养学生的创新思维和实践创新能力[8]。挑战性问题既可以是未曾解决的问题，也可以是要求运用与前人不同的途径方法去解决的问题，因此，在挑战性学习过程中，既要促使学生培养不同的思维方式，包括批判性思维、逆向思维、发散思维等，又要培养学生实践动手和创新性解决问题的能力。

（6）形成师生互动和团队合作的良好氛围。在挑战性学习过程中，教师和学生的角色均发生了变化，教师需要从知识传输者转变成解决问题的指导者、学生学习的支持者，学生需要从知识的接受者转变成解决问题方案的设计者和实施者。这就促进师生之间的平等交流互动、学生之间的合作交流，也只有在这样的氛围下才能高效率地解决挑战性问题。

（7）增强学生的学术自信和自我效能感。通过成功地完成具有挑战性的任务和获得成就感，学生能够看到自己的学术潜能，增强自己的学术自信，发现自身的能力优势，对自身的学习能力和解决问题的能力充满自信，甚至明确或坚定自己的职业方向选择。这些能够有效地迁移到日后其他课程的学习中。

（8）促进教师自身的专业发展。在完成挑战性任务的教学过程中，教师角色的转变对其提出新的要求，包括要具有更广的知识面和更强的多学科知识应用能力，丰富的科研成果和学术造诣，解决专业问题丰富的实践经验和创新能力，对教育教学的热爱、投入和深入研究等，这些都将有力地促进教师自身的专业发展。

8.4 挑战性学习的理论基础

国内外对挑战性学习相关研究的文献涉及的理论基础主要有两个，其一是约翰·杜威的“做中学”理论，其二是维果茨基的“最近发展区”理论。

8.4.1 杜威的“做中学（learning by doing）”理论

杜威的“做中学”（也称“从做中学”）理论来源于杜威实用主义的教育思想。实用主义教育思想产生于19世纪末，试图解决美国当时教育上的诸多问题，尤其是第二次工业革命对学生动手能力和创新能力的需求。

杜威主张的“做中学”，就是强调从“活动中学”，从“经验中学”。他主张将学校教育和社会生活联系起来，将人的成长过程和不断学习过程结合起来，明确指出从“做中学”是比从“听中学”更好的学习方法。他把学校里知识的获得与相关的实践联系起来，强调学生通过具体的动手实践，从各种活动中学习知识，从各种经验中掌握知识，充分体现了学与做的结合、知与行的统一。

“做中学”理论要求教师营造一个便于学生们从“活动中学”和从“经验中学”的教学环境，并能够指导学生选择要从事的活动、获得相关的经验。因此，“做中学”理论从根本上改变了传统的师生关系，学生从被动的知识接受者转变成为学习活动的积极主动参与者，教师从知识的传授者转变成为学生学习活动的指导者和协助者。此外，“做中学”理论还要求学生学习的教材内容的组织是以解决问题为中心，反对以知识为中心的教材；要求教育者根据学生年龄层和接受度的不同来设计相应的教学活动。

“做中学”理论对挑战性学习的指导在于强调通过实践活动及其过程中获得的经验开展学习，以提高学习效果，也就是说，“做中学”是挑战性学习课程的主要学习模式。事实上，这一点可以从下述三句话中看出已经在学生学习中形成了基本的共识：

I hear, I forget. 我听，我忘记了。

I see, I remember. 我看，我记住了。

I do, I understand. 我做，我明白了。

8.4.2 维果茨基的“最近发展区”理论

苏联著名心理学家维果茨基在20世纪30年代提出了“最近发展区”理论。他将教学和学生发展看作是两个相互依赖和相互影响的过程，认为教学应该引导学生发展，学生发展水平又影响教学方向。为此，他将学生发展水平分成三个层次，分别对应三类不同难度的学习问题：第一层：“实际发展水平”，对应学生能够独立处理的学习问题；第二层：“潜在发展水平”，对应学生需要他人指导或通过模仿才能解决的学习问题；第三层：“最近发展区”，对应的学习问题的难度介于前两者之间。由此可见，“最近发展区”指的是“潜在发展水平”与“实际发展水平”之间的距离[9]。

“最近发展区”理论对挑战性学习具有多方面的指导作用。首先，根据维果茨基的研究，教学任务或问题的设置应该位于学生的“最近发展区”内，这样最能激发学生的学习潜能和挑战困难的兴趣，能够取得最佳的教学效果，这就为挑战性学习任务的设置提供了依据。其次，“最近发展区”理论强调“潜在发展水平”的发展需要他人指导和同伴合作，充分肯定了挑战性学习过程中教师引导和合作学习的重要性；第三，“最近发展区”理论指出，“最近发展区”因人而异，因此教师在开展挑战性学习过程中，要关注不同学生的不同发展水平，在教学中因材施教，给予学生各自“最近发展区”的学习任务，帮助学生从实际发展水平发展到潜在发展水平[10]。第四，“最近发展区”理论认为学生的“最近发展区”在学习过程中是动态变化的，表明动态调整挑战性学习的挑战度的必要性，并强调在教学过程中实施动态的评估方式更加合适。

总之，“最近发展区”理论指导着挑战性学习中挑战性任务的设置、学习方式的采用、对学生因材施教和评价方式的选取等。

基于“最近发展区”理论产生了两种教学模式。一是支架式教学。为了能够最有效地帮助学生发展，需要在学生的“最近发展区”设置“支架”，即教师为学生提供各种支持和指导，用来帮助学生处理仅靠自身无法解决的问题，这个“支架”在学生逐渐能够独立解决该问题的过程中被慢慢地撤去[11]。在支架式教学中，教师引导着教学，学生从依靠“支架”到脱离“支架”的过程就是从实际发展水平到潜在发展水平的过程。二是交互式教学。“最近发展区”理论强调他人指导及同伴合作在提升学生自身水平发展方面的重要作用，在交互式教学中，教师是教学活动的设计者和主导者，教师可以在教学过程中通过各种教学组织和设置来帮助学生解决处于“最近发展区”问题，鼓励学生在小组合作、团队合作及相互学习过程中完成自身从实际发展水平到潜在发展水平的跨越。

8.5 挑战性学习课程目标及其制定

8.5.1 挑战性学习课程目标

与普通常规的课程相比较，挑战性学习课程的目标具有高端、综合、全面的特点，需要定位在对每位学生自己已有知识、能力和素质的系统挑战和整体超越上，这就成就了挑战性学习在“六卓越一拔尖”人才培养中的作用和地位。具体来说，挑战性学习课程目标由以下六方面构成。

（1）激发学习兴趣和培养挑战“不可能”问题的勇气。通过精心设计的有趣的挑战性问题，能够吸引学生修学课程的兴趣、解决问题的冲动感，学生只有在不断地挑战和战胜“不可能”解决的问题和困难的过程中才能成为卓越拔尖人才。这是因为，在挑战过程中形成的不畏困难，挑战自我，追求创新的勇气、自信和品质，是卓越拔尖人才必须具备的重要素质，是他们日后成就事业的基础。

（2）培养终身学习能力和跨学科知识整合构建应用能力。挑战性问题的解决或任务的完成需要用到多学科和交叉学科的理论、方法和技术，而这些知识的学习和掌握不可能在一门传统的课程中完成；挑战性学习要求学生结合自己的知识储备和解决问题的需要，自主学习这些知识，从而培养了终身学习能力；挑战性学习更要求学生能够整合构建并综合应用这些知识解决挑战性问题，从而培养了解决复杂问题的能力。

（3）训练和强化综合实践能力。解决复杂问题的综合实践能力是卓越拔尖人才最重要的一项基本能力，也是衡量这类人才的一项重要指标，在当下的人力资源市场上更是如此。这里“综合”源于挑战性问题和课程内容的跨学科，挑战性问题的解决必须“做”和“实践”，需要大量的“重复”和“改进”的实验，每一项实验包括构思、设计和实现。由此可见，综合实践能力在解决问题过程中得到了训练和强化。

（4）培养和提高创新能力和专业能力。首先，挑战性问题往往是前人未涉及和解决的，没有现成的解决方案或成品可以借鉴；挑战性问题的解决需要最大限度地发挥聪明才智和潜力，根本在于创新，要有创新意识、创新思维和创新技能，创造性地解决问题，因此能够有效地培养和提高学生的创新能力。其次，挑战性问题或任务主要源于本学科专业领域，可以涉及该领域的方方面面，在挑战性问题的解决过程中，学生潜移默化地拥有专业概念、掌握专业原理，学会用专业思维的方法思考和分析专业问题，训练运用专业理论、方法和手段分析和解决专业问题，并处理专业与社会和自然的关系等，从而培养和提高学生的专业能力。

（5）培养和提升社会能力。在挑战性问题的解决过程中，师生之间的互动和学生之间的合作需要学会人际交往、团队合作和组织管理。首先，在人际交往上，同学之间在任务分工、相互合作和问题讨论时需要交流、沟通和协调能力；其次，在团队合作上，学生需要充分认识到团队合作在现代社会的重要性，要学会处理好分工与合作、个人与团队、局部和整体的关系，培养自己的全局意识和集体观念，从而培养和提升自身的团队合作能力；第三，在组织管理上，学习任务的分解，学习进度的安排，小组讨论的组织以及挑战性问题的解决需要的各种资源的获取、配置和有效使用等，从而培养和提升学生的组织管理能力。

（6）养成和提升综合素质。挑战性问题的界定或特征要求使得其必然涉及国家、社会、公众、自然等外部因素以及学生自身的价值塑造，通过课程学习对学生综合素质的养成和提升有如下影响：具有社会责任感、历史使命感；重视环境保护、生态平衡、社会和谐、可持续发展；关心公众安全和健康、国家和社会公共利益；拥有创新意识、坚忍不拔的毅力、追求卓越的态度、精益求精的精神；追求平等、公正、公平、包容等。

在作者主持完成的项目中[1]，总结了清华大学挑战性学习的总体目标，即在自主学习、合作学习并综合运用多学科的知识、原理和方法，分析、探究和解决具有一定挑战度的任务的过程中，培养和提升学生的创新能力和综合素养。其中，培养学生综合运用多学科知识、原理和方法的能力是挑战性学习的基础性目标；培养学生分析与解决具有一定挑战度任务的能力是挑战性学习的一般性目标；而提升学生的创新能力和综合素养是挑战性学习的最终目标。

课程目标在整个教学与评价过程中起着关键的作用。一方面，它指导教与学，是教师和学生双方合作追求和努力的方向；另一方面，它为教学评价提供评价指标和标准，以此衡量教学效果和教学质量水平。

8.5.2 挑战性学习课程目标的制定

上述挑战性学习课程目标的实现程度在不同学生身上是不同的，因此，需要制定适合每个学生的挑战性学习课程目标，以提高挑战性学习的针对性和教学质量。为此可以提出以下制定挑战性学习课程目标的具体步骤。

1. 了解学生的认知准备水平和学习兴趣与动机

了解学生的认知准备水平和学习兴趣与动机是制定适合每个学生的挑战性学习课程目标的前提。认知准备水平是指学生在开始新的学习任务之前在作为该任务基础的知识、能力和素质等方面所达到的程度。由此可见，认知准备水平对学生新的学习任务的学习成效有重要的影响，认知准备水平的差异是造成学生新学习任务的学习成效产生差异的原因之一。学习兴趣指的是学生对学习内容的兴趣及重视情况，这既与挑战性问题的设计，也与挑战性学习课程的教学组织和实施有关。

学生的认知准备水平和学习兴趣的了解可以通过先修课程的选修情况及其考核成绩、课前问卷调查及小范围学生沟通等方式来完成。

2. 制定多数学生的挑战性学习课程目标

处于平均水平线上的学生占选修课程同学的主体，他们的学习目标是制定其他学生目标的参照，因此，需要先考虑这部分学生的学习目标。

多数学生的挑战性学习课程目标是完成处于他们最近发展区且与教学内容相符的学习任务，这个目标可以称之为平均水平的挑战性学习目标，虽然这些对多数学生具有挑战性，但是他们都能够完成。

3. 制定两头学生的挑战性学习课程目标

制定好平均水平的挑战性学习目标后，就要根据处于平均水平线上和线下学生的具体情况制定这两头学生的挑战性学习课程目标。

处于平均水平线上学生的挑战性学习目标的制定是在平均水平挑战性学习目标的基础上采取“增”的方式，为这些学生添加更高的要求，提高其学习目标水平，以满足他们能力的更高要求。与此相反，处于平均水平线下学生的挑战性学习目标的制定是在平均水平挑战性学习目标的基础上采取“减”的方式，为这些学生删除一些非核心的要求，适当降低其学习目标水平，但仍符合挑战性学习课程总体目标要求，以使他们能够与其他同学一道顺利地完成挑战性学习任务。

4. 动态调整学生的挑战性学习课程目标

虽然前面为各类学生制定的挑战性学习课程目标将在整个教学过程中为教师的教和每位学生的学提供重要的指导作用，但是这些学习目标不是一成不变的，仍然需要在整个教学过程中予以必要的动态调整和修订，使其既符合每位学生课前的实际情况，又适应其在教学过程中可能的变化，使得挑战性学习取得更好的效果。

挑战性学习过程频繁的师生互动使得动态调整学生的挑战性学习课程目标成为可能且可行。一方面，教师要在教学过程中，尤其是与学生的互动中，注重发现学生未知的优势或不足；另一方面，要鼓励学生主动与教师沟通，针对设定好的个人学习目标提出自己的看法和意见。在此基础上，对需要调整的学生的学习目标进行及时的调整和修订。

需要特别指出的是，从提高针对性和有效性角度考虑，不论是课前制定学习目标，还是课中动态调整学习目标，都需要学生的积极参与，都需要师生共同来完成。

8.6 挑战性问题或任务的设计

挑战性学习是对学生自己已有水平的挑战与跨越。挑战性问题或任务的设计，首先需要充分了解学生的认知水平、知识储备和学习兴趣，在此基础上才能设计出满足以下特征要求的挑战性问题。

1. 挑战度

挑战性问题必须具有难度，这是挑战性问题的基本特征。对学生而言，他们要挑战似乎“不可能”解决的问题，这是挑战性学习与其他学习的根本区别所在。挑战度的把握原则是：学生在教师的指导和帮助下，通过与同学的合作以及自身最大限度的努力能够挑战完成，即在教师和同学的帮助下“可望可及”，而不是“望尘莫及”。因此，建议每门挑战性学习课程按照难度分级，以适应不同学科专业背景和具有不同潜力的学生的学习，如文科学生在选修挑战性课程学习时可以选用挑战度较低的挑战性问题，而专业基础好、创新意识强的学生可以考虑选择挑战度高的挑战性问题。

2. 前沿性

挑战性问题的选题领域需要面向学科发展或行业前沿需求，要兼顾创新性（前人未曾解决）或新颖性（尚无现成产品）和可行性（包括完成时间、成本控制等），这些问题的解决没有现成的答案，也不能简单应用现有的知识，需要学生探究。

3. 综合性

挑战性问题必须是综合性的问题，以课程知识框架为主，同时涉及多个学科专业领域，包括交叉学科、新兴学科、学科前沿以及与主要学科相关的经济社会发展中的热点、难点和重点问题等，需要学生综合地运用多学科知识才能解决，能够有效地培养学生跨学科研究的能力。

4. 开放性

挑战性问题的开放性表现在解决问题的方法和途径以及结果不是唯一的，而是多种可能即开放的，只有这样才能最大限度地支持和激励学生不受任何前人思路、方法、手段和成果的影响、约束和限制，充分发挥自身的兴趣和特长，去探究未知和“不可能”的领域。

5. 趣味性

趣味性的目的在于引发学生对挑战性问题的浓厚和强烈的挑战兴趣，这是因为，兴趣是创新之源，没有兴趣就不可能有创新。问题具有挑战性，学习具有趣味性并在一定的情境之中，就更能提高学生的学习兴趣和投入，取得更好的学习成果。

上述五方面要求中，挑战度是核心，其他四方面要求可以理解为是对落实挑战度的保证，如图8.1所示。

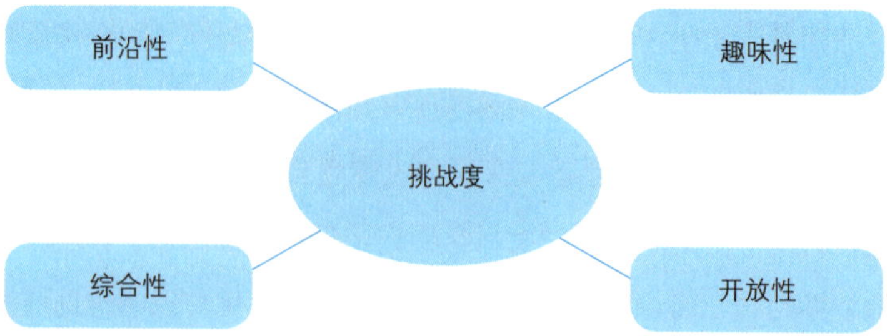

图8.1　挑战性问题需要具备的特征及其相互关系

挑战性学习问题的设计应该遵循以下原则。

（1）把握学情原则。只有在充分了解和掌握学生学情的前提下，才能够提出难度适中、现实可行的挑战性学习问题。

（2）激发挑战原则。挑战性问题具有一定的难度、趣味性和复杂性，能够吸引学生的兴趣和重视，引发他们挑战的激情和愿望，使他们相信通过努力能够解决。

（3）引导探究原则。挑战性问题要能够引导学生通过系统地分析、设计和实验等一个完整的探究过程予以解决，从而达到对学生系统、全面的训练。

（4）强调合作原则。挑战性问题要增强学生的主体地位，突出合作的重要性，强调挑战性问题的解决只有通过生师互动、同学合作和共同参与才能完成。

挑战性任务的设计可以分为“教师主导设计”“学生主导设计”“师生共同设计”三类，清华大学挑战性学习任务的设计以“师生共同设计”和“学生主导设计”为主，以“教师主导设计”为辅，这就增加了学生的参与度，有利于激发学生的兴趣和动力；同时，教师也非置身事外，不断动态调整与优化完善挑战性学习任务，保持其新颖性、前沿性和科学性。其中，教师设计挑战性任务的主要方式有四种：根据上一届学生的反馈后设计；课前调研了解学生水平和兴趣后设计；根据专业发展前沿设计；咨询同行专家后设计。

8.7 挑战性学习的基本特征

挑战性学习具有以下基本特征。

1. 学生学习的自主性

在挑战性学习中，学生不再是知识被动的接受者，他们明确自己的学习目标，在教师设计的挑战性问题或任务所引发的兴趣和激情的驱动下，开展自主学习，包括学习地点、学习方式、学习伙伴、学习时间等的自主选择，而不需要教师的督促和外界的驱使。

2. 学习情境的真实性

挑战性学习是在教师提供的真实情景中进行的，学习情景的真实性为学生提供了身临其境的感受，不仅有利于学生开启分析问题和解决问题的思路，更好地理论联系实际和指导实践，而且有利于学生提出更有针对性、有效性和创新性的解决问题的方法和途径。

3. 学习方式的探究性

面对“不可能”解决的问题，学生在挑战性学习中，既没有前人的成果可以照搬，也没有自身的经验可以直接运用，而是需要“跳起来”“爬上树”，在多种解决问题方案的比较和选择过程中，通过不断的探索和尝试，经历失败、改进、再失败、再改进这样的多次循环过程，才能逐渐实现挑战性问题的最终解决。

4. 教师教学的引导性

在挑战性学习中，教师的角色成为学生学习的引导者，他们的引导作用不仅体现在通过设计挑战性问题激发学生的学习兴趣，还表现在挑战性学习的整个过程，包括为学生自主学习提出建议，启发学生的思维，鼓励学生自主探索，激励学生不断创新，为学生提供解决问题的思路等。

5. 问题解决的创新性

挑战性问题是前人未曾解决或尚未完全解决的问题，它的解决需要创新，既可以是思路、视角或途径的创新，也可以是理论、方法和技术的创新，因而需要突破前人的思维定势和经验，从更高更广的视野，探索全新的路径，综合运用多学科知识，创造性地解决问题。

6. 团队合作的基础性

挑战性任务的完成不可能仅由学生的一己之力就能完成，它离不开小组的团队合作，需要同学之间的相互协作。教师要按照自愿组合和优势互补的原则将学生分成若干个小组，小组内部既有分工交流，更有合作；既要注重个人作用的发挥，更要以完成小组任务为目标。

7. 师生关系的互动性

挑战性学习需要建立新型的师生关系，教师和学生的角色要重新定位，教师从传统课堂的教学权威转变为学生完成挑战性任务的引导者和合作者，师生之间要有良好的互动关系，既有课上的共性指导，又有课下的个性指导，既有定期的答疑辅导，又有不定期的线上交流。

8. 团队之间的竞争性

挑战性学习过程要在团队之间形成竞争，竞争的基础在于青年学生的“不服输”和“争强好胜”的心理，竞争的目的在于促进选修挑战性学习课程的全体学生取得更好的学习效果，更好地实现学习目标。事实上，通过不同小组之间相同或不同挑战性学习任务完成情况的比较，如小组课堂或公开展示，小组之间的相互评价等方式，能够有力地促进学生的重视、投入和创新。

8.8 挑战性学习的学习模式

挑战性学习的学习模式就是基于“以学生为中心”的教学思想，在真实的教学情境中，为了完成挑战性学习任务和课程教学内容、实现课程目标，组织安排学生开展学习活动的方式。最主要的学习模式是教师引导模式，其特点是学生在教师或教师团队引导下，围绕某一核心任务，在生师互动和团队合作的基础上，利用有限的时间和资源探寻解决问题的方案，将各学科的知识加以整理、综合和应用，在探究、反思、交流、评价的循环过程中逐渐解决问题。构成这种模式的各环节阐述如下。

1. 任务设计

挑战性问题或任务的设计可以有前文提及的教师主导设计、师生共同设计和学生主导设计三种方式，究竟采取何种方式可以根据学生前期基础及学情予以决定。一般而言，低年级学生的挑战性任务设计应采用教师主导设计方式，高年级学生则可以考虑学生主导设计，介于二者之间则可以考虑师生共同设计。

2. 教师讲授

挑战性任务设计完成并布置给学生后，教师就要给学生重点讲授课程的核心内容，这些内容应该满足两个条件：一是课程内容中的核心理论、方法和技术；二是多数学生通过自学或合作学习难以掌握的知识。教师在讲授过程中要将教学内容与挑战性问题的解决相结合，重视引导学生对挑战性问题的思考，并指出完成挑战性任务可能还需要的其他知识，以提高学生的学习效率。这里要避免对挑战性学习的两个认识误区：一是课堂上仍然是以传统的讲授为主，课下时间才用于学生完成挑战性任务；二是课堂上不讲授任何东西，完全给予学生完成挑战性任务。

3. 学生分组

按照自愿组合和优势互补的原则将学生分为若干小组，为了避免“搭便车”现象，每组学生以4～5人为宜。在此基础上进行任务分解，将挑战性任务按照小组人数分解成难度和工作量接近的几个部分，然后结合每位同学的优势和特长进行组内分工，使每位同学明确自己在挑战性任务完成中担任的角色及与组内其他同学的合作关系。

4. 问题探究

这个阶段是整个挑战性学习的关键，需要每位同学的自身努力和多方合作，从而拿出解决问题或任务的方案，主要包括以下几方面活动。

（1）自主学习：每位学生在教师课堂讲授的基础上，密切结合解决问题的需要自我寻找相关的理论、方法、技术和途径，并以自学的方式学习和掌握这些知识。

（2）生师互动：学生将自己在知识学习和解决问题方面出现的困难和问题，定期和不定期地通过各种交流沟通方式，主动寻求教师的指导和帮助。

（3）生生互动：同学之间在自主学习和解决问题过程中需要经常性地进行交流、沟通、反思、讨论，以达到相互启发、产生火花、加深认识、达成一致的效果。

（4）小组合作：整个挑战性任务的完成需要组内每位同学的密切配合与精诚合作，这方面要强调同学之间的平等性，以允许和鼓励每位同学在组内能够畅所欲言，充分发表不同意见，在批评和争论中不断完善解决问题的方案。

5. 课堂展示

挑战性学习进行到一段时间后，教师应该根据各组同学完成任务的情况，组织各组在课堂上进行展示和交流，以促进各组之间的交流借鉴和学习效果的提高。每个小组在这个环节的展示包含三方面内容：首先，小组展示本组解决问题的思路和方案；其次，其他小组同学批判性地提出修改和完善意见；第三，教师对解决问题的思路和方案进行点评和总结，包括肯定成绩、指出不足和提出建议等。

“课堂展示”环节是对学生进行过程性考核的重要时间节点，因此，在展示过程中不仅要求小组每位同学都要分别介绍自己在本组中的分工和贡献，而且要求其他小组同学均要提出批判性的意见，这样的要求将有利于做到对每位同学进行客观准确的考核评价。

如果“课堂展示”后各组的挑战性任务尚未完成或挑战性学习课程还未结束，那么将返回到“问题探究”环节开始新一轮工作，各个小组将根据在“课堂展示”环节获得的意见和建议进一步改进和完善解决问题的方案。否则，进入“成果评审”环节。

6. 成果评审

在各组挑战性任务完成后，教师组织对各组挑战性任务完成情况和每位学生的挑战性学习课程目标实现情况进行评审，可以邀请相关专业教师和行业专家组成评审组。对挑战性任务完成情况的评审主要聚焦在解决问题的思路、方案，多学科知识的整合、构建和应用以及成果的创新性等若干方面。对每位学生的评审主要是考量各自挑战性学习课程目标的实现情况。

7. 成果公布

“成果评审”环节的完成并不是挑战性学习课程的结束，还需要将各组挑战性任务完成成果予以公布，包括清晰标出每位学生在小组中的贡献，目的不仅在于促进学生之间交流不同的解决问题的思路和方案，分享学习成果和相互借鉴，而且在于增强学生的学术自信，激励学生保持和发扬挑战困难和问题的勇气。

图8.2给出了上述学习模式的流程框架。

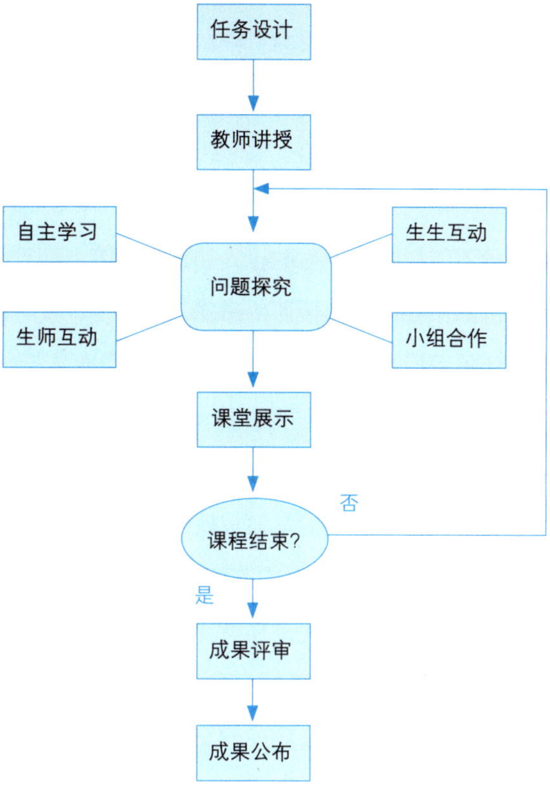

图8.2　挑战性学习的学习模式

为了提高挑战性学习课堂教学的有效性，需要重视以下几点：

（1）把握好挑战性问题的挑战度，以更好地吸引和激励学生主动地投入学习；

（2）课堂教学采取小班上课，人数一般不超过30人，这有利于课程组织和保证教师对每位学生的指导；

（3）各小组人数取决于各组所要完成的挑战性任务，以每位同学在整个学习过程中均有足够的挑战性工作为准；

（4）给予学生足够的自主学习和独立思考的空间，充分调动学生学习的主动性、积极性和主导作用；

（5）教师在指导学生时既要注重学生个性的发挥，又要注意学生的个体差异，包括需要、兴趣、动机等非稳定性差异，以及气质、性格等稳定性差异；

（6）营造民主、自由、积极、和谐的学习环境，保证生师互动机制有效到位，增加生师互动和相互交流的机会，提高学习效果。

8.9　挑战性学习的评价

挑战性学习的评价不仅影响到学生的投入和重视程度，而且关系到学生的学习效果。与传统学习评价的主要区别在于评价形式、团队及个人考核、成绩构成等几方面。挑战性学习的评价可以从以下几方面简要说明。

评价指标：挑战性学习课程目标中的知识、能力和素质等要素；

评价标准：挑战性学习课程目标的实现程度，其反映出学生的学习效果，评价时尤其要注重学生参与挑战性学习前后学习成效的变化或增量；

评价形式：针对不同的评价指标采取不同的评价形式，如：作业、实验、作品、成果、笔试、答辩、辩论等，要尤其注意评价方式与评价指标的关联性，即评价方式必须准确地衡量出评价指标的内涵；

团队考核：主要基于对挑战性任务完成成果的评审，要处理好个人贡献和团队成果的关系；

个人考核：主要考核个人在挑战性任务完成中的贡献；

成绩构成：平时形成性成绩＋期末终结性成绩，建议提高平时成绩在学生课程成绩中的比重，如超过50%。

在具体开展挑战性学习评价过程中，还要注意以下两方面。

（1）挑战性学习评价对象的差异化和个性化。首先，根据挑战性问题特征的不同进行差异化评价。不同的挑战性问题需要有不同解决方案，对学生知识、能力和素质的要求和培养效果也不尽相同，因此，要注意评价形式、手段和方法的差异，避免所有挑战性学习评价“一刀切”。其次，根据参与挑战性学习学生个性特征的显著不同，适当进行个性化评价，例如，在大数据等信息技术广泛应用于教育教学活动的背景下，利用大数据技术实现挑战性学习过程的学习数据采集、学习行为分析，进而促进挑战性学习评价的个性化。

（2）挑战性学习评价主体的多元化和对等化。首先，挑战性学习评价要有多元的评价主体，包括教师、教学管理者、教学团队、学生（自评和互评）等，不同评价主体对挑战性学习的认知和关注不同，在评价中反映出的问题就有所差异，因此，多元化的评价主体有助于从多视角发现问题和改进挑战性学习。其次，挑战性学习评价还要强调评价的对等化，即生师既是评价主体也是评价对象。传统的教学评价把学生作为主要或唯一的评价对象，但在挑战性学习中不仅要对学生学习成果进行评价，也要对教师教学效果进行评价，只有这样，才能找到影响课程目标实现的根源，有效地改进教学。

8.10　挑战性学习对师生的要求

作为一种新的学习方式，挑战性学习对师生的要求与传统课堂有很大差别。

8.10.1　挑战性学习对教师的要求

（1）教师要具备多学科知识及其综合应用能力：这是由挑战性学习课程目标所决定的。

（2）教师要具备根据学情设计挑战性问题和任务的能力：学情是教学策略选择和教学活动设计的落脚点，教师必须关注学生学习的具体情况和特点，包括学生的学习兴趣、学习水平、学习方式、学习习惯、学习进程、学习效果等。

（3）教师具有丰富的研究经历、较强的创新能力并取得了创新性研究成果，能够回答学生可能提出的各种问题，为这些问题的解决提供指导和引导。

（4）教师具有丰富的专业实践经验、较强的实践动手能力，能够有效地指导学生理论联系实际，为解决现实中重点、难点和热点问题提供指导。

（5）教师具有较强的教学设计和教学组织能力，能够灵活地开展教学活动，处理在挑战性学习过程中可能出现各种意料之外的问题，包括如何引导学生走出困境，如何解答学生提出的各种非常理性的问题，甚至是教师本人从未遇见的问题等。

（6）教师能够充分利用各种教育资源，为学生营造良好的学习氛围，开展密切的师生互动。

8.10.2 挑战性学习对学生的要求

挑战性学习作为一种新的学习方式，学生应该具备一定的自学能力、动手能力、沟通能力、协调能力、团队意识以及创新思维，以保证能够顺利地进入挑战性学习环境，开始挑战性学习。

除了以上作为学生参与挑战性学习的基本能力和素质要求外，学生还需具备完成挑战性学习任务的其他能力和素质，其中最为关键的是要具备自信信念、探索精神和创新意识。自信信念表现在对解决挑战性问题有着充分的信心，这是完成挑战性学习的基础；探索精神表现在对未知事物和领域坚持不懈的探索，这是完成挑战性学习的核心；创新意识表现在解决挑战性问题的思路、方式和手段上，这是完成挑战性学习的根本。

而随着学生逐渐适应挑战性学习这种学习方式和挑战性学习的深入，挑战性学习需要的其他能力就能够在学习过程中得到逐渐的培养和形成。

8.11 开展挑战性学习需要解决的问题

对于我国高校正在实施的“六卓越一拔尖”2.0人才培养计划，为了使挑战性学习能够充分地发挥其应有的作用、实现挑战性学习课程预期的目标，就需要学校教学管理部门及主讲教师注意解决好以下可能出现的问题。

（1）挑战性学习问题挑战度的把握：任何一个挑战性问题的挑战度不一定适合全部学生，因此，可以将挑战性问题的挑战度按照难度予以分级，为每个学生制定符合其个性特点的有差异的挑战性学习课程目标，并对应于相应的挑战度等级，以使每个学生在多方努力下能够完成挑战性任务。

（2）挑战性学习需要学生课外高投入：挑战性学习课内学时与课外学时之比

往往大于1∶3，需要学生课外投入大量的时间，甚至不得不挤占其他课程的课外时间，这容易使得学生对挑战性学习课程望而却步；此外，学生投入与所获学分不成正比，也在一定程度上打击了学生的积极性。这方面需要学校配套相应的政策措施，以吸引和鼓励学生选修挑战性学习课程。

（3）教师大量投入得不到认可：与传统的授课方式那种“照本宣科”、重复多年“烂熟于心”的教学内容不同的是，挑战性问题的挑战度、挑战性学习的特征及挑战性学习课程目标的多样性等，使得教师在挑战性学习课程的准备、师生互动及课后辅导等方面需要投入大量的时间、精力和智力，而如果仅仅按照与其他课程一样的课时计算工作量的话，则会严重挫伤教师的积极性。

（4）挑战性学习的搭便车现象：挑战性学习课程中，小组学习形式居多，存在搭便车情况。因此需要通过教学组织形式和教学制度设计注意避免这种现象发生，如：在自由结合原则基础上需要教师的人为干预组成优势互补的学习小组；强调小组成员的任务分工；明确每位同学的课程目标；课堂展示时要求每位同学介绍各自对本组挑战性任务完成的贡献等。

（5）挑战性学习的师生互动问题：挑战性学习需要教师对学生的及时指导以及学生与老师的密切交流，即使是小班教学，主讲教师也不可能有足够的时间单独开展与每位同学的频繁互动，因此，挑战性课程往往要配备助教等，但助教制度的缺失，使适合担任助教职责的人数不足，即使可以采用博士生，但对于没有博士点或在读博士生有限的地方高校也仍是一个问题。

（6）挑战性学习课程的经费投入：挑战性学习课程需要投入的经费远大于普通课程，主要包括学习环境的建设和解决挑战性问题所需的材料和实验条件等，如果仅按照普通课程的教学经费投入，则远远难以满足挑战性学习课程教学的需要。因此，应该有专门足够的经费预算保证挑战性学习课程的开设。

8.12　挑战性学习vs研究性学习

挑战性学习作为一种教学模式，其提出、形成和发展不是孤立的而是有深厚的基础和联系的，其中最主要的是得到全球高校和各类教育组织普遍认可的研究性学习[12]5-15，因此有必要对二者的关系和区别进行简单的比较和分析，以利于更好理解、把握和实施挑战性学习。

8.12.1 挑战性学习与研究性学习的关系

研究性学习是挑战性学习的基础，主要表现在以下四方面。

首先，与传统的讲授式学习完全不同，研究性学习强调知识是通过“做中学”，而不是“听中学”，以问题为导向，通过基于问题的探究式学习（problem-based learning）、基于案例的讨论式学习（case-based learning）和基于项目的参与式学习（project-based learning）等三种主要形式[12]7-10开展学习，挑战性学习在这方面是一致的。

其次，研究性学习的课程目标（或称“作用机理”）主要有四方面：知识的获取、应用和创新；专业能力的培养和提高；社会能力的培养和提高；综合素质的养成和提升[12]10-11。挑战性学习课程目标是在研究性学习课程目标的基础上进行了拓展。

第三，研究性学习和挑战性学习均强调学生学习的主体性和教师的引导性，学生和教师在学习过程中的角色转换充分地落实了“以学生为中心”的教育理念，能够充分调动学生学习的主动性和积极性，最大限度地挖掘学生的学习潜力。

第四，研究性学习与挑战性学习的基本特征相似。研究性学习的基本特征有：学习方式的研究性，学生学习的主体性，教师教学的主动性，教学活动的互动性，学习内容的开放性，师生地位的平等性，学习方式的灵活性等[12]6-7。挑战性学习具备这些基本特征并有所拓展。

8.12.2 挑战性学习与研究性学习的区别

挑战性学习是在研究性学习基础上的拓展，主要表现在以下几方面。

首先，在挑战的问题上，研究性学习强调用于学生研究的问题、案例和项目的真实性，应该源于行业企业的实际，旨在培养学生解决实际问题的专业能力；而挑战性学习强调的是问题的挑战性和趣味性，即问题的难度、解决的“不可能”性以及对学生学习兴趣的激发，它虽然可以是与研究性学习一样源于行业企业的实际问题，但要求具有更高的挑战度，也可以是学科和经济社会发展中的前沿、难点和热点问题，还可以是教师根据课程教学目标虚构的问题。

其次，在课程目标上，挑战性学习课程目标与研究性学习课程目标基本一致，二者的主要差别在于挑战性学习在研究性学习的基础上增加或强化了以下三方面：激发学习兴趣和培养挑战“不可能”问题的勇气；培养跨学科知识整合构建应用能力；培养和提高创新能力。

第三，在学习环境上，二者虽然都强调真实的学习环境（情景）的提供，可以在校内人为地构建有利于支持学生解决问题的环境，但研究性学习更注重学习环境的真实性，鼓励将学习环境拓展到行业企业生产运营场所或校外基地，而挑战性学习可能缺乏现成的学习场所，尤其是对那些虚构的问题，需要教师投入大量时间和精力去构建。

第四，在师生的投入上，鉴于问题的难度和复杂性，挑战性学习需要教师和学生投入更多的时间，付出更大的努力，冒着更大的失败风险参与挑战性学习问题的解决，因而，需要所在高校出台更加有效的政策和措施，尤其在学生学分认定、教师工作量认可以及教学经费资源投入等方面，以更好地激励和支持教师和学生投入挑战性学习这一成效显著、作用综合的教学方式上。

总之，研究性学习为挑战性学习的探索和实施提供了充分的理论基础和实践经验，挑战性学习需要以此为起点，注重自身的特点、难度和复杂性，在深入研究和广泛实践的基础上，充分发挥其应有的作用并实现预期的目标。

参考文献

[1] 清华大学教改项目基于清华大学挑战性学习课程的挑战性学习研究2016年秋，项目编号：DX02_12。

[2] NSSE. Benchmarks of Effective Education Practice [R]. Bloomington: Center for

Postsecondary Research, School of Education Indiana University, 2007.

[3] 文雯等. 大四现象：一种学习方式的转型——清华大学本科教育学情调查报告 2013 [J]. 清华大学教育研究，2014，35（3）：45-54.

[4] 刘振天. 高校教学评价效能的特性及因应策略——一项基于数据、调查和观察的新发现 [J]. 现代大学教育，2014，6：93-100.

[5] Apple Inc. Apple Classrooms of Tomorrow—Today: Learning in the 21st Century. Background Information, April 2008.

[6] 孙宏斌，冯婉玲，马璟. 挑战性学习示范课程的提出与实践 [J]. 中国大学教学，2016（07）：26-31.

[7] Timothy K. O' Mahony et al., A Comparison of Lecture-Based and Challenge-Based Learning in a Workplace Setting: Course Designs, Patterns of Interactivity, and Learning Outcomes [J]. The Journalof The Learning Science, 21, no.1 (2012): 182-206.

[8] Martin, Taylor et al., Comparison of Student Learning in Challenge-based and Traditional Instruction in Biomedical Engineering [J] .Annals of Biomedical Engineering, 35, no.8(2007): 1312-1322.

[9] L.S. Vygotsky, Mind in Society: The Development of Higher Psychological Processes [M]. Cambridge, Massachusetts: Harvard University Press, 1978: 86.

[10] 王文静. 维果茨基“最近发展区”理论对我国教学改革的启示 [J]. 心理学探新，2000，20（2）：17-20.

[11] 麻彦坤. 最近发展区理论在当代美国教学模式中的应用 [J]. 外国教育研究，2005，32（9）：60-64.

[12] 林健. 面向卓越工程师培养的研究性学习. 高等工程教育研究，2011（6）.

参考文献 [12]：面向卓越工程师培养的研究性学习

第 9 章 如何理解和解决复杂工程问题

【本章导读】

复杂性是当前和未来工程问题的最显著特点，我国成为《华盛顿协议》正式缔约成员后，深刻地理解和把握复杂工程问题及其特征并培养出具有解决复杂工程问题能力的毕业生，不仅仅是拟认证工程专业，而且也是我国高等教育所有本科工程专业，尤其是新工科专业培养的卓越工程人才，当前和今后必须重视和做好的重要工作。本章从讨论复杂性是现代工程问题的本质入手，以《华盛顿协议》关于复杂工程问题特征的界定和解决复杂工程问题的能力要求为基础，依次分析复杂工程问题的特征和解决复杂工程问题的能力，而后分别重点从学生能力培养、人才培养过程和人才培养模式的视角讨论如何培养学生解决复杂工程问题的能力，最后阐述如何考核评价学生解决复杂工程问题能力的培养效果，以期为相关院校工程专业提供参考和借鉴。

Chapter 9 How to Understand and Solve Complex Engineering Problems

【Introduction of this Chapter】 Complexity is the most salient feature of current and future engineering problems. After becoming an formal contracting member of Washington Accord, the issue of how to deeply understand and master complex engineering problems (CEPs), and how to cultivate the graduates with the abilities of solving CEPs, turns to be a very important work to be paid high attention and be completed, not only for the engineering majors to pass accreditation but also for all bachelor engineering majors in China, especially for the excellent engineering talent trained by new engineering majors. Based on the demarcation of CEPs made by Washington Accord and its ability requirements to solve complex engineering problem, this chapter starts with discussion of the nature of modern CEPs-complexity, then analyses the characteristics of CEPs and the abilities of solving CEPs in turn, which is followed by the discussion of how to foster students' abilities of solving CEPs from three aspects respectively, including student ability training, talent training process and talent training mode, finally it describes how to evaluate the cultivating effect of the students' abilities to solve CEPs. The chapter aims to provide the reference for the engineering majors in relevant high education institutes.

我国于2016年6月2日成为《华盛顿协议》正式缔约成员，这不仅为我国工程专业毕业生获得进入国际市场的通行证提供了可行性，而且也有力地促进我国工程教育面向世界。然而，按照《华盛顿协议》的共同要求，通过工程教育认证的工程专业不仅要深入理解和把握复杂工程问题，更要按照国际实质等效原则培养学生具有解决复杂工程问题的能力。从经济社会发展、经济全球化以及“一带一路”国家战略对工程教育提出的要求的角度看，深刻地理解复杂工程问题并培养出具有解决复杂工程问题能力的毕业生，应该不仅仅是拟认证工程专业，而且也是我国高等教育所有本科工程专业当前和今后必须重视和做好的重要工作。

本章从讨论复杂性是现代工程问题的本质入手，以《华盛顿协议》关于复杂工程问题特征的界定和解决复杂工程问题的能力要求为基础，依次分析复杂工程问题的特征和解决复杂工程问题的能力，而后重点从三个角度讨论如何培养学生解决复杂工程问题的能力，最后阐述如何考核评价学生解决复杂工程问题能力的培养效果，以期为相关院校工程专业提供参考和借鉴。

9.1 复杂性是现代工程问题的本质

1. 现代工程问题是一个复杂系统，具备复杂系统的诸多特性。

从客观世界自身存在的复杂现象，人类改造客观世界的需要以及人类自身组成的各种复杂关系，可以将复杂系统分为三类：复杂自然系统、复杂工程系统和复杂社会系统。其中复杂工程系统就是人类为了自身更好地生存和发展而在改造客观世界的过程中研究、设计、生产或制造的工程系统。人类经济、社会、环境的发展变化，使得人们面临的现代工程问题基本上是复杂工程系统，其复杂性的主要根源与其他复杂系统是一致的：一是系统规模，足够规模是产生复杂性的必要条件，但不是充分条件；二是系统结构，系统构成的多样性和差异性，尤其是层级结构，是系统复杂性的主要根源；三是系统的非线性性，即系统内部诸要素之间是相互作用的，它导致系统的复杂性；四是系统的开放性，即系统与外部环境存在相互关系，它也是系统复杂性的重要根源。由此可见，现代工程问题基本具备复杂系统的诸多特性。

2. 现代工程问题已经不是单纯的工程问题，需要综合考虑并协调多种非工程因素。

人类在改造客观世界的过程中面临着越来越多与工程本身无关的问题，包括人类自身的生存环境、健康安全、伦理道德、可持续发展等，这就使得现代工程问题的解决必须综合考虑和协调这些诸多非工程方面的因素，从长远和发展的角度提出科学、可行的解决方案。

3. 现代工程问题的复杂性以及出现的新问题往往超越了现有的工程标准和规范。

现有的工程标准和规范是针对已经存在工程项目和人类可以预见的工程问题在材料、工艺、结构、流程、设计和技术等方面的技术标准、质量要求和操作规程，它往往不可能全面覆盖现代工程问题所涉及的诸多不可预见的因素和出现的新问题，这就需要工程师具备解决超越现有工程标准和规范的复杂工程问题的能力和素质。

4. 越来越多的现代工程问题不能直接用现有的工程方法和技术去解决。

随着现代工程问题复杂性的不断增加，使用现存的思路、已有工程方法和技术已经越来越不能给出比较满意的结果，甚至无法解决问题，因此，就必须从崭新的角度，采取新的技术路线、开发新的工程方法和技术或者组合各种工程方法和技术来处理这些工程问题。

5. 现代工程问题的解决需要传统工程领域之外的其他学科专业的介入和支持。

现代工程问题的出现，一方面遵循客观世界发展的自然规律和人类社会发展的需要，将涉及越来越多的领域、学科和专业；另一方面突破传统工程领域中的方法和技术的解决范畴，因此，现代工程问题的解决离不开其他学科领域或交叉学科专业的方法、技术和工具的支持和运用。

6. 模型是系统分析和研究现代工程问题的基础，模型的建立无章可循，需要有创造性。

实践表明，对现代工程问题从识别、分析到提出解决方案都需要能够借助模型对其内部诸要素及其联系以及内外部关系等进行分析研究，这种模型可以是抽象模型、物理模型、仿真模型等，取决于现代工程问题的复杂性和解决问题的需要，这就使得模型的建立往往无章可循，难以借鉴传统的思路或技术路线，必须根据问题的性质、特点和实际需要，在建模的思路、采用的方法和实施的技术上有创新和突破。

7. 集成和创新是解决复杂工程问题的主要思路。

系统集成是解决复杂工程问题的主要思路。首先，将复杂工程问题按照功能性质对其进行解剖分解，其次，在充分考虑局部与整体以及局部与局部之间的关系的基础上分别解决好各个子系统的问题，最后按照系统原理将各子系统集成以形成最终的解决方案。此外，在解决复杂问题的整个过程中需要始终贯穿着创新这条主线，这是因为，不仅复杂工程问题及其特性可能是前所未有的，而且，解决复杂工程问题的工具、方法和技术也不一定是现存的。

9.2 复杂工程问题的特征分析

9.2.1 关于“复杂工程问题”的界定

《华盛顿协议》界定的“复杂工程问题”必须具有表9.1所述特征WP1和特征WP2到WP7的一些或全部。与此同时，《华盛顿协议》对本科毕业生提出了具体的知识要求，如表9.2所示[1]。其中WP1所需要的工程知识是指表9.2中的WK3、WK4、WK5、WK6和WK8。与此类似，中国工程教育专业认证协会界定的“复杂工程问题”必须具备表9.1所述特征CP1，同时具备特征CP2到CP7的部分或全部[2]。

表9.1 复杂工程问题的特征

属性	华盛顿协议[1]	中国工程教育认证协会[2]
需要知识的深度	WP1：必须有深入的工程知识才能解决，这些知识是指能够运用基本原理分析方法的一个或多个知识要求（指表9.2中的WK3、WK4、WK5、WK6或WK8）	CP1：必须运用深入的工程原理，经过分析才可能得到解决

续表

属性	华盛顿协议[1]	中国工程教育认证协会[2]
冲突需要的范畴	WP2：涉及大范围的或有冲突的技术、工程和其他问题	CP2：涉及多方面的技术、工程和其他因素，并可能相互之间有一定冲突
需要分析的深度	WP3：没有明显的解决方案，需要抽象思维及原创性分析以形成合适的模型	CP3：需要通过建立合适的抽象模型才能解决，在建模过程中需要体现出创造性
问题的熟悉度	WP4：涉及不太常见的问题	CP4：不是仅靠常用方法就可以完全解决的
适用准则的程度	WP5：属于专业工程实践标准和规范涵盖范围之外的问题	CP5：问题中涉及的因素可能没有完全包含在专业工程实践标准和规范中
利益相关者参与程度及冲突要求的程度	WP6：涉及多种不同的利益相关者群体，他们具有广泛变化的需求	CP6：问题相关各方利益不完全一致
相互依赖性	WP7：属于高水平问题，包含许多组成部分或子问题	CP7：具有较高的综合性，包含多个相互关联的子问题

从表9.1可以容易看出，《华盛顿协议》与中国工程教育专业认证协会分别界定的“复杂工程问题”具有两方面的相似性：一是两者对特征构成的条目数要求上是一致的；二是后者每一条特征属性的内涵与前者相应条目特征属性的内涵是基本相似的。由此不难看出，中国工程教育专业认证协会关于“复杂工程问题”的界定是基本参照《华盛顿协议》关于“复杂工程问题”的界定而制定出来的。

然而，逐条比较二者对应的特征可以发现，除了第2、3和7条特征的内涵是一致的外，其他各条特征内涵之间存在着一定的差异。第1条特征：WP1指出了工程知识的具体内容，如表9.2中所示，而CP1则将这些工程知识笼统地用“工程原理”表达；第4条特征：WP4用不常遇见的问题作为复杂工程问题的特征，而CP4则用不能仅靠常用方法就可解决作为复杂问题特征，显然，WP4的定义更合适作为“问题”的特征，而常用方法的组合作为方法的创新，往往也能够胜任复杂工程问题的解决，这方面并没有被CP4所涵盖；第5条特征：WP5的要求比CP5的高；第6条特征：CP6只是强调各方利益的不一致性，而WP6还强调各方需求的广泛的变化，这种“动态性”更能够准确表达复杂工程问题的特征。

尽管中国工程教育专业认证协会的界定与《华盛顿协议》的界定存在上述差异，但从《华盛顿协议》的实质等效性原则看，这些差异是允许并可接受的，它们并不会对各专业培养满足工程专业认证标准要求的毕业生产生根本性的影响。这是因为，实质等效性原则并不要求加入《华盛顿协议》的专业具备完全相同的产出和内容，而是要求这些专业培养出能够从业并适合通过培训和实习获得职业胜任能力和注册资格的毕业生[1]。

表9.2 《华盛顿协议》认证专业提供的知识[1]

WK1：对适用于本学科的自然科学的系统的、基于理论的理解
WK2：适用于本学科的支持分析和建模的以概念为基础的数学、数值分析、统计、计算机和信息科学的通识内容
WK3：工程科学所需要的工程原理的系统的、基于理论的公式化表述
WK4：为工程实践领域提供理论框架和知识体的工程专业知识，大部分处于本学科的前沿
WK5：在实践领域支持工程设计的知识
WK6：工程学科实践领域中工程实践（技术）的知识
WK7：理解工程在社会中的作用和学科在工程实践中已确定的问题：工程师对公共安全的伦理和专业责任，工程活动对经济、社会、文化、环境和可持续发展的影响
WK8：了解该学科研究文献的相关知识

9.2.2 复杂工程问题的特征分析

充分认识和深刻理解复杂工程问题的特征，不仅有利于课程体系的改革、教学内容的选择、教学计划的制定、教学形式的组织和教学方式的采用，而且有利于系统地培养学生解决复杂工程问题的能力，同时直接关系到毕业要求的有效实现。因此，有必要对复杂工程问题的特征进行逐条分析。

WP1分析：这条特征是所有复杂工程问题均必须具备的，其强调的核心是，复杂工程问题的分析解决必须深入运用工程原理和各种工程知识。本特征的内涵表现在四个方面：一是要求知识面广，包括系统的工程原理知识（WK3）、处于前沿的工程专业知识（WK4）、工程设计知识（WK5）、工程实践知识（WK6）或学科研究文献的知识（WK8）；二是对知识的要求不再像过去那样是简单的“掌握”，而是要“运用”知识的原理；三是知识不能够“简单”地套用，而是要对知识“深入”的应用；四是对问题的解决不能“照搬方法”，而要“经过分析”。

WP2分析：这条特征强调的是，复杂工程问题自身必定涉及多方面因素，这些因素间还可能存在冲突。从解决问题的角度分析，本特征的内涵表现在两方面：一是工程问题的复杂性使得问题的解决必须综合考虑包括技术、工程等多方面的因素，这些因素直接关系到复杂工程问题的有效解决；二是工程问题内部各要素间可能存在矛盾与冲突，这就需要厘清它们之间的相互关系，明白可能的冲突点，找到解决矛盾的突破口，在解决矛盾和冲突的过程中解决复杂工程问题。

WP3分析：本条特征强调的是，解决复杂工程问题的难度，必须通过建模与分析才能解决。事实上，在认识问题之前必须要能够界定问题，而分析复杂问题的有效手段是借助模型。本条特征的内涵表现在四个方面：一是复杂工程问题往往没有显而易见的解决方案；二是要根据解决问题的目标要求厘清复杂工程问题的内部要素和外部联系；三是运用抽象思维和原创性分析对复杂工程问题进行界定、分析和提炼，进而形成适合分析和解决复杂工程问题的模型；四是建模的思路、手段和方法需要突破现有的局限，突出创新性。

WP4分析：本条特征强调的是，工程问题的复杂性往往表现在问题自身的不常见性。如果问题是经常性的或屡见不鲜的，解决问题的方法自然已经形成，问题本身就会失去复杂性。解决具有本条特征的复杂工程问题要突破方法和学科上的思维定势，一方面要认识到传统的、常用的方法已经难以解决复杂工程问题，需要有新思路和新方法，事实上，存在着多种解决复杂工程问题的方案和途径；另一方面，仅靠单一学科已经无法胜任复杂工程问题的解决，需要多学科知识、方法和手段的综合运用。因此，多学科领域的团队合作成为解决复杂工程问题的常态，要求成员间分工协作、优势互补、目标一致。

WP5分析：本条特征强调的是，复杂工程问题所涉及的因素已超越了专业工程实践标准和规范涵盖的范围。因此，要寻求对现有标准、规范、方法和手段的突破和变革。本条特征的内容表现在三个方面：一是日益复杂的工程问题受到越来越多的因素的制约，可能涉及生态平衡、自然和谐、健康安全、工程伦理、经济发展等，这些因素会超越现有的专业标准和规范所包含的内容；二是解决这些复杂工程问题，就是要突破现有方式、方法和手段的限制，寻求解决思路、途径和方法的变革；三是在对现有标准和规范的突破和变革过程中，工程师要从经济社会发展和人与自然和谐的角度，注重工程伦理准则和职业道德规范。

WP6分析：本条特征强调的是，复杂工程问题涉及多个利益相关群体，他们各自的利益诉求既不一致又是广泛变化着的。因此，不仅要认识不同群体的利益冲突，还要重视不同利益的协调。也就是说，一方面要认识到，复杂工程问题涉及社会社区规划、生态环境保护、相关行业利益、地区经济发展以及价值观念认同等多方面的利益，这些利益间的不协调和冲突将成为常态；另一方面要意识到，协调并处理各方的利益诉求，已经超越了传统意义上的工程技术范畴，需要把握主要矛盾，在各方利益中寻求平衡点。

本条特征与WP2的区别在于后者是针对复杂工程问题自身内部的因素，而前者针对的是利益相关者直接的利益。

WP7分析：本条特征强调的是，复杂工程问题是由多个部分或子系统构成的高水平问题。因此，既要认识到这类问题的构成，又要处理好整体与局部的关系。也就是说，一方面要认识到，复杂工程问题是一种复杂系统，具备复杂系统的各种特征，是由多个相互关联、相互依赖、相互制约、相互作用的子系统构成的整体；另一方面要意识到，解决复杂工程系统的核心是处理好各局部子系统与整体系统的关系，要遵循局部服从整体的原则，并以实现整体目标要求为出发点处理好局部之间的关系。

图9.1表达的是复杂工程问题及其具有的特征。正如《华盛顿协议》所规定，图中WK1为任何复杂工程问题必须具备的基本特征，此外，一个复杂工程问题还应具备图中选择性特征WK2到WK7的一项或多项。这样，WK1与一项或多项其他特征进行组合就能够形成众多类型的复杂工程问题。

工程教育的主要目标就是要培养学生能够深入运用工程原理和各种工程知识，分析和解决具有上述特征要求的复杂工程问题。为了实现这一目标，工程专业必须回答三个问题：（1）如何选择、准备或设计具有上述特征的用于工程师培养的复杂工程问题；（2）如何围绕复杂工程问题设计和实施主要教学环节，如课程设计、综合设计、项目参与、企业学习、毕业设计等；（3）如何把复杂工程问题所需要的工程原理和各种工程知识在主要教学环节中得到充分的深入的运用，以培养学生分析解决复杂工程问题的能力。

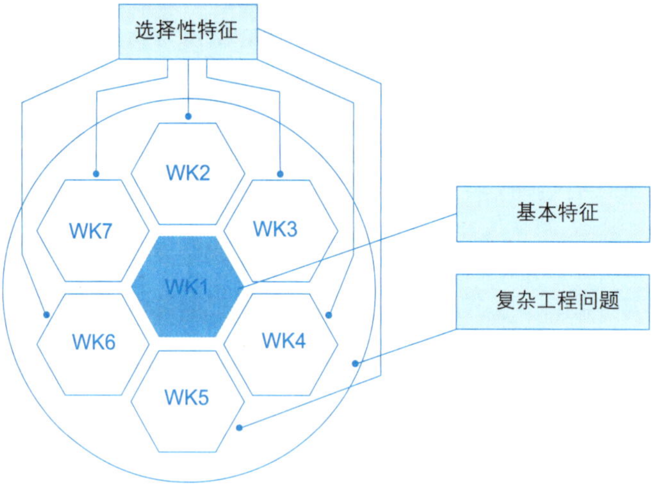

图9.1 复杂工程问题及其具有的特征

9.3 解决复杂工程问题的能力要求分析

9.3.1 《华盛顿协议》规定的毕业生素质

解决复杂工程问题的能力是工程专业合格毕业生必须具备的最本质的素质或要求。针对工程师培养的需要和现代社会对工程师的要求，《华盛顿协议》对通过4至5年的学习获得毕业文凭的毕业生提出了知识和素质的要求，分别如表9.2、表9.3所示[1]。事实上，毕业生素质是对毕业生所应具备的各种能力的清晰简明的阐述，表9.3中的WA1至WA7、WA10等8项要求均是直接针对解决复杂工程问题而提出的能力要求，它们分别反映出对毕业生在解决复杂工程问题的能力要求的不同方面。

表9.3 《华盛顿协议》规定的毕业生素质[1]

区别特征	Attribute Profiles for Washington Accord Graduate
工程知识	WA1: 应用数学、自然科学、工程原理和工程专业知识解决复杂工程问题（分别指表9.2中的WK1到WK4）
问题分析： 分析的复杂性	WA2：能够应用数学、自然科学和工程科学的基本原理，识别、表达、研究文献和分析复杂工程问题，以获得被证实的结论（WK1到WK4）
设计／开发解决方案： 工程问题的广度和独特性，即问题的原始程度以及解决方案被识别和规范的程度	WA3：适当考虑公共健康、安全、文化、社会、环境，设计复杂工程问题的解决方案以及设计满足特定需求的系统、构成（部件）或（工艺）流程（WK5）
调查研究： 调查和实验的广度和深度	WA4：运用基于文献研究的知识（WK8）和包括实验设计、数据分析和解释以及信息综合等研究方法，开展复杂问题调查研究以得到有效的结论
现代工具的使用： 工具适切性的理解水平	WA5：针对复杂工程问题，开发、选择和使用适当的技术、资源、现代工程和IT工具，包括预测和模拟，并理解其局限性（WK6）
工程师和社会： 知识和责任的水平	WA6：应用相关背景知识的论证分析，评价专业工程实践和复杂工程问题解决方案对社会、健康、安全、法律和文化问题的影响以及产生的责任（WK7）
环境与可持续发展： 解决方案的类型	WA7：理解和评价针对复杂工程问题解决方案的专业工程工作对环境和社会可持续性发展的影响（WK7）
伦理： 理解和实践水平	WA8：运用伦理原则，在工程实践中遵守职业道德和规范，履行责任（WK7）
个人和团队工作： 团队中的角色和多样性	WA9：在各种团队和多学科背景下有效地发挥个人、成员和领导角色的作用
沟通： 根据从事活动类型的沟通水平	WA10：能够在复杂工程活动中与工程界和全社会进行有效沟通，例如，能够理解和撰写有效的报告和设计文档，做有效的展示，给出和接收清晰的指令
项目管理和财务： 不同类型活动需要的管理水平	WA11：展示对工程管理原理和经济决策的认知和理解，并应用到作为一个团队成员和领导者自己的工作中，在多学科环境下管理项目
终身学习： 准备继续学习及其深度	WA12：认识到在最广泛的技术变化的情景下独立地开展终身学习的必要性，并具备在这种情境下的终身学习能力

9.3.2 解决复杂工程问题的能力要求分析

对于拟认证工程专业而言，为了更好地制定本专业的毕业要求和开展学生解决复杂工程问题能力的培养工作，就需要对《华盛顿协议》上述8条素质要求的本质内涵有深刻的理解和把握。

WA1：本条能力聚焦工程知识，强调的关键是能够将所学的各种知识“用于”解决复杂工程问题，而不是像以往要求那样只是“学习了”知识；同时，“复杂性”在工程问题的体现是能力培养的关键。

WA2：本条能力聚焦问题分析，强调分析复杂工程问题是一项复杂工作，不仅需要应用多学科的基本原理，而且要从甄别确认、表达描述、通过研究文献等几方面分析复杂工程问题，并且获得明确且清晰的结论。其中基本原理指的是基本理论、基本规律和基本性质，这些构成某一学科最本质的东西。

WA3：本条能力聚焦设计／开发解决方案，强调复杂工程问题的独特性即原始程度及其涉及外部因素的广泛性。因此，在设计或开发复杂工程问题的解决方案时，一方面要适当充分地考虑这些外部诸多非技术因素，另一方面要因复杂工程问题与以往问题的差异而注重在设计或开发环节体现创新意识。

WA4：本条能力聚焦调查研究，强调针对复杂工程问题而开展的调查和实验研究要具有一定的广度和深度，以得到有效的研究结果。这里调查指的是开展文献研究而获得研究复杂工程问题所需要的信息和数据等，研究指的是实验设计、数据分析和解释以及信息综合等分析性研究。

WA5：本条能力聚焦现代工具的使用，强调能够针对复杂工程问题的特征，开发、选择和使用恰当的技术、资源和各种现代工具，并了解这些工具的不足和局限性。其中“开发”是指在现有工具不足以满足需要时，或者对该工具进一步挖掘、强化、提升其功能，或者研究、设计和制造新的工具；“资源”是指除了技术和工具外的其他可用于解决复杂工程问题的物质的和非物质的手段。

WA6：本条素质聚焦工程师和社会，强调工程相关背景知识的论证分析在评价专业工程实践和复杂工程问题解决方案对外界社会影响的作用以及工程师对这些影响所应承担的责任大小。其中“影响”既不能够泛泛而谈，也不能够过于宏观地讨论工程与社会的关系，而是要针对一个具体的“专业工程实践”活动或“复杂工程问题解决方案”的“影响”；“应承担的责任”不仅要针对具体的“工程”本身，还要延伸到工程师身上。

WA7：本条素质聚焦环境与可持续发展，强调针对不同的复杂工程问题解决方案，能够理解和评价专业工程工作对环境和社会可持续性发展的影响。其中“理解”不是宏观的理解和讨论，而是能够针对具体的“解决方案”；而“评价”是本条要求的关键。

WA10：本条能力聚焦沟通，强调能够在各种所从事的复杂工程活动中与工程界和全社会进行有效沟通。需要注意的是，应该针对不同的沟通对象采取不同的沟通方式，这样才能取得有效的沟通效果。

为了准确把握以上各条素质要求并开展学生解决复杂工程问题能力的培养工作，基于以上分析，可以将这些素质要求分别概括为表9.4中的能力或素质。

表9.4 解决复杂工程问题需要具备的能力或素质

编号	能力 / 素质	类型
WA1	多学科知识应用能力	专业能力
WA2	复杂工程问题分析能力	
WA3	复杂工程系统设计与开发能力	
WA4	文献研究与实验分析能力	
WA5	现代工具使用能力	
WA6	工程师的社会责任意识	综合素质
WA7	环境与可持续发展意识	
WA10	沟通交流能力	社会能力

《华盛顿协议》的上述解决复杂工程问题的能力素质要求与整个毕业生素质一样，旨在帮助像中国这样的《华盛顿协议》正式缔约成员和其他临时成员制定出一套以结果为导向的认证标准。仔细比较《华盛顿协议》的毕业生素质与中国工程教育专业认证协会的毕业要求，容易发现二者具有两方面的相似性：一是条目数相同，均为12条；二是后者每一条的内涵与前者相应条目的内涵是基本相似的。由

此也不难看出，中国工程教育专业认证协会的毕业要求是基本参照《华盛顿协议》的毕业生素质而制定出来的。

然而，可能出于对《华盛顿协议》毕业生素质的理解上的差异以及中国工程教育具体情况的需要，在12条毕业要求中，除了第1和第5条完全一致外，中国工程教育认证协会毕业要求的其他条目与《华盛顿协议》毕业生素质的对应条目均存在或多或少的差异。但是，由于《华盛顿协议》的毕业生素质本身并不构成认证资格的一种“国际标准”，而只是为各认证组织描述实质等效性资格结果提供一种被广泛接受的共同的参考[1]，这些差异是允许并可接受的。

拟认证工程专业的解决复杂工程问题的能力要求（以下简称“能力要求”）作为该专业毕业要求的核心部分，应该与毕业要求的其他条目一道制定，但均要遵循三点要求：（1）能力要求必须完全覆盖认证组织以《华盛顿协议》毕业生素质为基础制定关于毕业要求的基本要求；（2）能力要求要符合专业所在学校的人才培养定位，体现学校的服务面向、办学优势和专业特色；（3）要有行业企业的专业参与制定并发挥实质性的作用。

9.4 解决复杂工程问题能力的培养

学生解决复杂工程问题能力的培养是一项系统性、全局性的工作。它不应该只是一门课程的目标，也不应该是一位教师的责任，它需要工程专业担任教学的全体教师、从事教学管理的全体职员、专业负责人、专业所在院系领导以及学校相关部门的共同努力才能胜任和完成。在具体开展能力培养工作之前，需要将能力要求予以分解和落实。

能力要求的分解和落实就是要将工程专业制定的每条能力要求分解和细化成为对知识、能力或素质的明确、清晰和具体的要求，简称指标点或标准点，达到能够判断或衡量是否实现的程度，以成为相关课程或教学环节的教学目标和衡量教学效果的标准。

指标点与课程或教学环节的关系是：一个指标点需要一个或多个课程或教学环

节的先后实施才能实现，因此，这个指标点就成为相关课程或教学环节共同的教学目标；一门课程或一个教学环节往往不以一个指标点为唯一教学目标，它的实施也为其他指标点的实现做出贡献，因此，这门课程或教学环节的教学目标可以由多个指标点组成。

解决复杂工程问题能力的培养工作应该从能力培养、培养过程和培养模式三个不同角度共同着力，才能取得理想的效果。

9.4.1　从学生能力培养的视角

能力导向是当代社会对高等教育人才培养产出的共识。从学生能力培养的视角，要将学生解决复杂工程问题能力的培养作为工程专业各项教育教学活动的共同目标，也就是说，工程专业所有的教育教学活动，都应该围绕着学生能力的培养而设置、安排和实施，以达到逐条地实现能力要求的目标。

多学科知识应用能力的培养：实现这条能力要求的关键在于教学内容的选择和教师的配备。首先，数学、自然科学、工程原理等课程的教学内容必须与工程学科相关，是本学科所需要的，能够用于或有助于复杂工程问题的解决。因此，应该结合工程专业的性质和需要，尤其是本专业复杂工程问题的特征精心地选择教学内容。强调教学内容的关联性在当前提高实践教学课时比例，理论教学课时有限的情况下尤其重要。其次，配备了解或熟悉工程专业的任课教师对提高课程和教学内容在解决复杂工程问题的作用上至关重要。在教学实践中，数学和基础课程任课教师的问题尤为突出，他们往往不针对某一工程学科开课，或者轮流给不同专业教学，因此，课堂例题、课程作业等不能够直接或间接地联系到工程问题的解决。通过固定任课教师，以使他们能够逐年了解和熟悉工程专业，是解决这方面问题的有效做法。

复杂工程问题分析能力的培养：实现这条能力要求的关键在于复杂工程问题的选择和教师的工程能力。首先，教师提出的复杂工程问题必须符合表9.1的界定，它们应该主要源于工程实践，可以是已经解决了的复杂工程问题，这样不仅能够真实地训练学生识别、表达、研究和分析复杂工程问题，而且有利于将学生的分析结论与实际问题结论相比较。此外，教师自身的工程实践经历和分析解决复杂工程问题的能力是胜任培养学生本条能力的关键。事实上，教师的工程能力不足是我国高校普遍存在的问题，涉及多方面的因素，关键在高校和院系的政策措施。

复杂工程系统设计与开发能力的培养：这条能力是上条能力的继续和延伸，实现这条能力要求的关键在于复杂工程问题的设计和教师的工程创新能力。首先，用于培养学生这条能力的复杂工程问题不应是现有问题的简单复制，它必须具有一定的新颖性和独特性，同时涉及外部诸多因素，因此，学生除了要能够综合平衡内外部各方面要素外，还必须具有创新意识，才能拿出解决方案。其次，教师的工程创新能力，包括承担或参与复杂工程问题的解决、复杂工程系统的设计以及新产品的开发等经历对培养学生本条能力至关重要。

文献研究与实验分析能力的培养：实现这条能力要求需要有足够的文献资料、充足的实验设备和数据分析条件。文献资料应该注重与本学科复杂工程问题直接相关的原始文献，如以往各种工程项目、工程系统，尤其是大型、复杂工程问题的设计方案、实验数据、分析报告等，这些文献资料对新的复杂工程问题的研究具有重要的参考和借鉴作用。实验设备，如学校工程训练中心等基础实验场所和院系专业实验室等，能够用于检验具有创新意识的实验设计方案的有效性。数据分析条件，包括相关数据处理和分析软件和工具等，对于获得正确有效的结论是必须的。

现代工具使用能力的培养：实现这条能力要求需要工程专业做好三方面的工作。（1）通过广泛调研和比较分析，系统全面地了解解决本专业复杂工程问题需要的各种技术、资源和现代工程和IT工具，然后将这些技术和工具逐一落实到相关的课程或教学环节；（2）要求相关任课教师设计和提出适当的复杂工程问题，使学生在解决问题的过程中运用和掌握这些技术和现代工具；（3）要设置现代工具使用的综合性课程，课程包括各种类型的复杂工程问题，教师指导学生自主选择、综合运用各种现代工具并了解各自的特点和不足。

工程师的社会责任意识的培养：实现本条素质要求需要工程专业做好两方面工作。（1）通过通识教育课程的设置使学生在认识、思想和观念层面上系统全面地理解表9.2中WK7规定的关于工程师对公共安全的伦理和专业责任以及工程活动对经济、社会、文化、环境和可持续发展的影响；（2）在上述各条能力（WA1到WA5）

的培养过程中，要求所有相关任课教师有意识地培养、强化并形成学生在分析和解决复杂工程问题时应用相关的背景知识的论证分析，自觉地将专业工程实践和复杂工程问题解决方案与对外部诸因素的影响和自身的责任相联系，培养学生的社会意识和责任意识。

环境与可持续发展意识的培养：实现本条素质要求需要工程专业做好与工程师社会责任意识培养相类似的工作。（1）通过通识教育课程使学生深刻理解复杂工程问题解决方案对环境和社会可持续发展的影响；（2）在各条能力培养过程中，逐渐地培养学生在解决复杂工程问题的时时刻刻，评价和重视专业工程工作对环境和社会可持续发展的影响，以最终形成学生的环境与可持续发展意识。

沟通交流能力的培养：实现本条能力要求不可能通过一门课程或一个教学环节的实施，而是需要在上述各条能力的培养过程中，有意识地、不断地培养和提升学生这方面的能力。具体而言，可以从两方面入手：一是在培养学生上述能力的相关课程和教学环节中，通过教学组织形式安排、课程作业要求和课堂研讨和展示等，培养学生与同学和教师的有效沟通；二是在学生识别、分析和解决复杂工程问题的过程中，在收集数据、获取信息、寻求资源和获得指导的过程中，利用、设计和创造各种的可能的条件和机会与工程界和社会各界进行各种形式和多种方式的沟通和交流。

9.4.2　从人才培养过程的视角

从大学教育先完成通识教育再进行专业教育的过程看，工程专业必须充分地认识到：能力和素质的培养和提升不应该仅仅是专业教育的责任，也应该是通识教育的任务，需要二者相辅相成、共同作用、合力完成。通识教育负责基本知识的学习、基本原理的理解和基本技能的掌握，提升对事物本质规律的认识和理解，培养形成正确的观念、意识和精神，对于学生综合素质的培养以及解决能力培养上的认识和观念问题至关重要，是能力培养不可或缺的组成部分。专业教育强调专业知识的学习、专业意识的形成和专业能力的培养，它以通识教育为基础和支撑，一方面在通识教育阶段获得的基本技能和初步能力的基础上，培养和提升各种专业能力和社会能力，另一方面在通识教育形成的正确的态度、观念和意识的基础上，进一步培养全局视野、责任意识、奉献精神和职业道德。

从学生能力的形成和提升过程看，工程专业还应该认识到：能力的培养是一个逐渐形成、综合作用和螺旋上升的过程。按照人类认知和学习规律，能力培养的逐渐形成过程要经历从知识学习到初步能力形成再到目标能力形成这样一个渐进的、动态的连续过程。在这个过程中，每一条能力的培养都不是一个单独的教育教学活动，它需要多门课程或教学活动的综合作用，需要这些课程的前赴后继、不断强化、相互作用、共同发力和效果集成，才能够实现各条能力要求。能力的培养不是简单的直线提升，而是要经历螺旋式上升的过程，包括从基本技能到动手能力、从动手能力到实践能力、再从实践能力到创新能力、最后从创新能力到综合能力。

从学生的整个大学学习过程看，必须将能力的培养贯穿于从学生入学到毕业的四年学习的始终。在这方面，除了专业培养方案安排的教育教学活动外，可以着重考虑以下几点：（1）从大一起就给学生提供机会进入各类实验室，逐渐从公共实验室、基础实验室到专业实验室，鼓励和支持学生参与各种实验和设计活动；（2）从大一起就在双向选择的原则下给学生配备导师，要求教师关注学生的个性特点，鼓励学生参与教师的科研等学术活动；（3）为学生提供各种校外实习和学习机会，从生产实习、社会实践、顶岗实习到企业学习，鼓励和支持在真实的工程环境下提升各种能力；（4）注重发挥学生课外学习的作用，如：鼓励学生参与各种学生社团活动，培养学生的社会能力；鼓励学生参与各种科技竞赛活动，培养学生的创新意识和能力；（5）为学生提供在境内外和校内外的各种文化、科技、教育、体育等方面的学习和交流活动，使学生在与不同文化、经历、背景和民族的人的交流中开拓视野、丰富知识和学会包容。

9.4.3 从人才培养模式的视角

从人才培养模式的视角，为了更好地培养学生解决复杂工程问题的能力，需要重点做好三方面的工作：课程体系的整合重组或改革；教学组织形式和教学方式改革；实践教育教学体系的构建或完善。

1. 课程体系的整合重组或改革

工程教育认证通用标准规定的课程体系包括7个部分的课程模块，每个模块均应该在学生解决复杂工程问题的能力培养上具有专门的功能，如表9.5所示，因此，要通过对原有的课程体系进行整合重组或改革，使得各个模块均能够在学生解决复杂工程问题能力培养上发挥应有的作用。

表9.5 课程体系各模块在学生解决复杂工程问题能力培养上的功能

课程模块	课程模块在学生解决复杂工程问题能力培养上的功能
数学与自然科学课程	能够应用课程知识和基本原理，识别、表达、分析和解决复杂工程问题
人文社科类通识教育课程	能够在从事工程设计时综合考虑经济、社会、环境、法律、伦理等各种制约因素，并了解应承担的责任；能够与业界和社会进行沟通交流
工程基础类课程 专业基础类课程	能够应用多学科知识及其基本原理，选择与使用恰当的现代工具，系统深入地识别、研究、表达、分析和解决复杂工程问题
专业类课程	能够创新性地研究、设计、开发、评价并实现复杂工程系统
工程实践环节	培养学生的工程实践能力和创新能力
毕业设计	培养学生的工程意识、协作精神以及综合应用所学知识解决实际问题的能力

整合重组或改革后的课程体系作为一个统一体，必须将学生解决复杂工程问题能力的培养贯穿于整个课程体系之中，这就对专业培养方案的制定和每位任课教师均提出要求。一方面，专业培养方案的制定必须严格遵循学生能力形成的规律并充分考虑不同能力之间的内在联系，注重课程之间在能力培养上的逻辑关系，合理有效地安排各门课程，使每门课程及相关模块在学生能力培养上的功能得到充分发挥；另一方面，每位任课教师需要清醒地了解所授课程在能力培养上与其他课程尤其是先导课程和后续课程的关系，这样才能突出课程重点，在逐渐、不断提升学生能力的过程中起到预期的作用。

课程体系改革能够为学生能力的培养打下坚实的基础。但是，要使得各课程模块上述功能能够充分发挥并相互作用以取得预期的整体效果，离不开与改革后的课程体系相配套的教学组织形式和教学方式的改革。

2. 教学组织形式和教学方式改革

工程专业目前普遍采用的教学组织形式和教学方式在学生解决复杂工程问题能力的培养上存在的问题是效果不佳。教师不仅要主动地将工程问题的复杂性融入各种教育活动和教学环节中，通过教学设计将复杂工程问题的特征展现给学生，更需要通过行之有效的教学组织形式和教学方法逐渐培养学生形成分析和解决复杂工程问题的能力。

教学组织形式和教学方式改革涉及以下几方面工作。首先，复杂工程问题的选择和设计。这方面要注意三点：一是要围绕教学内容和教学目标的需要；二是要满足复杂工程问题的特征要求；三是复杂性和难度要循序渐进。其次，课堂上注重采取研讨式和参与式的教学方式。这方面需要注意的是：一要激发学生主动参与解决复杂工程问题的兴趣和积极性；二要通过分组和分工合作的方式提高每个学生的参与度。第三，在有利于识别、分析和研究复杂工程问题的环境和氛围中组织和开展教学活动。这需要教师能够充分利用包括提出复杂工程问题的企业，校外工程实践基地、工程专业实验室等场所，灵活地实施教学。第四，课外注重采取小组学习和合作学习的方式。这不仅能够弥补课堂教学课时不够的缺陷，更重要的是给予学生更大的空间、更多的时间、更灵活的方式，与同学一道或相对独立地分析、研究和解决复杂工程问题。第五，鼓励学生充分运用互联网平台及数据库资源，获取有利于复杂工程问题解决的各种数据、信息和文献。

3. 实践教育教学体系的构建或完善

实践是工程的本质，实践是创新的基础，没有系统和充分的实践，解决复杂工程问题能力的培养只能是纸上谈兵。因此，学生解决复杂工程问题能力的培养需要有一个功能全面的实践教育教学体系，可以由基础实践模块、专业实践模块、综合实践模块和职业实践模块构成，并通过普通实习、教学实践、工程训练、创新竞赛、社团活动、企业学习、项目研究和社会服务等实践教育资源整合和开发而成[3]。

为了充分发挥实践教育教学体系在培养学生解决复杂工程问题的能力上的作用，应该注意以下几点：一是学生的实践教育教学活动要贯穿大学学习的全过程，这个过程与学生能力的培养和形成过程同步；二是实践内容应该做的由浅入深、由点到面、由简单到复杂，以适应学生从掌握基本技能、具备动手能力和实践能力、拥有创新能力到最终形成解决复杂工程问题的能力的过程；三是要求进入专业培养方案中的所有课程，包括通识教育课程和选修课程，尽可能安排相关的实践环节，为学生提供从广义教育实践到具体工程实践的多种机会和选择；四是在专业培养方案之外，根据本校具体实际和工程专业的条件，尽可能安排不同形式和类型的实践活动，以满足学生兴趣和个性需求。

9.5 解决复杂工程问题能力的考核评价

学生解决复杂工程问题的能力要求的实现除了需要按照上述要求和建议实施课程和教学环节外，还需要有对实施效果的考核评价，其目的在于确保相关课程及教学环节的教学质量能够达到课程教学目标即相关能力分解后的指标点的要求。

高等学校对课程教学效果的考核评价往往采取文理科的方式，其中最常用的一种就是通过卷面考试的形式，让学生书面回答若干问题来衡量课程教学目标的要求的实现程度。但对以各种能力培养为主的工科教育而言，尤其是要考核评价学生解决复杂工程问题能力的培养效果时，就需要采取最能够表现能力要素的方式来准确考核评价课程学习效果。

事实上，一门课程或一个教学环节的考核评价方式的选择和确定要遵循三个原则：有效性、多样性和可行性。有效性是指该考核评价方式能否客观准确地评估出拟定课程或教学环节的教学目标的实现程度，它与能力指标点的要求密切相关，也就是说，不同的能力指标点要求应该采用不同的考核评价方式。多样性是指考核评价某一课程或教学环节教学目标的方式应该是多种多样的，可以有课程设计作品、系统开发结果、问题研究成果、综合性作业、专题研讨、实验报告、项目答辩等多种形式。可行性是指一种考核评价方式是否合适用于对拟定的课程或教学环节进行评估，即在条件、时间、人力和资源上是否可行。

基于本章第三节对解决复杂工程问题能力要求的分析并考虑到各自的构成要素，表9.6分别给出针对《华盛顿协议》提出的8条能力/素质要求的考核评价方式。

表9.6　考核评价解决复杂工程问题能力/素质要求的方式

能力/素质	相应的考核评价方式
WA1	课程作业、专题分析报告、专项研究报告、书面考试
WA2	系统建模与分析报告、复杂问题分析报告、综合性作业、专题研讨
WA3	课程设计作品、系统开发方案、复杂部件设计作品、工程项目研发成果、设计/开发方案答辩、专题研讨
WA4	实验研究报告、文献研究报告、系统设计与数据分析报告、系统信息处理与分析报告、专题研讨、课程作业
WA5	使用各种现代工具解决复杂工程问题的方案、报告、作品、模型和综合性作业等
WA6	复杂工程问题解决方案可行性分析及社会影响报告
WA7	复杂工程问题解决方案对环境和可持续发展影响的分析报告
WA10	撰写综合性报告、项目设计方案展示、团队角色表现

表9.6中针对每一条能力素质要求的考核评价方式都不是单一的，事实上，不仅对每一能力素质要求，甚至对某一课程或教学环节教学目标实现程度的评估也应该并可以由几种不同的考核评价方式从不同角度进行。这一方面是由于课程教学目标往往包含多个能力要求的指标点，针对不同的指标点可能需要不同的考核评价方式；另一方面是因为一种考核评价方式可能难以胜任对多个指标点要求的评估。

需要着重指出的是，针对解决复杂工程问题能力要求的考核评价方式的选择和确定还要注重两方面问题。首先，要处理好过程性评价和结果性评价的关系。教师们往往不可能仅仅通过课程结束后一次的考核评价就能够完全准确地掌握学生解决复杂工程问题能力的培养效果，必须考虑到学生在能力素质形成过程中的投入情况和能力素质的提升程度，因此，注重培养过程的评价并加大其结果在整个课程成绩中的比重，不仅能够有效地激励学生在整个学习过程中的投入，也能够更全面客观地评价学生能力素质的培养效果。第二，评价主体的邀请。在表9.6列出的各种方式中，应该鼓励邀请自身在相关能力素质方面优秀的教师或专家，如企业中工程能力强的工程师，参加对相关课程的考核评价，以使得对学生解决复杂工程问题能力的培养能够更好地达到行业企业的要求。

对复杂工程问题的界定和理解会随着现代社会的迅速发展而做出适当的调整和

变化，但对学生解决复杂工程问题能力的培养将始终是全球高等学校所有工程专业的核心任务，这与其是否准备接受工程教育专业认证无关。本文在这方面的研究是一种探索和尝试，不仅希望能够为相关院校的工程专业在理解复杂工程问题和开展学生解决复杂工程问题能力的培养工作方面提供有借鉴意义的参考，更希望这些专业的教师和相关专家学者能够一道加入本文专题的进一步的深入研究中。

参考文献

[1] International Engineering Alliance. Graduate Attributes, 25 Years Washington Accord (1989—2014), 14-17. 国际工程联盟网站.

[2] 中国工程教育专业认证协会秘书处编印. 工程教育认证工作指南（2019年版），2019年11月.

[3] 林健. 构建工程实践教育体系　培养造就卓越工程师 [J]. 中国高等教育，2012（13/14）.

参考文献［3］：构建工程实践教育体系　培养造就卓越工程师

第10章 运用研究性学习培养复杂工程问题解决能力

【本章导读】

复杂工程问题的解决能力不仅是我国高校拟认证工程专业毕业生需要具备的核心能力，也应该成为我国所有本科工程专业毕业生，尤其是新工科专业培养的卓越工程人才必须具备的。本章聚焦在分析和讨论如何运用研究性学习培养学生的复杂工程问题解决能力这一重要主题。在回答为什么研究性学习最适合于复杂工程问题解决能力培养的问题后，首先讨论如何设计适用于研究性学习的复杂工程问题，其次提出完整的问题复杂性渐进式递增的研究性学习模式，第三从问题情境、教学活动和学习环境三方面讨论解决复杂工程问题需要的教学设计，最后集中分析培养复杂工程问题解决能力的四种学习方式，以期为我国高校的工程专业在复杂工程问题解决能力的培养上提供参考和借鉴。

Chapter 10 Cultivating the Competence of Solving Complex Engineering Problems by Using PBL

【 **Introduction of this Chapter** 】The competence of solving complex engineering problems (CEPs) is not only one of the core competence for the graduates of engineering majors which intend to pass accreditation, but also for all graduates of bachelor engineering majors in China, especially for the outstanding engineering talent trained by new engineering majors. This chapter focus on the analysis and discussion of the issue of how to train the ability of solving CEPs by using PBL. After discussing why PBL is mostly suitable for training the ability of solving CEPs, the paper firstly explores how to design CEPs suitable for PBL, then puts forward the whole study models in which the problem complexities are increased progressively, and thirdly discusses the teaching design from the aspects of problem situations, teaching activities and learning environment. It finally proposes four learning styles of training the ability of solving CEPs. The chapter aims to provide the reference for engineering majors in China's universities to cultivate the competence of solving CPEs.

随着中国成为《华盛顿协议》正式缔约成员，复杂工程问题的解决能力就成为我国高校拟认证工程专业毕业生必须具备的核心能力。但是，伴随着全球经济社会的动态发展，人类社会面临的工程问题既不可能按照人们的主观愿望产生，更不可能按照工程学科人为的专业分类而出现，也就是说，现代工程问题均是复杂的、难以预知的。因此，复杂工程问题的解决能力事实上应该成为我国所有本科工程专业毕业生应该具备的。

本章聚焦在分析和讨论如何运用研究性学习培养学生的复杂工程问题解决能力这一重要主题。在回答为什么研究性学习最适合于复杂工程问题解决能力培养的问题后，首先，讨论如何设计适用于研究性学习的复杂工程问题；其次，提出完整的问题复杂性渐进式递增的研究性学习模式；第三，从问题情境、教学活动和学习环境三方面讨论解决复杂工程问题需要的教学设计；最后，集中分析培养复杂工程问题解决能力的四种学习方式。期待本章能够为我国高校的工程专业在工程人才培养上提供参考和借鉴。

10.1 研究性学习与复杂工程问题

10.1.1 研究性学习的本质与复杂工程问题

研究性学习是指学生在教师的指导下，在预先设计的学习环境中，通过采取各种灵活和个性化的学习方式，激励和引导学生主动地发现问题、分析问题和解决问题，从而在知识学习、能力培养、素质形成和个性发展等方面达到课程或教学环节既定的学习目标的过程。问题意识是思维的动力，它能够激发学生解决问题的渴望，是学生学习兴趣的源泉。研究性学习的本质就是以问题为导向，通过培养学生的问题意识，在抓住问题、穷追不舍、刨根问底、解决问题的过程中，逐渐达到研究性学习的目标[1]。

显然，一方面，复杂工程问题可以直接作为研究性学习所需“研究”的问题；另一方面，通过研究性学习这种学习方式能够达到解决复杂工程问题的最终目的。

研究性学习的核心理念是：注重从问题开始而不是从结论开始，以探索学科知识的产生和发展规律为路径，以剖析专业原理的形成过程为载体，以分析、研究和解决专业实际和学科问题的过程为平台，以师生互动和同学合作为形式，将学习知识与研究问题相结合，使学生在学习学科知识、专业原理和在思考、分析和探究问题的过程中获取、应用和更新知识，在探究问题的过程中培养和训练发现、研究和解决问题的能力，在合作学习和团队交流过程中形成和提高综合素质，通过结合兴趣特点自主选择研究问题、合作对象和学习方式促进个性发展[1]。

研究性学习的核心理念符合复杂工程问题解决能力培养和形成的规律和路径，这是传统的教学方式所不具备的。由此可见，通过研究性学习的学习方式，解决复杂工程问题所需的能力的各个方面均能够得到有效的培养，工程教育认证通用标准中规定的与解决复杂工程问题所需的相关能力和素质均能够得到培养和形成。

10.1.2　研究性学习的学习原理与复杂工程问题

研究性学习是基于问题、案例和项目的一类学习方式的统称或一类学习方法体系，存在着各种不同层次和水平的学习模式，以满足不同学习对象、不同问题和不同学习目标的需要。尽管如此，还是可以从这些各式各样的学习模式中归纳出三种共同的学习原理：认知学习原理、跨学科学习原理和社会学习原理[2, 3]。

1. 认知学习原理

这种学习原理指的是研究性学习是围绕问题来组织并按照项目来实施的，这是激发学生学习动力的核心原理。对问题的各种态度，包括解决问题的需要和渴望以及问题特征的吸引，如对问题的好奇、问题的自相矛盾等，推动着学生开启研究性学习进程，将对问题的探究与课程内容的学习结合起来，将学习与学生自己的经历与经验结合起来。

认知学习原理有利于激励和引导学生积极主动地投入复杂工程问题的解决。传统的教学方式难以激发学生学习的积极性，复杂工程问题的复杂性、真实性和挑战性容易吸引学生的学习兴趣，激发学生的学习热情，激励学生在解决问题的过程中学习知识、培养能力和提升素质。

2. 跨学科学习原理

这种原理主要关注的是跨越传统学科界限的多学科知识和方法的学习与应用，强调综合地运用多门学科知识、原理和方法解决问题，在整体层面上对实现专业培养目标和人才培养标准具有典型的示范作用。正常情况下，研究性学习支持理论与实践的结合，这是因为：学习过程中既需要运用理论去分析问题，也需要运用方法去解决实际问题，因此，研究性学习的过程还是对研究方法学的训练。

跨学科学习原理有利于解决复杂工程问题所需的多学科知识的交叉和融合。分析和解决复杂工程问题需要多学科的知识、原理和方法，传统的教学方式在一门课程中既不可能讲授更难以应用多学科的内容，研究性学习却能够根据问题的实际需要，综合地运用各种学科的精华创新性地解决复杂工程问题。

3. 社会学习原理

这种原理是基于团队的，将学习过程看作是一个基于团队合作学习的社会活动，学习是在团队成员之间的对话和沟通过程中进行的，在整个学习过程中，学生之间不仅互相学习，而且还学习共享知识和组织安排合作学习进程。这种原理也涵盖了面向参与学习的概念，即学生共同拥有学习过程，包括共同参与对问题的分析和研究，尤其是对问题解决方案的提出。

社会学习原理有利于解决复杂工程问题所需要的社会能力和综合素质的培养。社会能力和综合素质的培养是传统教学方式的弱项，在研究性学习过程中，学生在团队中的角色定位、职责履行、分工合作和交流沟通等，能够直接地培养和提升解决复杂工程问题所需要的各种社会能力和综合素质。

10.2 复杂工程问题的设计

作为研究性学习的主要“研究”对象，在整个教与学的过程中聚焦的复杂工程问题，关系到能否有效地培养学生解决复杂工程问题的能力。因此，复杂工程问题的设计是每位企图运用研究性学习培养学生复杂工程问题解决能力的教师必须重视的首要工作，这项工作应该包括以下几方面主要内容。

10.2.1 复杂工程问题的性质和特征

复杂工程问题必须具备什么样的性质和特征，是教师在设计复杂工程问题前必须十分清楚的，这关系到设计出的复杂工程问题能否在研究性学习过程中，实现培养学生复杂工程问题能力的目标。我国本科工程专业在人才培养过程中针对的复杂工程问题必须具备《华盛顿协议》界定的特征WP1和特征WP2到特征WP7的一些或全部[4]，或中国工程教育认证通用标准规定的[5]特征1和特征2到特征7的部分或全部。这就要求教师在设计复杂工程问题时，对这些特征有充分的认识和深入的理解[6]，而不能停留在对这些特征字面上的解释或主观上的臆断。

10.2.2 复杂工程问题的类型

工程学科中的任何一个专业均拥有大量的复杂问题值得研究性学习去“研究”，包括过去已经解决的问题、当前需要解决的问题和未来发展面临的问题三类。

过去已经解决的问题可以作为案例让学生去“研究”：一方面，学生可从当前的视角对原有的问题解决方案进行分析和评判；另一方面，学生可以在新的环境和条件下重新“解决”该问题，提出解决问题的新方案。这类问题的作用有二：一是原有的问题解决方案能够为学生解决新问题提供有价值的借鉴和参考；二是对这类问题的重新“解决”能够有效地培养学生解决复杂工程问题的初步能力。

当前需要解决的问题是行业企业当前生产、经营和管理面临的需要解决的问题。这类问题的特点在于：（1）学生可以“身临其境”，能够对问题的本质特征有深入的了解；（2）有来自行业企业期待解决问题的强烈推动力；（3）复杂程度高、涉及当今经济社会发展对工程的诸多要求。这类问题的主要作用在于能够促使学生综合运用各种理论、原理、方法和技术，系统地处理涉及工程及非工程领域的诸多因素，有效地培养学生“真刀真枪”解决复杂工程问题的能力。

未来发展面临的问题是行业企业从未来发展角度提出的需要面对和解决的问题。这类问题的主要特点在于：（1）问题本身具有诸多不确定性因素，包括未来环境及影响问题的要素；（2）往往不能够从已有的工程问题解决方案中得到参考和借鉴；（3）突破了现有的工程实践标准和规范的范围。除了与当前需要解决的问题有类似作用外，这类问题的重要作用在于能够培养学生创新思维、原创性分析、抽象建模、创新能力等解决前沿性复杂工程问题的能力。

上述三类工程问题的来源可以有以下途径：一是行业企业主动提出的，包括委托高校完成的科研项目；二是政府和行业部门从国家角度和行业发展需要提出的研究项目；三是在高校与企业的合作过程中发现；四是教师和学生在企业工程实践过程中发现。

在充分理解复杂工程问题必须具备的特征和了解工程问题的类型后，教师需要从工程问题的真实性、复杂性梯度、相关课程目标、学生状态等四个方面考虑和设计复杂工程问题。

10.2.3 复杂工程问题的真实性

在设计复杂工程问题时教师首先要保证：所设计的复杂工程问题能够在一定程度上真实地反映现实社会中行业企业实际出现和需要解决的工程问题。对复杂工程问题真实性的要求是培养学生能够“真刀真枪”地解决复杂工程问题能力的前提。

真实性是研究性学习对学习过程中所要“研究”问题的基本要求，主要表现在问题应该与学科专业直接相关，能够准确、客观地反映出在真实环境下学科专业方面出现的实际问题。这种要求关系到学生通过培养最终形成的能力能否确实解决学科专业领域面临的实际问题，因此，研究性学习鼓励采用源于实际的真实问题，避免采用虚构、凭空想象、脱离实际的问题。

理想的状况是，设计复杂工程问题的教师能够从上述三类问题中直接取得满足复杂工程问题特征要求的工程问题用于研究性学习的教学。但是这种情况往往不多见，这是因为，适合研究性学习的问题在保证其真实性外，还必须适合研究性学习教学的需要。因此，必须对源于实际的工程问题进行修改，包括分解、简化或补充。

教师在对上述三类工程问题进行修改时需要把握三点原则：（1）工程问题不能“失真”，即工程问题的内部逻辑关系、产生环境背景和外部影响因素中主要方面不能缺失；（2）要具备复杂工程问题的特征要求；（3）要满足实现课程目标、组织教学内容和安排教学计划的需要。

10.2.4 复杂工程问题的复杂性梯度

在设计复杂工程问题时教师其次需要明确：所设计的复杂工程问题究竟应该多复杂才合适。这个问题必须从能力培养的全过程来回答。

与其他能力的形成和提升过程一样，复杂工程问题能力的培养也是一个逐渐形成、综合作用和螺旋上升的过程，应该从学生能力培养、人才培养过程和人才培养模式三个不同视角共同着力，以达到毕业要求规定的标准[6]。基于此，用于复杂工程问题能力培养不同阶段的复杂工程问题就需要形成复杂性梯度，以适应复杂工程问题能力形成和提升的规律。复杂工程问题的复杂性梯度可以通过将复杂工程问题特征1与其他特征的不同组合而形成，表10.1给出的是其中一种组合方式。

表10.1　复杂工程问题的复杂性梯度

复杂工程问题特征组合		复杂性等级
特征1+		A
	特征2	B
	特征2+特征3	C
	特征2+特征3+特征4	D
	特征2+特征3+特征4+特征5	E
	特征2+特征3+特征4+特征5+特征6	F
	特征2+特征3+特征4+特征5+特征6+特征7	G

复杂工程问题的复杂性梯度应该伴随着学生复杂工程问题能力的形成和提升过程，由复杂性等级A到G逐渐提高，也就是说，最初引入教学的复杂工程问题的复杂性等级应该从A开始，而后逐渐提升，直到最后在毕业设计时学生需要解决的复杂工程问题的复杂性等级要达到G。需要说明的是，同一复杂性等级的复杂工程问题可以引入多次，以确保学生形成了解决该等级复杂工程问题的能力。

另一方面，从课程的角度，应该根据专业培养方案中课程开设的先后顺序、前后课程的关系以及课程内容的覆盖面等因素，确定不同类型的课程在引入复杂工程问题时其应具有的复杂性等级。一般而言，在工程教育认证通用标准规定的七个课程模块中，复杂工程问题的复杂性等级从A到G的递增顺序依次是：数学与自然科学课程、人文社科类通识教育课程、工程基础类课程、专业基础类课程、工程实践环节、专业类课程、毕业设计。

10.2.5 工程问题的复杂性与课程目标

在设计复杂工程问题时教师接下来需要做到：所设计的复杂工程问题的复杂性等级与相应课程的目标相吻合。

首先，课程是能力和素质培养的平台。按照工程教育认证通用标准中毕业要求的规定，工程专业本科毕业生在解决复杂工程问题方面需要具备八种能力和素质：多学科知识应用能力（WA1），复杂工程问题分析能力（WA2），复杂工程系统设计与开发能力（WA3），文献研究与实验分析能力（WA4），现代工具使用能力（WA5），工程师的社会责任意识（WA6），环境与可持续发展意识（WA7），沟通交流能力（WA10）[6]。通过将这些能力和素质分解成指标点，而后作为专业培养方案中各门课程的目标，就能够落实这些能力和素质的培养。

其次，工程问题的复杂性必须与工程能力培养相关联。在研究性学习中，课程教学是围绕着问题而实施，复杂工程问题成为培养复杂工程能力的载体，这就要求工程问题的复杂性等级必须与相关课程的目标追求相适应，以使得引入的复杂工程问题能够对学生相关能力和素质的培养有效地发挥作用，从而支持课程目标的实现。可想而知，不相吻合的复杂工程问题将不利于实现相关课程的目标。

10.2.6 工程问题的复杂性与学生状况

在设计复杂工程问题时教师还需要考虑：所设计的复杂工程问题的复杂性是否符合学生已有的知识积累和专业背景，是否能够激发学生学习的主动性和积极性。

教学效果的取得离不开教师课前对学生状况的深入了解，尤其是对学生已有的专业积累和学习兴趣的掌握。专业积累是指学生在本专业领域在知识、意识、能力、素质等方面的积累，这些可以通过学生之前修过的课程内容、完成的教学环节、参与的科技活动等予以掌握。学习兴趣是指学生潜在的对某些学习内容和研讨专题或特定的教学组织形式和教学方式的爱好和热衷，对激发学生的学习热情，调动学生学习的主动性和积极性有重要的作用。

了解学生的专业积累，能够使教师设计出的工程问题的复杂性符合学生的接受程度，这一方面有利于课程教学活动的顺利开展，另一方面不会因为复杂性过低或过高而降低学生的学习热情，使得复杂工程问题的解决既是对学生原有专业积累的继续丰富，也是对学生复杂工程能力的进一步提升。掌握学生的学习兴趣，关系到教师设计的工程问题的复杂性，也就是说，在兴趣动力的驱使下，学生能够解决具有更高复杂性等级的工程问题。教师在设计能够引发学生兴趣的工程问题时其复杂性的把握标准是：该工程问题的解决对学生是“可望可及”，而不是“高不可攀”，即学生通过自身的努力、同学的合作以及教师的指导是能够解决该工程问题的。总之，掌握学生的专业积累和学习兴趣，对设计复杂工程问题的教师是必须的，这对最终提升学生复杂工程问题解决能力有直接作用。

10.3　问题复杂性渐进式递增的研究性学习模式

复杂工程问题解决能力的培养和形成是一项系统性和整体性的工作，而不能看作仅仅是某些课程或几位教师的任务。与此一致的是，不可能指望仅在若干门课程实施研究性学习就能够达到培养复杂工程问题解决能力的目的。因此，运用研究性学习培养复杂工程问题的解决能力需要从整个专业培养方案的制定和实施、课程体系的改革和教学方法的转变入手，系统地、连续地运用研究性学习方法逐渐培养和提升学生复杂工程问题的解决能力。

为了达到逐渐培养和提升学生复杂工程问题解决能力的目标，在研究性学习中所引入的复杂工程问题的复杂性应该逐渐增加以形成类似表10.1的复杂性梯度，因此，就需要有与复杂工程问题的复杂性相对应的、适应复杂工程问题解决能力培养需要的多种研究性学习模式，以满足在整个专业培养方案的实施过程中各类课程教学的需要。

10.3.1　研究性学习模式的要素分析

影响研究性学习模式的因素较多，主要包括教学内容、学习目标、问题类型、学生角色、教师作用、考核评价等方面，其他因素有课程学时、课程容量、进度安排、学习场地等，因此，可以有各式各样的研究性学习模式，并且这些模式之间可以有很大的差异。但就满足《华盛顿协议》或工程教育认证通用标准要求的复杂工程问题解决能力的培养而言，其所需的研究性学习模式的核心要素应该包括：课程或教学环节、工程能力培养目标、工程问题的性质、问题的复杂性等级、学生角色和教师作用等六个方面。

课程或教学环节指的是实施研究性学习的课程或教学环节，与引入研究性学习的工程问题之间存在双向关系：一方面，课程规定的内容要能够围绕着工程问题进行教学；另一方面，工程问题必须适合课程内容的组织并支持学生的学习。工程能力培养目标也就是课程目标或学习目标，是指学生在完成课程或教学环节的学习任务后在工程能力培养上应该达到的目标，这些目标就是培养和提升解决复杂工程问题所要求的八种能力和素质（WA1至WA7和WA10）[6]，当然，这些目标的实现也不能够一蹴而就，而需要经过从基本能力逐渐到完整能力的过程。事实上，工程能力培养目标往往是复杂工程问题设计和选择的主要依据。

工程问题的性质指的是工程问题的类型、问题的开放性、内部因素复杂性、外部环境关联性、解决方案的可获得性以及对知识原理和方法的要求等。问题的复杂性等级指的是表10.1所列出的复杂工程问题的复杂性等级。这两个要素关系到工程问题解决的难易程度，是对引入研究性学习的工程问题的综合界定，既要求工程问题复杂性是由低到高，更要求工程问题适合工程能力培养目标的实现。

现代教育理念和新型师生关系在研究性学习中能够得到充分的体现。学生角色是指学生在研究性学习全过程中应该担当的角色，这方面需要突出以学生为中心和以能力培养为导向的教育理念，因此，学生是学习的主体，是积极主动的学习者，要在教师的指导下自主开展研究性学习活动，相对独立地进行工程问题研究。教师与学生在研究性学习中应该建立平等的关系，这有利于提高学生自信心，鼓励和支持学生自主开展研究性学习。教师作用是指教师在学生研究性学习过程中应该发挥的作用，这方面要将教师从传统的知识传授者转向学生自主学习的启发者、引导者和支持者，包括激发学生学习兴趣，引导学生自主探索，鼓励学生批判性思维，提供学生解决问题的思路和途径等。

10.3.2 工程问题复杂性渐进式递增的研究性学习模式

通过对研究性学习各要素的分析，按照工程问题由简单到复杂，课程或教学环节从通识或基础到专业，工程能力培养目标从初步到综合，学生角色从知识掌握者到复杂问题解决者，教师作用从知识学习的引导到毕业设计的指导等逻辑思路，可以提出如表10.2所示的工程问题的复杂性渐进式递增的研究性学习模式。

表10.2 工程问题的复杂性渐进式递增的研究性学习模式

模式1	课程或教学环节	数学、自然科学与人文社科类通识课程
	工程能力培养目标	应用知识原理分析和解决简单工程问题的能力
	工程问题的性质	封闭的工程问题，已有解决方案，如工程实际案例
	问题的复杂性等级	A
	学生角色	知识原理的掌握者
	教师作用	引导学生正确地理解知识
模式2	课程或教学环节	数学、自然科学与人文社科类通识类课程
	工程能力培养目标	应用多学科知识原理分析和解决工程问题的能力
	工程问题的性质	封闭的工程问题，尚未给出解决方案，如简单工程问题
	问题的复杂性等级	A
	学生角色	多学科知识的掌握和运用者
	教师作用	引导学生正确地理解和应用知识

模式3	课程或教学环节	工程基础类和专业基础类课程
	工程能力培养目标	WA1、复杂工程问题初步分析能力
	工程问题的性质	半开放的工程问题，涉及多方面因素，或因素间有冲突，有几种可能的解决方案
	问题的复杂性等级	B
	学生角色	多学科知识原理的应用者，获得工程问题被证实的结论
	教师作用	多学科知识原理应用能力的示范者
模式4	课程或教学环节	专业基础类课程与工程实践环节
	工程能力培养目标	WA1、WA2
	工程问题的性质	开放的工程问题，无明显解决方案，需要抽象思维及原创性分析建模以解决
	问题的复杂性等级	C
	学生角色	跨学科知识原理的应用者、解决复杂工程问题所需创造性的抽象模型的构建者
	教师作用	跨学科知识技能运用的演示者、模型构建的协调者
模式5	课程或教学环节	专业基础类课程与工程实践环节
	工程能力培养目标	WA2、复杂工程系统设计能力、WA4
	工程问题的性质	边界模糊的工程问题，无明显解决方案，仅靠常用的方法不能完全解决
	问题的复杂性等级	D
	学生角色	跨学科知识原理的综合应用者、各种研究方法的运用者、复杂工程问题有效解决方案的提供者
	教师作用	研究方法运用和方案设计的引导者
模式6	课程或教学环节	工程实践环节与专业类课程
	工程能力培养目标	WA3、WA4
	工程问题的性质	不常见的工程问题，不易获得解决方案，涉及因素超越现行工程实践标准和规范涵盖的范围
	问题的复杂性等级	E
	学生角色	复杂工程问题多因素的综合分析者、各种研究方法的综合运用者、非常规复杂工程问题有效解决方案的提供者
	教师作用	多因素分析的参与者、系统设计和开发的引导者

模式7	课程或教学环节	工程实践环节与专业类课程
	工程能力培养目标	WA3、WA5、WA6
	工程问题的性质	企业实际工程项目，不易获得解决方案，涉及多种不同利益相关群体的不同需求
	问题的复杂性等级	F
	学生角色	各种现代工具的使用者、复杂工程问题有效解决方案的提供者和评估者
	教师作用	现代工具使用的辅导者、问题解决方案的批评者
模式8	课程或教学环节	专业类课程或毕业设计
	工程能力培养目标	WA3、WA5、WA6、WA7、WA10
	工程问题的性质	创新性工程项目，内部因素复杂、外部诸多限制，难以获得解决方案
	问题的复杂性等级	G
	学生角色	不同利益相关者的沟通协调者、体现社会责任与可持续发展意识、高水平复杂工程问题有效解决方案的提供者
	教师作用	工程问题解决思路和方案的指导者、评论者、批评者
模式9	课程或教学环节	毕业设计
	工程能力培养目标	WA3、WA4、WA5、WA6、WA7、WA10
	工程问题的性质	综合性工程项目，具备复杂工程问题的各种性质和特征，难以获得解决方案
	问题的复杂性等级	G
	学生角色	各种复杂因素的协调者、不同利益相关群体的沟通者、体现社会责任与可持续发展意识的高水平综合性复杂工程问题有效解决方案的提供者
	教师作用	工程问题解决思路和方案的指导者、评论者、批评者

10.4　解决复杂工程问题需要的教学设计

每一位拟运用研究性学习培养学生复杂工程问题解决能力的教师，在按照表

10.2 中的九种研究性学习模式中的一种开展课程教学前需要做好相关的教学设计，以最大限度提高研究性学习的教学效果。研究性学习的教学设计主要包括三个方面：复杂工程问题的情境设计、解决复杂工程问题的教学活动设计和解决复杂工程问题的学习环境设计。

10.4.1 复杂工程问题的情境

研究性学习的核心理念要求教师在实施教学过程中创设与学生所要“研究”的问题情况基本相近的情境，把学生引入到期望应用课程内容要求的知识点来解决现实问题的情境之中。问题情境是指与问题的产生、形成、发展和变化相关的背景、场景和场地，它既可以是对问题所在真实场景的模拟以再现问题的性质，也可以是问题产生的直接或间接现场以深入了解问题。创设问题情境的目的有二：一是能够让学生在问题产生和形成的背景或环境中“身临其境”地发现问题和了解问题，以使得对问题本质有清晰的把握；二是能够激发学生对问题的关注、兴趣和探究激情，形成分析问题和解决问题的强烈驱动力，为学生积极主动地开展研究性学习奠定基础。

复杂工程问题的情境必须根据拟引入研究性学习的复杂工程问题的特征进行创设。教师在按照本章第二节的要求设计好复杂工程问题后，在实施研究性学习的教学前，就需要考虑该问题情境的创设。复杂工程问题情境的主要来源一般有三个方面：（1）校外工程实际场地，包括企业生产车间、产品研发基地、工程施工现场、大型工程实验室、工程实践基地等；（2）校内工程实践场地，包括工程训练中心、工程基础实验室、专业基础实验室、专业实验室、工程项目研发中心等；（3）教师针对问题模拟的情境，包括物理情境、仿真模型、视频情境、多媒体演示等。不论复杂工程问题的情境的创设是基于上述的一个或多个方面，均需要辅以教师、工程师或专业技术人员对问题情境的描述和解说，如任课教师在课堂上对问题的阐述、工程师在工地对在建项目的介绍、工业产品研发人员对新产品的说明等。

需要指出的是，复杂工程问题情境的来源十分丰富和开放。在上述三方面主要来源之外还可以考虑以下几方面：（1）工程学科专业的前沿发展报告；（2）STEM

（科学、技术、工程、数学）发展的最新成就报告；（3）工程科技的专题报告；（4）与工程相关的网站。在创设情境时还可以引用相关的媒体信息，如文本、图表、图片、音像、多媒体课件、视频剪辑等。以上这些均有利于相关复杂工程问题情境的设置。

在创设复杂工程问题的情境时教师应该以问题为导向，要通过一些或系列与复杂工程问题相关的子问题形成整个复杂工程问题的情境，反过来说，复杂工程问题的情境要能够对学生产生一些或系列相关子问题，这有利于培养学生的问题意识，对解决复杂工程问题十分重要。正是这些问题及其形成的问题意识才能激发学生去学习，去思考，去分析，去研究，从而掌握复杂工程问题的内在联系和本质特征，进而将各种知识和原理的掌握和复杂工程问题的解决紧密结合起来，在解决复杂工程问题的过程中培养学生的创新意识、批判性思维以及解决问题需要的各种能力和素质。事实上，研究性学习正是以解决问题为教学的切入点，把问题看作学习的动力、起点和贯穿整个学习过程的主线，引导学生发现、分析和解决问题。

10.4.2　解决复杂工程问题的教学活动

解决复杂工程问题的教学活动主要指发生在课堂内的、在教师主导下的师生共同参与的各种教学行为，主要有教师讲授、教师解惑、师生互动、专题讨论、学生展示等活动，在设计这些教学活动时既要考虑研究性学习的特点，又要发挥互联网的优势。这是因为，研究性学习强调的是通过学生自主学习和合作学习的方式完成主要课程内容的学习，而互联网环境和条件为学生开展学习活动和获取各种学习资源提供了极大的便利。

教师讲授活动的设计包括讲授内容的确定和讲授方式的选择。教师在课堂上讲授的课程内容应该是教师通过分析认为学生在互联网平台上，借助各种丰富的学习资源，通过自主学习和合作学习方式，仍不能够掌握的那些知识、原理或方法。教师课堂讲授的方式既要考虑学生的学科基础和学习风格，又要有利于学生对解决问题所需知识方法及其基本原理的掌握。因此，在设计讲授活动前，教师应该对学生的知识基础、技能水平、学习能力、学习风格等方面进行分析研究，以确定讲授内容和方式。

教师解惑活动是指教师针对学生通过自主学习和合作学习后仍不能理解和掌握的内容进行的讲解或解答。在开展研究性学习过程中，教师应该注重采用混合式学习，如翻转课堂等教学模式，以最大限度提高课堂教学的效率。学生在课前通过在线学习教师提供的学习资源以及可能的MOOCs课程资源，自主学习解决复杂工程问题需要的相关内容，同时将不能理解的知识点或疑点及时传递给教师，以便于教师课前有充足的时间进行准备。设计解惑活动时，教师需要在学生反馈的问题中筛选出具有普遍性的知识点和问题进行准备，同时留有时间让学生继续完成课下没能够完成的学习任务，接着进一步引导学生探讨和争论，以深入掌握教学内容。

师生互动活动是指课前计划并设计好的教师与学生之间针对学习过程中的一些突出问题开展的交流沟通。虽然它不同于研究性学习的课堂上随机性、经常性的师生互动，但它在时间安排上仍是灵活的。这种互动的主要作用有三：一是能够针对学生学习过程中的典型问题进行针对性的交流解答；二是能够引发学生对问题的进一步思考和参与；三是活跃课堂教学氛围。设计这种活动需要注意三点：（1）互动主题能够引起学生的普遍兴趣，应该主要包括学生在分析和解决复杂工程问题过程中遇到的普遍问题；（2）教师能够把握互动的进程；（3）在规定的时间内能够实现互动目标。

专题讨论活动主要是针对如何应用解决复杂工程问题所需要的工程原理和方法而专门开展的研讨活动。这种活动开展的前提是学生已经具备分析研究复杂工程问题的知识和初步能力。专题讨论活动的设计包括专题确定、人员分工、准备时间和课堂组织。专题的选择既要考虑对相关原理和方法的应用，又要与引入课程的复杂工程问题关联，专题可以是一个或多个；专题讨论往往需要将学生分成若干组，既可以各组同一专题，也可以各组不同专题，不论什么专题均要给学生留出足够的课下准备时间，因此教师需要提前布置专题讨论活动的安排；专题讨论活动在课堂上的开展需要强调两点：一是每一位学生均要参与；二是鼓励不同组之间提出批判性意见和改进建议。

学生展示活动主要是针对复杂工程问题的解决思路、方法或方案等由学生在课堂上进行讲演的活动。这项活动的设计要考虑到展示主题的挑选和其他学生的参与等方面。展示主题应该挑选具有代表性或创新性的主题，代表性是针对所解决的问题是多数同学面临的问题；创新性是指在解决问题的思路、方法或方案上的创新。这些主题要能够对其他同学有重要的启发或示范作用以使得多数学生能够受益。要鼓励全体学生积极参与展示活动，尤其是要求学生结合自身的情况，批判性地看待和评价展示内容。

为了最有效地提升研究性学习的效果，在开展解决复杂工程问题的教学活动时，要注意在教学过程中开展形成性（也称“过程性”）评价。形成性评价的主要作用有三：一是强调学生在研究性学习全过程的投入，这是因为评价自身能够促使学生对学习过程的重视和投入；二是减少学生在研究性学习过程的失误，这是因为在学习过程中及时向学生反馈学习进展情况和学习效果，能够及时调整学习方式，改善学习效果；三是注重发挥学生在研究性学习上的个性特点，这是因为学生在研究性学习中可以自由地采用最合适自己的学习和研究方式，最大限度地鼓励和支持学生创新性地解决问题。在具体评价过程中还要重视对合作小组的评价，一方面要从合作结果评价小组和分工、协同与合作情况；另一方面要根据个人的贡献大小评价其在小组中作用的发挥。

10.4.3 解决复杂工程问题的学习环境

学习环境是完成研究性学习任务必须的外在条件，解决复杂工程问题的学习环境是指解决复杂工程问题所需要的学习资源和人际关系的一种动态组合。其中学习资源包括学习需要的各种信息资源、学习的认知工具、学习的场地空间和学习的辅助者（包括教师、辅导者、工程技术人员等）等；人际关系包括生生之间、师生之间以及学生与其他和解决复杂工程问题相关人员之间的人际交往。在互联网环境下，网络学习环境是解决复杂工程问题学习环境的主要平台。

解决复杂工程问题所需的信息资源可以分为基本信息、专业基础信息和专业信息。基本信息主要存在学校图书馆，专业基础信息一般存于专业所在学院资料室，专业信息主要由专业系、教研室或教师本人所拥有。因此，教师及相关教辅人员的主要任务是围绕着解决复杂工程问题这一目标任务设计、整理和编辑专业信息资源。专业信息资源包括课程内容学习相关资源和解决复杂工程问题需要的资源两方面。课程相关资源包括课件、视频、文献资料及相关的MOOCs课程；解决问题需要的资源包括专业工具书、数据库、规范标准、建模软件，以往工程项目或产品的设计方案、评估报告、预算书、施工或生产进度计划等，在校内信息不足的情况下应该与校外信息拥有者建立资源共享机制。最终呈现给学生的专业信息资源应该具备三个特点：（1）信息量足以满足学生学习的需要；（2）形式多样，便于检索和使用；（3）层次结构合理，能够满足不同程度学生需要。

学习的认知工具是指获取、保存、处理和加工信息的工具，但对研究性学习而言还应该包括知识构建、通信对话、评价反思工具，而解决复杂工程问题所需要的主要是数据处理、比较、分析方面的工具，尤其是专业性较强的统计、预测和建模工具。学习的场地空间是指供学生进行学习、讨论、交流、实践的校内教室、图书馆、资料室、实验室和校外实习实训基地等实体场所。上述工具和场地为学生的学习活动提供了良好的技术支持条件。

学生与同学、教师以及其他与解决复杂工程问题相关人员之间为了复杂工程问题的解决而进行的人际交往需要建立起相应的机制并有制度予以保障。同学之间的合作学习是研究性学习的基本需要，应该建立在自愿、平等和优势互补的基础上，以小组为单位，成员既有分工又有合作。师生之间的交流需要建立定期的面对面交流和不定期的网上交流机制以确保学生能够及时得到教师的指导以及教师随时掌握学生的学习进展。学生与其他人员的交往也是解决复杂工程问题的必须，这种交往虽然不可能做到定期，但至少应该要保证学生在需要的时候能够得到他们及时和有效的帮助。

然而，在信息时代的当下，专业和教师要为学生研究性学习的开展和复杂工程问题的解决营造合适的网络学习环境。这不仅因为大量的自主学习、合作学习及交流沟通是在网络环境下进行的，而且由于网络以其时空上的超越性打破了传统学习空间的封闭性，为学生提供了更为自由、充足、开放的学习、交流和研讨的时空。网络学习环境不仅丰富和扩大了学习资源的获取渠道，提高了学习资源的使用效率，更为重要的是为学生之间、师生之间、学生与其他相关人员的交往互动提供更加直接、便利和快捷的条件。当然，在学习的场地空间配备相应网络设施以及全覆盖的高速无线网络是构建网络学习环境的基础。

10.5 培养复杂工程问题解决能力的学习方式

学生是研究性学习的主体，学生的学习方式直接关系到学习成效的高低和复杂工程问题解决能力培养的效果。研究性学习的性质决定着学生的学习方式较传统的传授式教学更加灵活、多样和个性化，主要学习方式有自主学习、合作学习、生师互动及课外活动等四种方式。

10.5.1 自主学习方式

自主学习方式是指学生在没有他人的帮助下独立自主地完成学习任务的形式。这种学习方式的特点表现在学生能够自主确定学习目标和任务、自主采用学习方法、自主决定学习时间、自主选择学习地点、自主控制学习进度。

自主学习方式的作用在于能够实施个性化学习和培养学生的终身学习能力。每个学生的知识基础和学科背景存在差异，对知识和原理的理解和掌握所需要的时间不同，各自的学习风格和采取的学习方法可能不同，传统的班级授课模式不可能适应这些差异，而解决复杂工程问题的学习环境提供的各种线上线下学习资源就为学生个性化学习提供很好的条件，从而能够显著提高学生的学习主动性，使全体学生“齐头并进”，获得显著的学习效果。自主学习要求学生根据解决复杂工程问题的需要自主获取、学习、应用和更新知识，这无形中训练和培养了学生现代社会对人才要求的终身学习能力。

从复杂工程问题解决的角度，自主学习方式有利于学生按照自身的个性特点培养独立地发现、分析和解决问题的能力。复杂工程问题的特征决定着其解决方法、手段和途径的多样性，学生的个性特点应允许其从各自的视角和方式看待、分析和处理面临的复杂问题，正是研究性学习的性质，包括教师能够对学生实施一对一的个性化指导，研究性学习的教学设计，包括创设的问题情境、实施的教学活动和营造的学习环境等，能够有效地支持学生按照自己的意愿和方式独立自主地解决复杂工程问题。

10.5.2 合作学习方式

合作学习是目前国际上普遍认同和使用的一种高效的学习方式，也是研究性学习最主要的学习方式。事实上，学生仅靠自主学习方式不可能单独解决复杂工程问题，需要与他人，尤其是同学的合作，因此，合作学习是解决复杂工程问题不可或缺的学习方式。

合作学习一般由3 ～ 6位学生组成，小组形成是基于自愿、优势互补和平等的原则。小组人数的多少取决于复杂工程问题的复杂性程度，但人数太多可能会出现的问题是：造成成员分工过于细化，不利于各自“研究”成果的整合；容易将分配给自己的任务推诿给他人，形成个人责任和义务的社会学懈怠；不利于学生综合能力的培养。自愿原则是成功合作的基础，关系到同学间的兴趣爱好、学习风格和工作作风等是否相融；优势互补原则也可以说是多样性原则，即成员间在知识积累、专业背景、兴趣特长、学习方式、学习态度和技能水平等方面形成互补或各不相同，这样才能够达到取长补短、相互促进、形成合力、更好地解决复杂工程问题的目的；平等原则是研究性学习对合作学习的基本要求，关系到能否充分调动每位同学的积极性和主动性，共同完成解决复杂工程问题的任务。

合作学习小组成员之间既有明确分工，又要密切合作，同时轮流担任不同角色。分工是合作的前提，没有分工，个人的作用得不到发挥，也会失去相互学习的机会，因此要将解决复杂工程问题相关的研究任务分解到每位成员，清晰界定各自的任务及要求，使之成为整个任务的有机组成部分。合作是分工的目的，没有合作，无法取得$1+1 \geqslant 2$的效果，实现不了合作的目标，因此每位成员应该清楚自身在小组中的定位，明确局部服从整体的系统原则，做到成员间紧密合作。为了合作学习的顺利开展，小组成员需要担任不同的角色，主要包括小组长、对外联络员、秘书和单纯研究者等，分别承担不同的责任；小组长负责小组的组织管理与协同，对外联络员负责与教师、学习辅导者、工程技术人员及其他小组的联系，秘书则负责学习资料汇总整理和联系小组成员等事务；这些角色需要定期在小组成员中进行轮换，以培养相关能力。

合作学习对学生能力和素质培养的作用有学科专业和社会学两方面。在《华盛顿协议》规定的八种解决复杂工程问题所必须具备的能力和素质（WA1至WA7和WA10）[6]中，WA1、WA2、WA3、WA4和WA5涉及学科专业方面的能力，WA6和WA7涉及工程师的综合素质[1]，这些能力和素质均能够在一定程度上通过合作学习方式得到培养和提升，这是显而易见和形成共识的。合作学习对成员分工合作及轮流担任不同角色的要求，在学生社会能力的培养和提高上具有显著的贡献，这是研究性学习区别于传统学习方式的优势之一；学生社会能力概括表现为包括WA10在内的人际交往能力、组织管理能力、团队合作能力等方面[1]，从广义领导学的角度，这些能力可以统称为领导力。

合作学习主要包括三个环节：自主学习、小组讨论、课堂交流。前述的自主学习与合作学习中的自主学习的区别在于独立性和研究任务上：后者只是在研究任务分工后暂时的、相对独立的自主学习，而前者是完全独立的自主学习；后者的研究任务只是小组学习任务的一部分，而前者的研究任务是完整和自成一体的。小组讨论是合作学习的关键环节，讨论时每位成员既可报告自己所分工的研究结果，寻求大家的帮助和批评，提出需要大家一道讨论的问题，也可以就其他成员所报告的内容提出自己的观点、建议尤其是批判性意见，小组讨论还涉及下一步合作学习的分工和安排。课堂交流主要是集中展现小组合作学习的成果，可以由一位同学代表或全体成员一道向全班同学报告，课堂交流的目的还在于寻求教师和其他小组同学的改进和批评意见，学习和借鉴其他小组好的思路和做法，以进一步完善本组复杂工程问题的解决方案。

10.5.3 生师互动方式

生师互动是指学生在课上或在课下自主学习或合作学习过程中通过与教师互动的形式就学习内容和问题进行讨论和交流的一种学习方式。严格地说，生师互动不是一种单独的学习方式，它的作用在于辅助其他学习方式和教学活动，一道完成学生的学习和研究任务。但即便如此，研究性学习中教师角色的转变以及课上和课下生师互动的差异，也有必要对生师互动方式进行探讨。

角色的转变要求教师在生师互动中发挥不同作用。研究性学习要求教师从传统教学中知识的传授者转变为学生学习和研究的参与者、引导者和促进者，并以新的角色与学生互动，这在学生解决复杂工程问题的过程中尤其必要。

作为参与者，教师以平等的身份主动参与学生的各种学习和研究活动，了解学生的学习情况和需求，拉近与学生的距离使学生认可教师作为他们中的一员，能够无拘无束地与教师一起讨论和交流，大胆发表自己的意见。

作为引导者，教师凭借自己的知识积累和研究经验对学生的学习和研究提供指导，答疑解惑。但教师的指导不可能像传统传授式教学那样将学生引导到问题的标准答案上，这不仅因为学生研究的复杂工程问题是开放的，不存在唯一的解决方案，也因为研究性学习不提倡教师直接给出问题的答案。因此，教师的指导应该是在分析和解决问题的思路、方法、途径上给学生以有效的启迪、点拨和引领，做到点到为止，将思考和尝试的主要空间留给学生。

作为促进者，教师在与学生的互动过程中要起到四方面的作用，以促进和推动学生复杂工程问题的解决进程：一是对学生在学习和研究过程中遇到的信息资源、工具软件和学习场地等问题予以及时的排忧解难；二是在学生遇到困难和压力时采取恰当的方式给予心理上的支持和精神上的鼓励；三是帮助学生处理好同学之间、个人和小组，小组与班级的关系，培养学生的合作精神和全局观念；四是在活动安排、分工合作、自主管理等方面出现分歧和矛盾时帮助学生处理、协调好相关方面关系。

生师互动在课上和课下是有所不同的。在课堂上生师互动的主题应该重点在那些需要教师指导的具有普遍性和代表性的典型的内容和问题上。作为生师互动的主导者，教师在课堂上采取的策略应该是让对问题的解决有不同思路和想法的同学充分发表意见，辅以教师适当的点拨、点评、引导或建议，以促使学生在不同意见和观点的交锋中加深对问题本质的把握，碰撞出火花，产生解决问题的新思路。

在课下生师互动的主题应该是针对学生各自的个性化问题。课下生师互动的特点是更具针对性，因此教师应该对学生的兴趣爱好、个性特点、知识背景、能力水平、素质情况有清晰的了解，在此基础上针对性地对学生的问题进行讨论和指导，提出既符合学生自身情况又能够发挥其优势特长的意见和建议。教师在课下与学生的互动中需要关注普遍性的问题，并善于发现具有参考价值或创新特征的解决复杂工程问题的思路和方法以供其他同学借鉴和学习。

10.5.4 课外活动方式

在课程教学计划之外的一些课外活动中，如果按照研究性学习的原理进行组织安排，也能够成为培养学生复杂工程问题解决能力的有效方式。这些课外活动主要包括学生自主实验活动、参与教师科研项目、参与科技创新活动以及企业学习实践活动等。

学生自主实验活动主要包括设计性、研究性、创新性和综合性实验，这些实验活动对于培养学生的动手能力、实践能力和专业能力具有重要的作用，应该由学生自主选题、自行设计方案并独立完成。需要鼓励学生选择与复杂工程问题解决相关的实验选题，将已学的和在学的相关理论、方法和技术引入实验方案中，并在相关课程的任课教师的指导下完成实验。应该提倡学生将虚拟技术和仿真模拟实验与传统的实验有机地结合起来。

参与教师科研项目有利于学生复杂工程问题解决能力的培养。项目最好是源于企业或其他工程实际的项目并具备复杂工程问题的特征。这类活动的优势在于：（1）能够获得包括项目负责人在内的更多教师的直接指导；（2）项目的真实性有利于支持学生解决工程问题所需实际能力的培养；（3）课题组成员的合作能够从多角度为学生能力的培养提供帮助；（4）良好的研究和实验条件能够在一定程度上弥补实验教学条件的不足。

参与科技创新活动有利于解决复杂工程问题所需要的创新能力的培养。这类活动，如科技竞赛活动等，往往是在指定教师的指导下由学生自主选题、自由组合、自行设计和独立完成的，属于跨学科、综合性、创新型、竞争性的研究活动，对于提高学生的参与度，培养学生的组织管理、合作交流、知识应用、专业和创新能力均有积极的作用。为了加强与复杂工程问题解决能力培养的关联性，相关专业课任课教师应该成为这类活动的指导教师。

企业或工程现场是学生工程能力培养的主要场所，到企业学习实践无疑对学生认识真实的工程环境，了解复杂工程问题产生、形成和发展的深刻背景，得到具有丰富工程实践经验的工程师的指导，掌握解决复杂工程问题所需的基本技能、方法和手段等均具有不可低估的作用。但是，提高行业企业对校企合作教育重要性的认识、加大高校为企业提供教育和科研服务的力度以及促进国家出台激励校企合作教育的政策措施等都是为学生创造更多的到企业学习实践机会的根本。

参考文献

[1] 林健. 面向卓越工程师培养的研究性学习 [J]. 高等工程教育研究，2011（6）.

[2] Graaff, E. de, Kolmos, A. Characteristics of Problem-Based Learning. International Journal of Engineering Education, 2003, 19(5) , 657−662.

[3] Graaff, E. de, Kolmos, A. Management of Change: Implementation of Problem-Based and Project-Based Learning in Engineering. Rotterdam/Taipei: Sense Publishers, 2007.

[4] International Engineering Alliance. Graduate Attributes, 25 Years Washington Accord (1989—2014), 14−17. 国际工程联盟网站.

[5] 中国工程教育专业认证协会秘书处编印. 工程教育认证工作指南（2019年版），2019年11月.

[6] 林健. 如何理解和解决复杂工程问题——基于《华盛顿协议》的界定和要求 [J]. 高等工程教育研究，2016（5）.

图书在版编目（C I P）数据

面向未来的新工科建设：新理念　新模式　新突破 / 林健著. -- 北京：高等教育出版社，2021.1（2022.5重印）
ISBN 978-7-04-055307-9

Ⅰ. ①面… Ⅱ. ①林… Ⅲ. ①工科（教育）-课程建设-研究-高等学校 Ⅳ. ①G642.0

中国版本图书馆CIP数据核字(2020)第236604号

MIANXIANG WEILAI DE XINGONGKE JIANSHE

策划编辑　张　龙
责任编辑　平庆庆
书籍设计　王凌波
插图绘制　张　志
责任校对　高　歌
责任印制　耿　轩

出版发行　高等教育出版社
社　　址　北京市西城区德外大街4号
邮政编码　100120
购书热线　010-58581118
咨询电话　400-810-0598
网　　址　http://www.hep.edu.cn
　　　　　http://www.hep.com.cn
网上订购　http://www.hepmall.com.cn
　　　　　http://www.hepmall.com
　　　　　http://www.hepmall.cn
印　　刷　固安县铭成印刷有限公司
开　　本　787mm×1092mm　1/16
印　　张　20.75
字　　数　330千字
版　　次　2021年1月第1版
印　　次　2022年5月第3次印刷
定　　价　60.00元

物 料 号　55307-00